研究阐释党的二十大精神国家社科基金重大项目：
在高质量发展中促进共同富裕的制度设计研究阶段
性成果（23ZDA021）

湘潭大学商学院
湘潭大学消费经济研究院
“中国消费经济运行报告”丛书

+

丛书主编：韩雷
丛书副主编：刘娜

+

湖南省农产品区域公用品牌网络口碑分析报告

刘亚军 雷丽彩 ◎ 主　编
张帆顺 侯泽敏 侯新烁 ◎ 副主编

湘潭大学出版社
XIANGTAN UNIVERSITY PRESS

为 湘潭大学商学院建院 **30** 周年暨本科招生 **46** 周年 献礼！

总　序

消费是拉动我国经济增长、实现高质量发展的重要引擎。党的二十大报告指出，要加快构建新发展格局，着力推动高质量发展，增强消费对经济发展的基础性作用。为深入实施扩大内需战略，充分发挥消费对经济发展的基础性作用，不断增强高质量发展的持久动力，2023 年 7 月，国务院办公厅转发国家发展和改革委员会《关于恢复和扩大消费的措施》，就恢复和扩大消费展开了系统部署。当前，我国已进入消费需求持续增长、消费结构加快升级、消费拉动经济作用显著增强的重要阶段，涌现出了消费发展的许多新现象、新趋势、新问题，值得学界进行深入探讨。

湘潭大学是中国消费经济学研究发源地，也是当前国内消费经济研究领域的重要阵地。1979 年开始，杰出的学科带头人尹世杰教授带领一批年富力强的中青年学者在湘潭大学开展对社会主义消费经济学的研究，创下全国"六个第一"：第一个把消费经济作为独立学科进行研究，出版第一本系统研究消费经济的专著《社会主义消费经济学》（1983 年），获第一届孙冶方经济科学奖（1985 年），第一个招收消费经济学方向硕士研究生，创办第一个消费经济研究所（1984 年经湖南省人民政府批准成立，2011 年升格为消费经济研究院），创办第一家消费经济学术刊物《消费经济》（1985 年创办）。40 余年来，湘潭大学在消费经济研究领域取得了一系列丰硕成果。曾连续主持国家社会科学"六五""七五""八五""九五"规划的 4 项消费经济研究项目。近 10 年来，学科成员围绕消费经济主题主持国家级课题 20 余项，其中，国家社科基金重大项目 4 项、重点项目 2 项，出版专著 20 余部，发表论文 200 余篇。近 5 年来，湘潭大学独立主办或与（中国）消费经济学会、中国工业经济杂志社、香樟经济学论坛、长沙新消费研究院等单位联合主办全国性消费经济会议 10 余场次，提交促进消费发展资政报告 10 余篇，在服务学术共同体建设、国家与区域消费发展方面形成了较大影响力。

湘潭大学商学院、湘潭大学消费经济研究院以“推动中国消费经济学理论与实践研究、彰显服务中国式现代化责任担当”为己任，以科学研究和社会服务为依托，着力培养壮大消费经济研究力量，推动中国消费经济学科发展，服务地方经济发展，促进社会消费繁荣。倡导基于团队协作，在社会主义消费理论研究及我国扩内需消费实践上推出具有突出贡献的高质量成果，力争在国际国内一流学术期刊发表高水平学术论文、出版高质量学术专著。为进一步传承和发扬尹世杰教授等前辈学者深耕消费经济研究的优良传统，凸显消费经济研究特色，彰显消费经济学科影响力，更好服务国家和地方经济社会发展，湘潭大学商学院、湘潭大学消费经济研究院充分挖掘和发挥学科团队在消费经济研究领域的经年积淀与高知人力资本优势，靶向市场深度需求，组织撰写可充分满足政府、企业与消费者多维需要的、特色鲜明的“中国消费经济运行报告”，自2023年起以丛书形式每年定期向社会发布。

2023年“中国消费经济运行报告”是为庆祝湘潭大学商学院建院30周年暨本科招生46周年的献礼之作，以旅游消费、农产品消费以及当前炙手可热的新消费为选题，推出了4个研究分报告。此系列报告分别为马丽君教授领衔撰写的《中国居民旅游消费需求研究报告（2022）》、文艺副教授领衔撰写的《新消费：理论界定与案例解构》、刘亚军教授领衔撰写的《湖南省农产品区域公用品牌网络口碑分析报告》和陈喆芝老师领衔撰写的《基于网络热度的全国红色旅游经典景区消费需求研究（2021）》。系列报告从不同主题切入，充分运用理论推演、数据挖掘、田野调查、案例分析等多种研究方法精确描摹和深度剖析中国消费经济运行现状、特征与趋势，以期为相关部门制定和实施扩内需、促消费政策提供依据，助力中国经济高质量发展。

首批“中国消费经济运行报告”是对中国当前消费经济热门领域的观察与思考，丛书从筹备到撰写、定稿到成书倾注了撰写团队成员的拳拳诚心与辛劳努力。但因时间较为紧张，难免存在错漏与不足，敬请专家学者及读者朋友们批评指正。未来，湘潭大学将在恢复和扩大消费、消费调控、红色旅游消费、数字电商消费、农村消费、消费金融等研究领域持续发力，推出更多基于理论指导、立足现实需要的消费经济研究成果，为推动构建新发展格局、不断满足人民日益增长的美好生活消费需要积极贡献湘大智慧。

刘长庚

2023年10月6日

前　言

高质量的品牌是农业高质量发展的标志。农产品的区域公用品牌，作为发展农村经济的有效抓手，日益受到各级政府的普遍重视。近年来，从中央到地方，出台了一系列政策，积极推动农产品区域公用品牌建设。农产品区域公用品牌之所以如此重要，源于其以下几个特性：第一是高价值性。品牌是具有市场价值的。消费者愿意为高品质、高价值的农产品买单，而品牌是最好的标签；第二是差异性。通过不同的品牌可以立刻对同类产品作出有效的区分，从而减少消费者购买时的决策时间，降低交易成本；第三是产生独特竞争优势。农产品的质量是与当地的生长环境密不可分的，通过地理标志认证之后的品牌，能够更加凸显其地理特性，构建起其他品牌无法模仿的竞争优势。比如阳澄湖的大闸蟹之所以肉质鲜嫩，与其水质较好，且湖底质地偏硬，有利于螃蟹运动分不开；第四是普惠性。区别于单个企业的私有品牌，区域公用品牌作为公共知识产权为当地生产经营者所共有，因而其价值也具有普惠性，从而整体带动当地农民增收和经济发展。

湖南省素有鱼米之乡的美称，农业资源丰富，目前已有百余项农产品区域公用品牌，涵盖了畜牧类、水产类、茶叶类、粮油类、药材类、果品类、蔬菜类等七大类型。近年来，趁着农村电子商务的东风，农产品通过互联网上行销售，不仅能够扩大其市场范围，提高消费者认知度，而且能够通过下游的数字化带动全产业链的数字化转型，进而促进品牌升级。

那么，湖南的这些农产品区域公用品牌在网络上的口碑如何？消费者认不认可？如何评价？各个地区、各种不同品类之间的网络口碑有何差异？影响因素有哪些？如何提升这些品牌的网络口碑？回答这些问题，对于湖南省农产品区域公用品牌的高质量发展而言显得越来越重要且迫切。

当前大数据技术发展迅速，基于来自不同平台的海量数据，通过一定的分析手段进行处理，能够反映出品牌的网络口碑及其影响因素。对这些评论进行统计和内容分析，能够为地方政府和品牌企业打造区域公用品牌、提升品牌形象及价值提供有效的参考。

作为消费经济学的发源地，湘潭大学消费经济研究院长期致力于消费经济研究，其中比较重要的一块就是网络消费领域。为了更好地将理论服务于实践，我们针对农产品区域公用品牌的网络口碑，构建评价指标体系，选取183个湖南省地理标志农产品，通过爬虫软件获取其在京东平台、拼多多平台和抖音平台三个典型平台的电商交易及评论数据，基于所获数据评价这些品牌的网络口碑表现，分析其影响因素并提出改进建议，助力湖南省农产品区域公用品牌高质量发展。

全书从构思到成书，经历了指标体系构建，大数据采集、清洗、分析挖掘、可视化，以及各章节的写作与修改，数易其稿，是集体智慧和汗水的结晶。各章节主要分工如下：第一章、第二章：刘亚军、阳旭、张昊钰；第三章、第四章：雷丽彩、陈绿敏、黎芳；第五章：侯泽敏；第六章、第七章：张帆顺。此外，刘亚军负责全书统稿，侯新烁、刘亚军负责全书审校，雷丽彩、胡诗懿负责评价指标构建。刘亚军、张昊钰、阳旭、邓华宇、胡诗懿及刘鑫负责数据爬取工作。

本书在写作过程中，得到湘潭大学商学院、湘潭大学消费经济研究院以及湘潭大学出版社的大力支持，在此表示感谢。

由于时间紧、工作量大，本书在写作过程中难免存在各种各样的问题，欢迎各界同仁提出宝贵意见。随着数字经济的快速发展，农产品区域公用品牌的电子商务实践也日新月异，相应的分析工具和理论也需不断迭代，课题组也会对此进行长期的跟踪。

本报告以研究为目的，仅供政府、研究机构及企业事业单位相关人士参考。

湘潭大学消费经济研究院

网络消费研究课题组

2024年1月21日

目 录

第一章 绪 论

第一节 研究背景及目的

品牌化是农业高质量发展的重要标志，也是推动农业规模化、标准化、产业化和市场化的重要手段，能够有效提高农产品质量，促进农业产业结构升级优化，实现农业增效和农民增收。习近平总书记在党的二十大报告中强调："发展乡村特色产业，拓宽农民增收致富渠道。"《中共中央 国务院关于做好2022年全面推进乡村振兴重点工作的意见》提出，要"开展农业品种培优、品质提升、品牌打造和标准化生产提升行动""推进现代农业产业园和农业产业强镇建设，培育优势特色产业集群，继续支持创建一批国家农村产业融合发展示范园"。在中央政策的指导下，湖南省近几年陆续发布《湖南省"十四五"农业农村现代化规划》及《湖南省农产品"三品一标"四大行动实施方案》等文件，强调要大力推进品种培优、品质提升、品牌打造和标准化生产，大力发展绿色、有机、地理标志和合格达标农产品，深入推进"品牌强农"行动。加强与电商大平台合作，打造"一县一品"网销品牌，逐步实现省级区域公用品牌产品全覆盖。

在当前农产品区域公用品牌建设过程中，"农产品+电商"的模式得到广泛应用。将农产品投放到电商平台进行宣传和销售，能够扩大市场，提高产品的知名度，进一步促进品牌建设。商务部数据显示，2022年，全国农产品网络零售额达5313.8亿元。网络购物成为居民消费重要渠道，庞大的用户群体为农产品品牌建设提供了坚实的基础。同时，农产品网销品牌建设力度不断加大，炎陵黄桃、麻阳冰糖橙、汝城辣椒酱、湘西猕猴桃等逐步成为网络热销品牌。

农产品电商的快速发展，在带动农产品销售的同时，也为农产品区域公用品牌建设提供了助力。通过网络大数据分析，不仅能洞悉品牌自身的经营状况，还可以了解市场发展态势和竞争对手的策略情报。其中，最为有效地反映品牌价值、经营绩效和受欢迎程度的指标之一就是网络口碑。每个电商平台的店铺中，都设有专门的评论留言区，记录了已经购买过该产品的消费者对于产品的基本评价和态度。通过这些评论的数量，好评、中评和差评的比率，评论的内容等指标，可以反映出一个品牌的网络口碑。进一步，通过对网络口碑具体内容的分析，可以让消费者了解到产品的优缺点，对产品能够有更加全面的了解。从店铺的角度来说，通过分析产品的相关评论可以帮助商家进行更好的自我定位，分析消费者好评和差评的原因，做到扬长避短。

在此背景下，本书通过爬取各大电商平台上湖南省地理标志农产品的评论数据，并通过大数据挖掘和分析，研究湖南省地理标志农产品的网络口碑现状表现及影响因素，旨在为湖南省农产品区域公用品牌高质量发展提供相对应的对策建议。

第二节　研究意义

截至 2023 年 7 月，湖南省一共有 183 个地理标志农产品。通过网络大数据挖掘和分析，研究湖南省地理标志农产品的网络口碑现状表现及影响因素，对促进湖南省农产品区域公用品牌建设，提高消费者对地理标志农产品的认知水平，进而促进湖南省农业高质量发展具有重要的现实意义。

一、促进农产品区域公用品牌建设

本报告通过在各大电商平台上搜索和抓取湖南省地理标志农产品的店铺销售数据和相对应的评价数据，进行大数据挖掘和分析，总结出各个产品网络口碑的现状，探究其影响因素，分析如何提高产品声誉并改善产品网络口碑，并从企业、平台及政府等层面给出针对性的建议，促进农产品区域公用品牌建设。

二、进一步提高消费者对地理标志农产品的认知水平

通过研究各个地理标志农产品在电商平台上的评价数据，可以帮助提升消费者对

湖南地理标志农产品品牌的认知水平。消费者对地理标志农产品的地理特征和品质标准的认知程度可能会影响其购买决策。对网络口碑的具体分析可以让消费者更容易了解到该产品的基本优缺点，从而提高购买者对产品的亲近程度，给消费者留下良好的产品印象。

第三节 研究内容

农产品区域公用品牌是指一个地区内多个农产品生产者或经营者共同形成的、以该地区有的农产品为基础的品牌标识和品牌形象，其生长在独特的自然生态环境和有特色的历史和人文环境中，是明确产区、地域特色突出、功能属性独特的农产品品牌。该品牌标识和形象旨在强调农产品的地域性、质量保证和共同推广特性，以提高农产品的知名度、市场竞争力和消费者认可度，进而推动地区农产品的发展和销售。

在本报告中用地理标志农产品来代表农产品区域公用品牌。目前，我国对地理标志的保护主要有三个体系。一是以国家知识产权局为主导的，以《中华人民共和国商标法》为主要依据的“集体商标”和“证明商标”注册保护体系；二是以国家市场监督管理局为主导的，以《地理标志产品保护规定》为主要依据的“地理标志保护产品”登记保护体系；三是以农业农村部为主导的，以《地理标志农产品管理办法》为主要依据的“地理标志农产品”认证保护体系。

本报告以“总—分—总”的思路展开，具体的章节安排如下：

第一章，绪论。提出了在数字经济时代背景下，农产品电子商务发展的现状与趋势，引出研究农产品网络口碑的重要性和价值意义，交代研究方法和数据处理过程。

第二章，湖南省农产品区域公用品牌网络口碑总体评价。通过对京东平台、抖音平台、拼多多平台上所收集的有效的具体评论进行数据清洗、分析，得出湖南省农产品区域公用品牌网络口碑的总体评价。

第三章，湖南省不同类别农产品区域公用品牌的网络口碑表现。[1] 先对湖南省农产品区域公用品牌进行分类（畜牧类、水产类、果品类、蔬菜类、药材类、粮油类、茶叶类），再根据不同的产品类别对其网络口碑进行评价与比较研究。

---

① 永州异蛇分类归于药材类，电商平台流通的永州异蛇产品一般是指用蛇浸泡的药酒。

第四章，湖南省农产品区域公用品牌在不同电商平台的网络口碑表现。本章从不同的电商平台出发，根据每个电商平台所收集的网络口碑数据进行分析研究，并进行综合对比。

第五章，湖南省农产品区域公用品牌在不同店铺特征下的网络口碑表现。根据店铺的不同性质分为自营店、旗舰店、专营店、普通店等，对比不同店铺类型下网络口碑的差异。

第六章，湖南省农产品区域公用品牌网络口碑发展趋势。通过收集到的不同时间段的网络口碑数据，结合当前政策及技术发展动向，分析预测农产品网络口碑的发展趋势。

第七章，湖南省农产品区域公用品牌发展建议。根据前几章分析得出的结论，提出相应建议。

第四节　数据来源和处理

本报告所选取的湖南省地理标志农产品来自国家市场监督管理总局和湖南省农业农村厅发布的数据。经统计，截至 2023 年 7 月份，湖南省一共有 183 个地理标志农产品，共有七种不同的类型：畜牧类、水产类、茶叶类、果品类、蔬菜类、粮油类、药材类。分析所用的数据来源于国内具有代表性的电商销售平台京东平台、抖音平台和拼多多平台，其中京东平台为中高端农产品传统电商平台代表，抖音平台为新媒体和移动电商平台代表，拼多多平台则为中低端农产品移动电商平台代表。研究团队在这三大电商平台上依据每个地理标志农产品品牌进行搜索和爬取，具体的数据包括三类：店铺信息、商品信息和评价信息。① 店铺信息包括店铺名称、店铺类型和店铺的评分，商品信息包括商品的标题、价格、总评价数、好评率、好评数、中评数、差评数，以及一系列的关于商品属性方面的信息等。评价信息包括关于商品评论及对评论的点赞数。爬取时间为 2023 年 7 月至 8 月、2023 年 12 月两个阶段，两次采集数据合并后删除重复数据。爬取后的数据经过清洗，保留近五年数据，根据商品标题与内容的一致性、商品品类是否为农产品等标准进行筛选，去掉空的评论、平台默认评论和

① 本报告没有采用淘宝平台数据，一方面是因为采用拼多多平台和京东平台的数据已有足够代表性，另一方面是淘宝平台的数据获取难度大、成本太高。此外，社区电商虽然也是农产品的重要销售渠道，但并未纳入本报告的分析范围，主要原因包括：评论数量少且简短；所销售的农产品品类有局限性，销售范围有劣势等。

虚假评论等无效评论，最终获得用于网络口碑指标计算和文本挖掘的有效数据共计322013条。

第五节 指标体系

一、一级指标

网络口碑是指通过互联网和社交媒体平台传播的消费者对企业、品牌、产品或服务的评价、意见和推荐的集合。它是消费者在网上自发分享自己的消费体验、产品评价或服务评价的信息。网络口碑可以包含消费者的正面评价、负面评价、建议、投诉和其他相关的意见。在本报告中，网络口碑作为一级指标，其下的二级指标包括口碑数量、口碑效价及口碑离散度。

二、二级指标

口碑数量又称为评论数量，指的是购买了商品的消费者参与在线评价的数量（雷兵等，2021）。口碑数量反映出产品受关注的程度，商品的评论数量越多，说明商品关注度越高，也是影响消费者购买决策的重要因素（王克喜，2014）。在本报告中，口碑数量是抖音平台、京东平台和拼多多平台内产品有效评论数量的加总。

口碑效价是指在互联网上用户对某个品牌、产品或服务的评价和看法所产生的影响力和价值。随着社交媒体和互联网的普及，用户和消费者能够方便地在在线平台上分享自己的购买经验和意见。这些用户生成的内容往往会对其他消费者的购买决策产生影响，对产品的品牌形象和销售业绩产生重要影响。总的来说，口碑效价的影响因素包括评价的情感态度、评价者的声誉和影响力、评价的传播渠道和范围等。口碑效价的常见表现形式是商品评分，在本报告中采用商品所在的店铺评分表示（取值区间为0~5，均值为4.1）。

口碑离散度代表的则是店铺评分的方差（取值区间为0~2.9，均值为0.8），代表了用户对该品牌评价的一致性。离散程度越高（趋于1），说明用户的意见分歧越大；离散程度越小（趋于0），说明用户的意见分歧越小。

三、指标权重计算

通过对二级指标加权计算得到网络口碑分值。各二级指标权重是通过CRITIC权重法得来的。CRITIC 权重法是一种客观赋权法，其思想在于用两项指标，分别是对比强度和冲突性指标。对比强度使用标准差进行表示，如果数据标准差越大说明波动越大，权重会越高；冲突性使用相关系数进行表示，如果指标之间的相关系数值越大，说明冲突性越小，那么其权重也就越低。

第二章　湖南省农产品区域公用品牌网络口碑总体评价

第一节　湖南省地理标志农产品区域分布概况

本次报告调查的183个农产品区域公用品牌均取自湖南省地理标志农产品。截至2023年7月份，根据湖南省农业农村厅发布的目录，湖南省地理标志农产品共有126个，然后结合国家市场监督管理总局网站发布的数据，增加了安化黑茶、临武鸭等57个品牌，最终得到个183品牌。具体品牌数据见下表2-1。

表2-1　各市州的地理标志农产品

市州	品牌名称
长沙	天岩寨柑桔、宁乡猪、浏阳金桔、大围山梨、乌山贡米、葛家鸡肠子辣椒、长沙绿茶、北山梅、浏阳黑山羊、宁乡栀子、罗代黑猪、沩山毛尖
株洲	炎陵黄桃、白关丝瓜、酃县白鹅、醴陵玻璃椒
湘潭	湘潭湘莲、壶天石羊、九华红菜薹、沙子岭猪、湘潭矮脚白
衡阳	衡阳湘黄鸡、耒阳大和草鱼、寺门前猪、衡阳台源乌莲、金甲岭萝卜、衡山红脆桃、三樟黄贡椒、常宁茶油、祁东酥脆枣、祁东黄花菜、常宁无渣生姜
邵阳	隆回龙牙百合、洞口雪峰蜜桔、武冈铜鹅、邵东黄花菜、宝庆朝天椒、绥宁绞股蓝、新宁博落回、邵东玉竹、绥宁青钱柳茶、城步青钱柳茶、邵阳茶油、崀山脐橙、隆回金银花
岳阳	白泥湖螃蟹、樟树港辣椒、樟树港黄瓜、岳阳王鸽、华容稻、平江白术、平江烟茶、华容芦苇笋、华容潘家大辣椒、华容黄白菜苔、华容芥菜、华容青豆角、华容道鸡蛋、华容大湖胖头鱼、华容道皱皮柑、岳阳黄茶、龙窖腐乳、龙窖酱菜、湘阴藠头

续表

市州	品牌名称
常德	常德红茶、澧县双低油菜籽、常德香米、汉寿甲鱼、罗洲冬瓜、澧县石菖蒲、常德甲鱼、桃源红茶、复兴苹果柚、瓦儿岗七星椒、津市藠果、城头山大米、太青双上绿芽茶、桃源黑猪、桃源鸡、石门马头山羊、石门土鸡、常德酱板鸭、珊珀湖黑鲫、珊珀湖花鲢、珊珀湖草鱼、临澧黄花鱼、鼎城茶油、汉寿玉臂藕、临澧杂柑、澧县葡萄、桃源野茶王、西洞庭朝鲜蓟
张家界	江垭峡谷鳙鱼、慈利杜仲、茅岩莓茶、张家界菊花芯柚、桑植萝卜、洞溪七姊妹辣椒、张家界大鲵
益阳	安化红茶、安化黄精、南县中华鳖、沅江大米、安化松针、桃江竹叶、赫山兰溪大米、沅江芦笋、桃江竹笋、南县草龟、大通湖大米、安化小籽花生、大通湖大闸蟹、安化黑茶
郴州	桂阳五爪辣、汝城白毛茶、大冲辣椒、东江湖蜜桔、郴州高山禾花鱼、东江湖茶、临武鸭、东江鱼、玲珑茶、永兴冰糖橙
永州	永州异蛇、江华苦茶、迴峰蜜柑、江永香米、瑶山雪梨、江永香姜、江永香柚、九疑山兔、江永香芋、东安鸡、永州山苍子油、祁阳槟榔芋、新田大豆、陶岭三味辣椒、舜皇山土猪
怀化	黔阳黄精、会同魔芋、黔阳金秋梨、黔阳天麻、会同竹笋、托口生姜、芷江白蜡、黔阳冰糖橙、黔阳大红甜橙、靖州杨梅、黔阳脐橙、洪江雪峰乌骨鸡、辰溪稻花鱼、通道黑老虎、靖州茯苓、雪峰山鱼腥草、芷江鸭、溆浦鹅、新晃黄牛肉、五强溪鱼、溆浦瑶茶、新晃侗藏红米、碣滩茶、湘珍珠葡萄
娄底	水云峰黄桃、紫鹊界贡米、永丰辣酱
湘西自治州	龙山百合、永顺莓茶、凤凰猕猴桃、永顺蜜桔、永顺猕猴桃、白云贡米、龙山黄柏、保靖黄金茶、浦市铁骨猪、湘西椪柑、龙山厚朴、松柏大米、湘西黄牛、溪洲莓茶、古丈红茶、古丈毛尖、泸溪椪柑、湘西猕猴桃

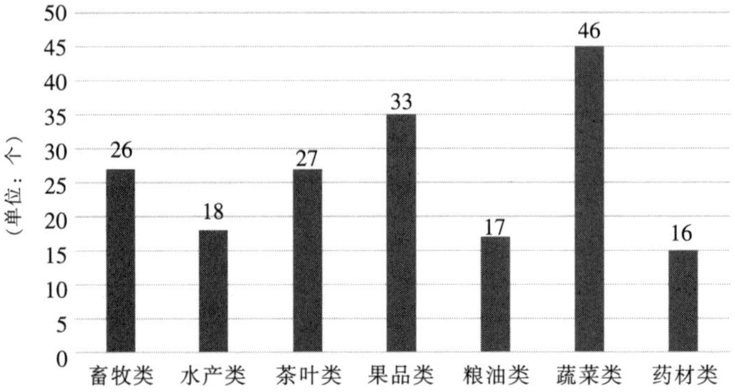

图 2-1 湖南省地理标志农产品总数及分类

从品种数量分布来看，前四名分别是蔬菜类、果品类、茶叶类与畜牧类。最少的品类分别是水产类、粮油类、药材类（图 2-1）。从全国各省份所拥有的地理标志农产品数量来看，湖南省作为农业大省，地理标志农产品数量在全国仍只排名靠中，还有很大的发展潜力。

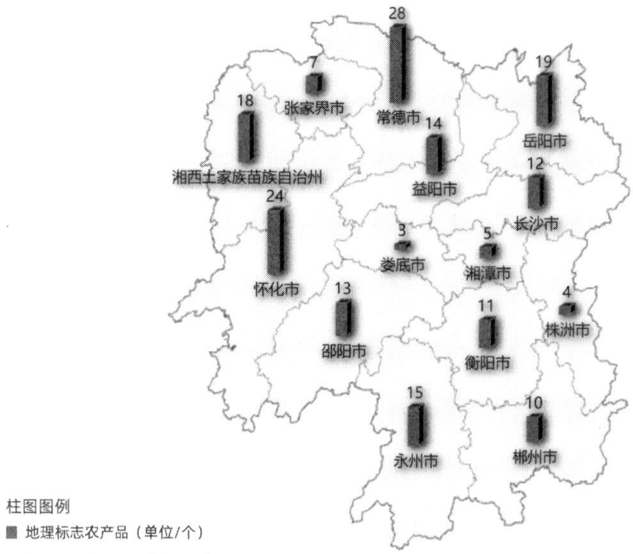

图 2-2　湖南省地理标志农产品数量分布图

从图 2-2 中可以看出来，拥有地理标志农产品最多的市州是常德市（28 个），最少的则为娄底市（3 个），各市州的地理标志农产品数量还存在着较大的差距。在洞庭湖流域附近的常德市、岳阳市、益阳市，依托良好的区位优势成为地理标志农产品较为集中的地区，这里也是长江经济带的重要节点位置，为洞庭湖区与湘北丘陵的交错带，其地理标志农产品主要以水产类（汉寿甲鱼）、畜牧业（常德酱板鸭）、茶叶类（安化黑茶）等最为出名。另一个地理标志农产品聚集多的地点是怀化市（处于武陵山脉与雪峰山脉之间）（24 个），主要以黔阳脐橙、芷江鸭、靖州杨梅和靖州茯苓为代表。从整个地图上来看，洞庭湖流域的常德、岳阳、益阳约占据了湖南省地理标志农产品的 33.3%，大湘西地区（怀化、张家界、湘西自治州）所占比例约为 26.7%，中南部地区（娄底、邵阳、衡阳、永州、郴州、长沙、湘潭和株洲）农产品所占比例约为 40%。而部分地区的地理标志农产品较少，如娄底市仅有 3 个，属于匮乏区，这些地区的农产品区域公用品牌还存在很大的发展空间。从县级（县级市）层面看，地理标志农产品的分布更加不均衡。拥有最多地理标志农产品的县是华容县，共 9 个（华容道鸡蛋、华容道皱皮柑、华容稻等产品），第二是洪江市，拥有 8 个（黔阳金秋梨、黔阳冰糖橙、黔阳大红甜橙、黔阳脐橙等产品）。即便是在地理标志农产品最多的岳阳市，华容县就占据了“大半江山”，仍很多县拥有地理标志农产品的数目为 0。

第二节　各农产品区域公用品牌网络口碑总体排名情况

本报告中涉及的湖南省农产品区域公用品牌共有183个，通过对二级指标（口碑数量、口碑效价、口碑离散度）的加权平均得到这些品牌的口碑得分。其中，登上网络口碑榜单的有100个品牌，其余品牌因数据量太小或缺失未参与排名。上榜的湖南省农产品区域公用品牌的品类覆盖茶叶类（20个）、畜牧类（17个）、果品类（18个）、粮油类（6个）、蔬菜类（30个）、药材类（5个）和水产类（4个）。本章将展示上榜的前30个湖南省农产品区域公用品牌的总体排名情况，并展示湖南省农产品区域公用品牌评论数据的情感分析和主题挖掘结果。

一、分值分布

上榜的100个湖南省农产品区域公用品牌的平均口碑得分为73.50，最高的口碑得分为91.05，最低的口碑得分为58.74。由图2-3可见，网络口碑高于90的湖南省农产品区域公用品牌仅有1个（见表2-2），占比1%；网络口碑介于80到90之间的湖南省农产品区域公用品牌有4个，占比4%；网络口碑介于70到80之间的湖南省农产品区域公用品牌数量最多，达到了79个，占比79%；网络口碑介于60到70之间的湖南省农产品区域公用品牌有14个，占比14%；网络口碑低于60的湖南省农产品区域公用品牌仅有2个，占比2%。由此可见上榜的湖南省农产品区域公用品牌中处于高网络口碑区间和低网络口碑区间的品牌较少，大部分品牌处于70到80这个得分区间。

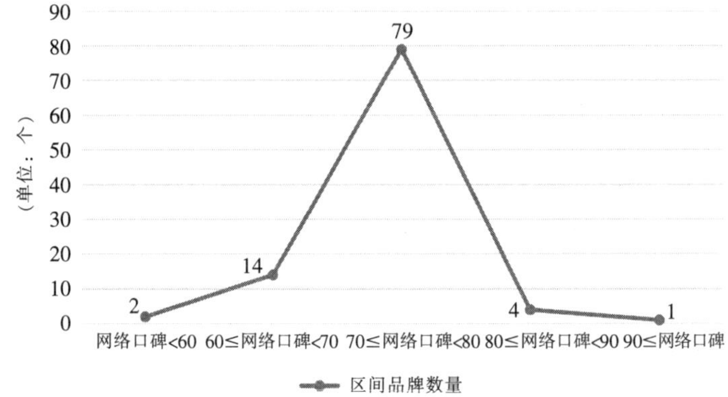

图2-3　口碑得分高低区间分布

二、排名情况

（一）总体排名

如表 2-2 所示，网络口碑排名前 30 的湖南省农产品区域公用品牌中，蔬菜类占有 11 个席位，水产类占有 3 个席位，畜牧类占有 5 个席位，茶叶类占有 4 个席位，果品类占有 5 个席位，粮油类占有 1 个席位，药材类占有 1 个席位。榜单前 30 的位置中，湘西土家族苗族自治州（以下简称湘西自治州）、邵阳市和怀化市均有 4 个品牌，益阳市、永州市均有 3 个品牌，常德市、郴州市、株洲市和衡阳市均有 2 个品牌，岳阳市、长沙市、湘潭市和张家界市均有 1 个品牌。

表 2-2　网络口碑前 30 位的湖南省农产品区域公用品牌

排名	品牌名称	地区	品类	网络口碑
1	安化黑茶	益阳市	茶叶类	91.05
2	常德酱板鸭	常德市	畜牧类	88.34
3	龙山百合	湘西自治州	蔬菜类	83.92
4	湘潭湘莲	湘潭市	蔬菜类	82.69
5	武冈卤豆腐	邵阳市	蔬菜类	81.51
6	东江鱼	郴州市	水产类	79.80
7	张家界大鲵	张家界市	水产类	79.72
8	醴陵玻璃椒	株洲市	蔬菜类	79.71
9	白关丝瓜	株洲市	蔬菜类	77.50
10	黔阳冰糖橙	怀化市	果品类	77.36
11	复兴苹果柚	常德市	果品类	77.34
12	瑶山雪梨	永州市	果品类	76.86
13	永顺莓茶	湘西自治州	茶叶类	76.79
14	新宁脐橙	邵阳市	果品类	76.66
15	樟树港辣椒	岳阳市	蔬菜类	76.56
16	安化小籽花生	益阳市	蔬菜类	76.53
17	浏阳黑山羊	长沙市	畜牧类	76.45
18	大冲辣椒	郴州市	蔬菜类	76.43
19	湘西黄牛	湘西自治州	畜牧类	76.35
20	金甲岭萝卜	衡阳市	蔬菜类	76.28
21	安化松针	益阳市	茶叶类	76.15
22	靖州茯苓	怀化市	药材类	75.97
23	三樟黄贡椒	衡阳市	蔬菜类	75.68
24	九疑山兔	永州市	畜牧类	75.63
25	宝庆朝天椒	邵阳市	蔬菜类	75.54
26	洞口雪峰蜜桔	邵阳市	果品类	75.36

续表

排名	品牌名称	地区	品类	网络口碑
27	江永香米	永州市	粮油类	75. 32
28	辰溪稻花鱼	怀化市	水产类	75. 31
29	溆浦瑶茶	怀化市	茶叶类	75. 29
30	浦市铁骨猪	湘西自治州	畜牧类	75. 25

（二）按二级指标排名

上榜的100个湖南省农产品区域公用品牌中，平均口碑数量为2522，其中安化黑茶排名第一，口碑数量达到了40310，它与位于第二位的常德酱板鸭（口碑数量为33632）显著高于其他品牌，具体数据可见表2-3。100个湖南省农产品区域公用品牌的平均口碑效价为4. 36，其中第一位是口碑效价为4. 90的醴陵玻璃椒，它与张家界大鲵（口碑效价为4. 90）并列第一，且数据显著高于其他品牌，其他品牌均低于4. 75，具体数据可见表2-4。上榜的品牌中，平均口碑离散度为0. 53，其中共有15个品牌并列排名第一，具体数据可见表2-5。

表2-3　口碑数量前30位的湖南省农产品区域公用品牌

排名	品牌名称	地区	品类	口碑数量
1	安化黑茶	益阳市	茶叶类	40310
2	常德酱板鸭	常德市	畜牧类	33632
3	龙山百合	湘西自治州	蔬菜类	21909
4	湘潭湘莲	湘潭市	蔬菜类	21494
5	武冈卤豆腐	邵阳市	蔬菜类	21281
6	东江鱼	郴州市	水产类	11193
7	永顺莓茶	湘西自治州	茶叶类	10209
8	新宁脐橙	邵阳市	果品类	9193
9	湘西黄牛	湘西自治州	畜牧类	7427
10	保靖黄金茶	湘西自治州	茶叶类	7295
11	临武鸭	郴州市	畜牧类	7051
12	樟树港辣椒	岳阳市	蔬菜类	6532
13	祁东黄花菜	衡阳市	蔬菜类	6487
14	黔阳冰糖橙	怀化市	果品类	6197
15	金甲岭萝卜	衡阳市	蔬菜类	2952
16	古丈毛尖	湘西自治州	茶叶类	2886
17	永丰辣酱	娄底市	蔬菜类	2396
18	长沙绿茶	长沙市	茶叶类	2325
19	岳阳黄茶	岳阳市	茶叶类	2165
20	大冲辣椒	郴州市	蔬菜类	2154

续表

排名	品牌名称	地区	品类	网络口碑
21	湘阴藠头	岳阳市	蔬菜类	2134
22	汉寿甲鱼	常德市	水产类	2113
23	炎陵黄桃	株洲市	果品类	2090
24	芷江鸭	怀化市	畜牧类	1711
25	绥宁绞股蓝	邵阳市	药材类	1609
26	三樟黄贡椒	衡阳市	蔬菜类	1524
27	沩山毛尖	长沙市	茶叶类	1516
28	新晃黄牛肉	怀化市	畜牧类	1237
29	华容芥菜	岳阳市	蔬菜类	1156
30	绥宁青钱柳茶	邵阳市	茶叶类	1140

表 2-4　口碑效价前 30 位的湖南省农产品区域公用品牌

排名	品牌名称	地区	品类	口碑效价
1	醴陵玻璃椒	株洲市	蔬菜类	4. 90
1	张家界大鲵	张家界市	水产类	4. 90
3	白关丝瓜	株洲市	蔬菜类	4. 74
4	复兴苹果柚	常德市	果品类	4. 70
5	瑶山雪梨	永州市	果品类	4. 69
6	靖州茯苓	怀化市	药材类	4. 67
6	安化松针	益阳市	茶叶类	4. 67
8	安化小籽花生	益阳市	粮油类	4. 62
9	浏阳黑山羊	长沙市	畜牧类	4. 61
10	大冲辣椒	郴州市	蔬菜类	4. 57
10	邵东黄花菜	邵阳市	蔬菜类	4. 57
12	九疑山兔	永州市	畜牧类	4. 56
13	会同竹笋	怀化市	蔬菜类	4. 54
13	靖州杨梅	怀化市	果品类	4. 54
13	湘西椪柑	湘西自治州	果品类	4. 54
13	黔阳冰糖橙	怀化市	果品类	4. 54
17	洞口雪峰蜜桔	邵阳市	果品类	4. 53
18	宝庆朝天椒	邵阳市	蔬菜类	4. 52
18	安化红茶	益阳市	茶叶类	4. 52
18	东江鱼	郴州市	水产类	4. 52
21	茅岩莓茶	张家界市	茶叶类	4. 51
22	三樟黄贡椒	衡阳市	蔬菜类	4. 50
22	江永香米	永州市	粮油类	4. 50
22	溆浦瑶茶	怀化市	茶叶类	4. 50
22	华容道皱皮柑	岳阳市	果品类	4. 50

续表

排名	品牌名称	地区	品类	网络口碑
22	辰溪稻花鱼	怀化市	水产类	4.50
22	浦市铁骨猪	湘西自治州	畜牧类	4.50
22	紫鹊界贡米	娄底市	粮油类	4.50
22	金甲岭萝卜	衡阳市	蔬菜类	4.50
30	衡阳台源乌莲	衡阳市	蔬菜类	4.49

表 2-5　口碑离散度前 30 位的湖南省农产品区域公用品牌

排名	品牌名称	地区	品类	口碑离散度
1	溆浦瑶茶	怀化市	茶叶类	0.00
1	衡阳湘黄鸡	衡阳市	畜牧类	0.00
1	浦市铁骨猪	湘西自治州	畜牧类	0.00
1	黔阳大红甜橙	怀化市	果品类	0.00
1	新晃侗藏红米	怀化市	粮油类	0.00
1	江永香米	永州市	粮油类	0.00
1	松柏大米	湘西自治州	粮油类	0.00
1	宝庆朝天椒	邵阳市	蔬菜类	0.00
1	醴陵玻璃椒	株洲市	蔬菜类	0.00
1	湘潭矮脚白	湘潭市	蔬菜类	0.00
1	华容青豆角	岳阳市	蔬菜类	0.00
1	津市藠果	常德市	蔬菜类	0.00
1	安化黄精	益阳市	药材类	0.00
1	辰溪稻花鱼	怀化市	水产类	0.00
1	汉寿玉臂藕	常德市	蔬菜类	0.00
16	衡阳台源乌莲	衡阳市	蔬菜类	0.02
16	会同魔芋	怀化市	蔬菜类	0.02
16	安化小籽花生	益阳市	粮油类	0.02
19	碣滩茶	怀化市	茶叶类	0.03
20	浏阳黑山羊	长沙市	畜牧类	0.04
21	张家界大鲵	张家界市	畜牧类	0.05
22	复兴苹果柚	常德市	果品类	0.06
23	岳阳王鸽	岳阳市	畜牧类	0.08
24	洞口雪峰蜜桔	邵阳市	果品类	0.10
25	汝城白毛茶	郴州市	茶叶类	0.11
26	湘西猕猴桃	湘西自治州	果品类	0.13
27	三樟黄贡椒	衡阳市	蔬菜类	0.14
27	金甲岭萝卜	衡阳市	蔬菜类	0.14
29	白关丝瓜	株洲市	蔬菜类	0.19
30	瑶山雪梨	永州市	果品类	0.20

结合表 2-2 至表 2-5 来分析，可以发现在网络口碑排名前 10 的品牌中，网络口碑排名前 6 的品牌（安化黑茶、常德酱板鸭、龙山百合、湘潭湘莲、武冈卤豆腐、东江鱼）同样也是口碑数量排名前 6 的品牌，但是其口碑效价和口碑离散度均处于前 30 位之外，可见高网络口碑很大程度上受益于其高口碑数量；网络口碑排名前 10 的另外 4 个品牌中，张家界大鲵、醴陵玻璃椒和白关丝瓜虽然口碑数量没有达到前 10，但是口碑效价都进了前 10 位，醴陵玻璃椒的口碑离散度位于并列第 1 位，张家界大鲵和白关丝瓜在口碑离散度方面虽没有达到第 1，但也有比较优异的表现（排名第 21 位和排名第 29 位），可见该 3 个品牌的高口碑效价和低口碑离散度对其高网络口碑的贡献度较大；黔阳冰糖橙位于口碑数量的第 14 位和口碑效价的第 16 位，但其口碑离散度没有亮眼的表现。

网络口碑排名第 11 位到第 30 位的品牌中，永顺莓茶、樟树港辣椒、湘西黄牛肉和新宁脐橙都有着较为出色的口碑数量，但是口碑效价和口碑离散度排名较低。安化小籽花生、浏阳黑山羊、宝庆朝天椒、洞口雪峰蜜桔、江永香米、辰溪稻花鱼、溆浦瑶茶和浦市铁骨猪凭借出色的口碑效价和口碑离散度赢得了网络口碑前 30 的席位，但是口碑数量均在较低的水平。大冲辣椒有着高水平的口碑数量和口碑效价，但是口碑离散度排名较为落后。安化松针、靖州茯苓和九疑山兔的口碑效价均排名靠前，口碑数量和口碑离散度都表现一般。复兴苹果柚、瑶山雪梨、金甲岭萝卜和三樟黄贡椒的三项指标均有着出色的表现，做到三项指标综合发展。

由上可见，网络口碑由口碑数量、口碑效价和口碑离散度综合决定，其中口碑数量最为重要，其他两项指标也需均衡考虑。口碑数量与品牌知名度及销量有关，口碑效价与品牌的产品和服务质量有关，口碑离散度与品牌的定位精准度以及店铺运营能力有关。各农产品区域公用品牌想要得到高质量的网络口碑，需要综合上述三个指标平衡发展。

第三节　不同地区上榜品牌网络口碑表现

本次网络口碑报告上榜的 100 个农产品区域公用品牌分布于湖南省 13 个市和 1 个自治州，其中有 14 个品牌分布于怀化市，所占比例最高。具体数据可看表 2-6 展示的排名前 10 位的各个地区的上榜品牌数以及各地区内部品牌的平均口碑得分及三项指标（口碑数量、口碑效价和口碑离散度）的平均值。图 2-4、图 2-5、图 2-6 展示的是各个地区上榜的品牌的三项指标平均值。

表 2-6　各个地区上榜的品牌得分及三项指标情况（前 10 位）

排名	地区	品牌数量	平均口碑得分	平均口碑数量	平均口碑效价	平均口碑离散度
1	湘潭市	2	78.26	10747	4.37	0.34
2	株洲市	3	76.76	763	4.71	0.40
3	湘西自治州	11	75.17	4580	4.38	0.38
4	衡阳市	5	74.91	2204	4.42	0.22
5	邵阳市	10	74.65	3436	4.40	0.44
6	益阳市	7	74.59	5954	4.27	0.42
7	怀化市	14	73.27	688	4.39	0.40
8	张家界市	4	73.23	385	4.41	0.42
9	郴州市	8	73.16	2660	4.36	0.68
10	娄底市	2	73.03	1203	4.37	0.48

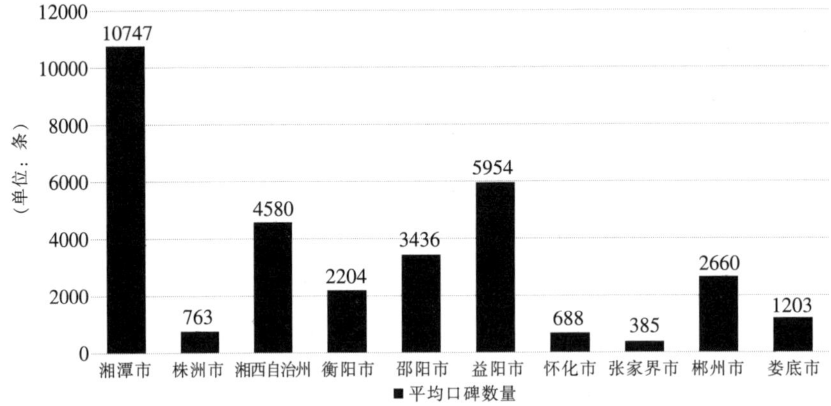

图 2-4　各个地区上榜品牌的平均口碑数量柱状图（前 10 位）

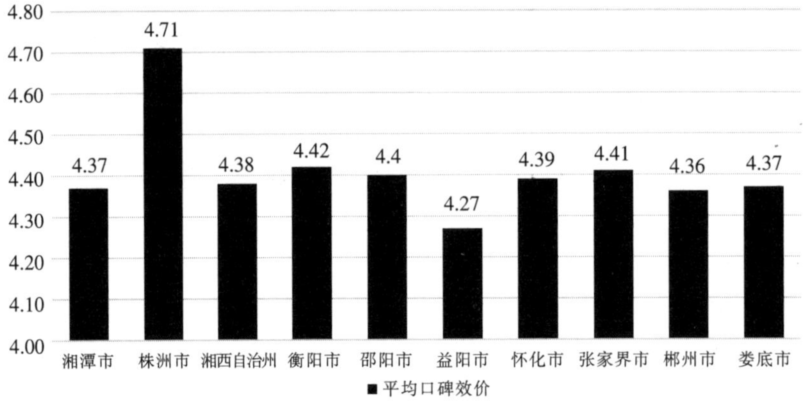

图 2-5　各个地区上榜品牌的平均口碑效价柱状图（前 10 位）

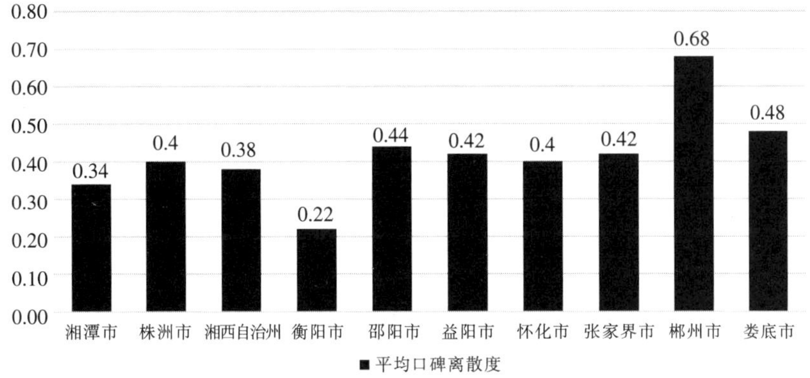

图 2-6　各个地区上榜品牌的平均口碑离散度柱状图（前 10 位）

结合表 2-6、图 2-4、图 2-5 和图 2-6 来看，湖南省 13 个地级市和 1 个自治州上榜的品牌平均口碑得分分布在 70 到 80 分之间，可以看出不同地区的品牌平均网络口碑差异较小，其中湘潭市的平均口碑得分最高（78. 26）。平均口碑数量各地区之间差异较大，最高为湘潭市（10747）。13 个地区的品牌平均口碑效价大部分都处于 4. 20 到 4. 50 之间，只有株洲市的品牌平均口碑效价超过了 4. 50，达到了 4. 71。常德市的品牌平均口碑离散度达到了 0. 94，其余地区品牌的平均口碑离散度均低于 0. 9，其中衡阳市的品牌平均口碑离散度达到最低的 0. 22。

湘潭市的品牌平均口碑得分在 14 个地区中位列第 1 名，平均口碑数量处于高水平，平均口碑效价处于中等水平，平均口碑离散度处于高水平。湘潭市的 2 个品牌中，湘潭湘莲数据非常优秀，口碑得分在整个品牌中排名第 4 位，湘潭市的另一个品牌湘潭矮脚白则表现欠佳，几乎没有多少热度，有效口碑数量为 0。

株洲市的品牌平均口碑得分在 14 个地区中位列第 2 名，然而其平均口碑数量却处于较低的水平，平均口碑效价位列 14 个地区的第 1 名，平均口碑离散度处于中等偏高水平，可以说株洲市品牌的高口碑得分得益于高水平的平均口碑效价和平均口碑离散度。株洲市的三个品牌特别是醴陵玻璃椒需要提高品牌知名度，吸引更多的客户购买。

湘西自治州的品牌平均口碑得分处于中等偏高水平，平均口碑数量处于中等偏高水平，平均口碑效价处于中等水平，平均口碑离散度处于中等偏高水平。湘西自治州上榜的品牌数量位列第 2 名，且还能保持整体中等偏上的水平，说明湘西自治州的品牌有很强的整体实力。但其中还是存在个别品牌拖后整体口碑得分水平的情况，如品牌中浦市铁骨猪和松柏大米的口碑数量均只有 0，湘西椪柑的口碑数量则只有 22。保靖黄金茶的口碑效价处于较低的水平，所以在宣传产品的同时也要注意店铺的运营，改善店铺的声誉。

衡阳市的品牌平均口碑得分处于中等偏高水平，平均口碑数量处于中等偏低水平，平均口碑效价处于中等偏高水平，平均口碑离散度处于高水平。衡阳市品牌口碑数量的短板来自衡阳湘黄鸡和衡阳台源乌莲两个品牌，营销力度有待加强。

邵阳市的品牌平均口碑得分处于中等偏高水平，平均口碑数量处于中等偏高水平，平均口碑效价处于中等偏高水平，平均口碑离散度处于中等偏高水平。虽然品牌的平均口碑数量偏高，但是武冈铜鹅、洞口雪峰蜜桔、宝庆朝天椒和邵东玉竹口碑数量都没有超过100，需要努力提高品牌知名度，吸引客户尝试购买。隆回龙牙百合、邵东玉竹和武冈卤豆腐的口碑离散度偏高，需要改善客户的购物体验来减少产品的口碑离散度。

益阳市的品牌平均口碑得分处于中等水平，平均口碑数量处于中等偏高水平，平均口碑效价处于中等偏低水平，平均口碑离散度处于中等偏高水平。高水平的平均口碑数量主要来自安化黑茶的贡献，安化松针、安化小籽花生和安化黄精的口碑数量均不超过100，需要想办法增加它们的购买量。大力发展安化黑茶的同时也可以利用安化黑茶的品牌号召力来带动其他茶类品牌，如安化红茶和安化松针的发展，提高品牌知名度。安化黑茶虽然是上榜的农产品区域公用品牌中口碑数量最高的产品，但是其口碑效价和口碑离散度的排名都处于中等偏下的位置。一部分原因可能是售卖产品的店铺规模巨大，品牌管理难度更大，无法保证每个店铺都能够提供一流的购物体验。

怀化市的品牌平均口碑得分处于中等水平，平均口碑数量处于低等水平，平均口碑效价处于中等偏高水平，平均口碑离散度处于中等偏高水平。品牌中除了黔阳冰糖橙、新晃黄牛肉和芷江鸭，其余品牌的口碑数量都处于较低的水平，其中的畜牧类和水产类品牌需要加强产品深加工，可以仿照新晃黄牛肉和芷江鸭的做法，将产品加工成真空包装的菜肴或者加工成零食的形式来进行售卖；会同竹笋和会同魔芋两个蔬菜类农产品可以继续保持将产品加工成零食、菜肴这种形式，然后增强宣传力度，吸引更多客户购买；碣滩茶和溆浦瑶茶两个茶叶类产品，果品类的靖州杨梅、通道黑老虎、黔阳大红甜橙，药材类的靖州茯苓和粮油类的新晃侗藏红米需要提高品牌知名度。芷江鸭品牌虽然有着较高的口碑数量和口碑效价，但是口碑离散度却达到了1.19，需要改善产品口碑来降低潜在客户对产品的疑虑。

张家界市的品牌平均口碑得分处于中等水平，平均口碑数量处于低等水平，平均口碑效价处于中等偏高水平，平均口碑离散度处于中等偏高水平。该地区的慈利杜仲三项指标均处于较低水准，拉低了地区的整体水平。考虑到药材类商品在电商网站上的热度没有其他类别商品那样高，产品运营商可以通过自媒体平台科普产品的药用功效来吸引客户购买。

郴州市的品牌平均口碑得分处于中等水平，平均口碑数量处于中等偏高水平，平均口碑效价处于中等偏低水平，平均口碑离散度处于中等偏低水平。郴州市的品牌短板是永兴冰糖橙和桂阳五爪辣，永兴冰糖橙的口碑效价为4.12，桂阳五爪辣的口碑离散度为1.29，二者都处于最低水平线上。想要提高郴州市综合品牌网络口碑水平，需要努力扶持永兴冰糖橙和桂阳五爪辣品牌，品牌经营者可以综合提高三项指标，尤其是口碑效价和口碑离散度方面，来提高品牌的网络口碑。具体可以通过精心经营品牌店铺，改善店铺声誉来进行改善。

娄底市的品牌平均口碑得分处于中等偏低水平，平均口碑数量处于中等偏低水平，平均口碑效价处于中等水平，平均口碑离散度处于中等水平。其中的永丰辣酱虽然有着较高的口碑数量，但是口碑效价和口碑离散度都排名偏后，品牌经营者需要重视店铺的运营以及改善产品质量。紫鹊界贡米品牌和湖南省的其他粮油类品牌一样拥有偏低的口碑数量，具体改善措施详见第三章。

长沙市、常德市、永州市和岳阳市的品牌网络口碑表现不够理想。长沙市的宁乡猪、浏阳黑山羊和浏阳金桔的口碑数量都处于较低水平，其中浏阳金桔的口碑效价也处于较低水平。长沙绿茶虽然在口碑数量和口碑效价这两个指标上表现不错，但是口碑离散度却处于较低水平，需要改善客户体验来提高好评率。常德市品牌的平均口碑数量和平均口碑效价都处于中等偏高水平，平均口碑离散度拖后了常德市的品牌平均口碑得分。常德红茶和桃源鸡拉后了平均口碑离散度指标，需要改善这两个品牌口碑离散度高的问题。口碑离散度高说明购买者对有关产品态度褒贬不一的程度过高，品牌的经营者可以通过提高商品质量、服务水平、物流速度等途径来提高好评度，从而降低口碑离散度。永州市的品牌平均口碑得分处于中等偏低水平，平均口碑数量处于低等水平，平均口碑效价处于中等水平，平均口碑离散度处于中等水平。特别是瑶山雪梨、江永香米和陶岭三味辣椒三个品牌，其口碑数量偏低，需要提高品牌知名度。永州异蛇的口碑效价偏低，口碑离散度很高，需要注意代理商店铺的管理，不能因为个别店铺而损害品牌的名声。岳阳市平均口碑数量处于中等偏低水平，平均口碑效价处于中等偏低水平，平均口碑离散度处于中等偏低水平。平江烟茶、岳阳王鸽、樟树港黄瓜、华容芦苇笋和华容青豆角的口碑数量偏低。华容芦苇笋和华容芥菜的口碑效价和口碑离散度都处于较低的水平。

以上不同地区农产品区域公用品牌网络口碑表现差异，主要与两个方面的因素有关：一是品牌方的电商运营能力，这是主观因素；二是产品本身的消费特性，这是客观因素。后者主要是指像蔬菜、水果等类型的农产品本身的消费特性，首先是季节性强，若没有对应的深加工产品，则消费会呈现季节性波动，进而导致网络口碑的季节性波动；其次是物流效率低，保鲜成本高，降低了消费体验，从而导致网络口碑表现差，比如湘潭矮脚白。

第四节　网络口碑内容分析

本报告采集了 183 个湖南省农产品区域公用品牌在京东平台、抖音平台和拼多多平台的评论数据，共有有效评论 322013 条，我们将三个平台的评论文本聚集在一起进行情感分析。

情感分析是指根据文本数据自动解释和分类情感（通常是积极、消极或中立）的过程。文本的情感分析要依赖于情感词典，情感词典的构建也会影响情感分析的结果。

经过情感分析后，将评论分为积极情感评论（表达正面积极的情感态度的评论）、中性情感评论（表达中性的情感态度的评论）和消极情感评论（表达负面消极的情感态度的评论），其中消费者表达正面积极的情感态度最多，共计 286586 条评论，占比约为 89.00%；中性情感评论有 2884 条，占比约为 0.90%；消极情感评论有 32543 条，占比约为 10.10%。具体数据可见图 2-7。

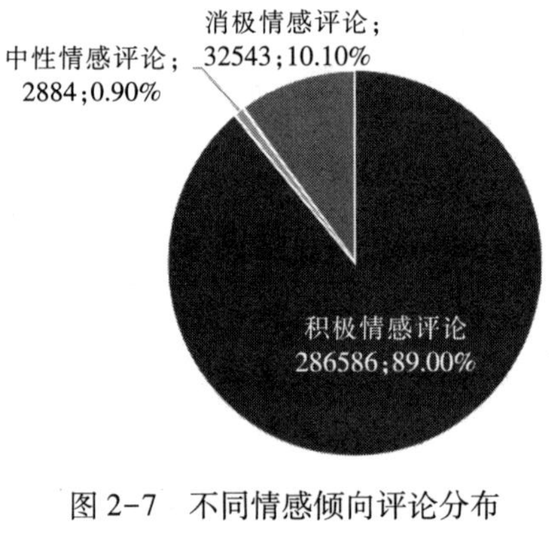

图 2-7　不同情感倾向评论分布

对不同情感倾向的评论进行高频特征词提取，首先将评论文本进行分词，再运用停用词表将评论中的停用词和无关客户情感态度的词语去掉，最后再进行特征词的提取和计数。由于中性情感评论的内容包含大量无意义的、与客户情感态度无关的词语，所以本次只进行对积极情感评论和消极情感评论的高频特征词提取。具体数据可见表2-7、表2-8。

表 2-7　积极情感评论高频特征词

特征词	词频	词性
不错	60767	形容词
好吃	60063	形容词
味道	43430	名词
包装	37545	名词
口感	27940	名词
物流	25223	名词
回购	24559	动词
新鲜	22751	形容词
喜欢	18184	动词；形容词
很快	17902	形容词
满意	17529	动词
好评	16939	名词
快	16882	形容词
质量	16770	名词
值得	15940	形容词

表 2-8　消极情感评论高频特征词

特征词	词频	词性
不好吃	5073	形容词
味道	4797	名词
包装	3223	名词
不新鲜	2896	形容词
物流	2014	名词
口感	1885	名词
不干净	1737	形容词
干	1621	形容词
辣	1568	形容词
回购	1551	动词
商家	1493	名词
坏果	1411	名词
质量	1390	名词
不满意	1281	动词
快递	1244	名词

从积极情感评论中提取的15个高频特征词来看，包含了客户对购买的产品给予好评所关注的重点。首先，产品的味道、口感以及好不好吃是客户最关注的，积极情感评论中大部分都表达了对产品优质口味的赞许，也就是说保证产品拥有令人满意的味道最能够促使购买产品的客户给予好评。其次，客户的关注点是包装，别具一格和合适的包装能够促使客户表达出积极的情感。迅速的物流也能够激发客户给予好评，15个高频词中“物流”“很快”“快”都表达了对物流的评价。在生鲜类产品中，保证销售产品的新鲜度是获取客户好评的比较重要的一点。商品的整体质量也是能够激发客户积极情感的重点。客户在对产品具有一定认知后，会表达自己对商品的认知和满意度，部分客户还会表示将要进行二次购买。

从消极情感评论中提取的高频特征词中有一部分是与积极情感评论的高频特征词相重合的，“味道”“好吃”“包装”“新鲜”“物流”“口感”“回购”“质量”都是两种情感倾向评论中重合的高频特征词，说明产品的口味、包装、质量以及生鲜产品的新鲜程度和物流的好坏会很大程度上影响客户的情感倾向。产品拥有优质的口味会驱使客户给予好评，产品拥有糟糕的口味会驱使客户给予差评，包装、质量、新鲜度和物流同理。除此之外，产品干净程度较低、商家服务态度不好、价格不合理以及产品存在损坏现象都会激发客户的消极情绪从而给予差评。

然而仅凭评论中的情感特征词无法对产品进行综合性的评价，需要找到情感特征词的相似点，也就是说需要对总的322013条评论进行主题挖掘。LDA主题模型（Latent Dirichlet Allocation）可以识别中文文本中的共同信息，从而实现对产品进行综合评价的效果，所以此次报告使用LDA模型对产品在电商平台的网络评论进行主题挖掘。

在使用LDA模型前需要确定模型主题数量，一般用来评价LDA主题模型的指标有困惑度（perplexity）和主题一致性（coherence），困惑度越低或者一致性越高说明模型越好。一些研究表明困惑度并不是一个好的指标，所以本次报告使用主题一致性来评价模型并选择最优主题。不同主题数量下的主题一致性参数数据如图2-8所示。

选择主题一致性参数最大的主题数量，将主题数量设置为7，每个主题包含20个词语，最终得到的每个主题包含的词语如表2-9所示。

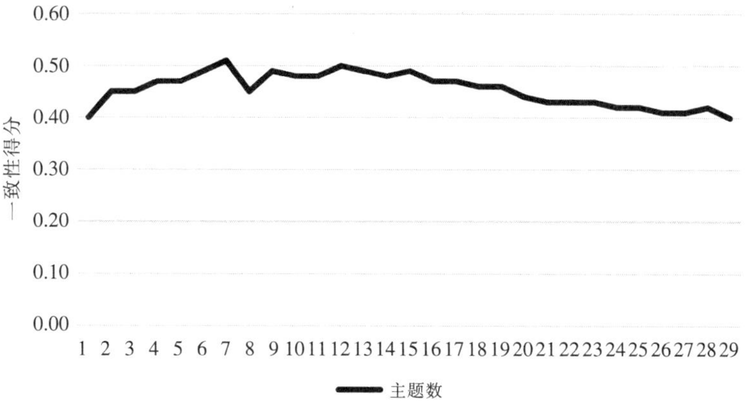

图 2-8　主题一致性参数变化情况

表 2-9　不同主题包含的词语

主题	词语
主题 1	莲子 百合 纯正 糯 干净 新鲜 颜色 口感 饱满 甜 大小 煮 收到 好喝 甘甜 苦味 喝 软 深 个头大
主题 2	收到 可以 吃 鱼 货 没有 再 打开 感觉 评价 包装 喝 看 送 看着 追评 一个 煮 货已 斤
主题 3	买 吃 好 喜欢 再 回购 这次 买过 朋友 孩子 下单 几次 说 这家 便宜 非常 爱 老板 一包 这款
主题 4	好 收到 满意 包装 非常 质量 快 值得 购买 物流 好评 均匀 物流快 商家 百合 发货 五星 性价比 完好 大小
主题 5	好 新鲜 干净 包装 足 超市 分量 口感 物流快 老板 实惠 个头 坏果 黄花菜 大 鱼干 生意兴隆 价格 便宜 美味
主题 6	不错 味道 回购 下次 购买 好评 还会 买 第二次 东西 收到 颗粒 五星 武冈 光顾 看着 重量 看上去 真心 推荐
主题 7	好吃 味道 辣椒 非常 鱼 吃 干 买 新鲜 辣 炒 正宗 家乡 香 喜欢 特别 足斤 口味 贵 不辣

由表 2-9 可以看出不同的主题之间是存在联系的，例如主题 1、主题 4 和主题 5 都是由对产品的综合性评价的词语组成的，综合性评价包含包装、新鲜度、干净程度、产品质量、味道等。主题 3 和主题 6 是由对产品的购买体验词语以及回购意愿词语组成的。主题 7 主要包含了对产品口味的描述性词语。不同的主题之前还穿插了一些关于产品价格的词语。经过对主题词的判断，构建一个依据商品评论制定的网络口碑影响因素，如表 2-10 所示。

表 2-10　商品评论中网络口碑的影响因素

编号	影响因素
1	口味
2	包装
3	物流
4	新鲜度
5	干净程度
6	价格
7	质量
8	回购意愿

首先对积极情感评论中的各影响因素主题词进行统计，具体数据见表 2-11。可以看出商品的口味是顾客发表积极情感评论时提及最多的，接着便是对物流的快慢、包装的好坏、价格是否合理、回购的意愿、商品整体质量怎样、商品是否新鲜、商品是否干净等的评价。

表 2-11　积极情感评论特征词数量分布

特征词	特征词数量
口味	170404
包装	44155
物流	83967
新鲜度	22751
干净程度	10689
价格	37878
质量	24250
回购意愿	24559

对消极情感评论中的各影响因素主题词进行统计，具体数据见表 2-12。可以看出商品的口味也是顾客发表消极情感评论时提及最多的，接着是对物流的快慢、包装的好坏、商品是否新鲜、价格是否合理、商品整体质量怎样、商品是否干净、回购的意愿等的评价。

表 2-12　消极情感评论特征词数量分布

特征词	特征词数量
口味	15866
包装	3223
物流	5562
新鲜度	2896
干净程度	1737
价格	2436
质量	2198
回购意愿	1551

结合表 2-11 和表 2-12，两种情感极性的评论都非常关注商品的口味以及物流的快慢。不同之处在于积极情感评论比消极情感评论更多地关注于商品的价格和表达回购的意愿，而消极情感评论比积极情感评论更多地关注于商品的新鲜度和干净程度。

第五节　本章小结

从数据整体来看，上榜的 100 个湖南省农产品区域公用品牌的口碑得分大部分处于 70—80 这个区间内。网络口碑排名前 10 位的品牌都或多或少存在着“偏科”现象（指标表现不均衡），各品牌想要得到高质量的网络口碑，需三个指标平衡发展。其中应以扩大品牌知名度和销量，提升口碑数量为重点，同时要对品牌进行精准定位，增强品牌的电商运营能力，管理好消费者认知。

不同地区之间的农产品区域公用品牌平均网络口碑差异较小，三项二级指标中，口碑数量在不同地区之间差异较大，口碑效价和口碑离散度在不同地区之间差异较小。各个地区内部的农产品区域公用品牌中都存在表现优异的高网络口碑品牌和表现欠佳的低网络口碑品牌，各地在发展高网络口碑品牌的同时，也需要关注低网络口碑品牌和有潜力的品牌的发展。

本次网络口碑报告采集的评论数据中大部分是表达正面积极的情感态度的评论。评论的大部分用户关注点在于商品的口味、包装的好坏、物流的快慢、商品的新鲜程度、商品的干净程度、价格是否合理、回购的意愿、商品整体质量。积极情感评论的关注点由高到低依次是商品的口味、物流的快慢、包装的好坏、价格是否合理、回购的意愿、商品整体质量怎样、商品是否新鲜、商品是否干净。消极情感评论的关注点由高到低依次是商品的口味、物流的快慢、包装的好坏、商品是否新鲜、价格是否合理、商品整体质量怎样、商品是否干净、回购的意愿。

第三章　湖南省不同类别农产品区域公用品牌的网络口碑表现

本章将湖南省农产品区域公用品牌主要细分为茶叶类、畜牧类、果品类、粮油类、蔬菜类、水产类、药材类等七个品类，深度挖掘和剖析每个品类的线上市场反响并进行比较分析。具体地，收集了京东平台、拼多多平台和抖音平台三个平台的网络店铺特征和评论数据以把握消费者的需求和偏好，并借助文本分析工具提取了不同类别农产品消费者评论内容的关注点和情感倾向，从而为提升湖南省农产品区域公用品牌的网络口碑提供可行性建议。

第一节　不同类别农产品网络口碑表现

一、茶叶类农产品

根据湖南省地理标志农产品目录，湖南省目前共有 27 个茶叶类农产品区域公用品牌（以下简称茶叶类农产品），但课题组在研究中发现有 7 个品牌没有开通线上销售渠道或者缺乏评论数据，因此本报告重点统计了其他 20 个品牌，分别是安化黑茶、安化红茶、安化松针、保靖黄金茶、古丈红茶、常德红茶、古丈毛尖、碣滩茶、玲珑茶、汝城白毛茶、茅岩莓茶、沩山毛尖、永顺莓茶、岳阳黄茶、长沙绿茶、绥宁青钱柳茶、溆浦瑶茶、平江烟茶、江华苦茶和桃源红茶。

网络口碑是影响农产品网络销售和企业收入等绩效指标的重要因素，本报告构建了一个考虑口碑数量、口碑效价和口碑离散度的综合性网络口碑评价体系。由图 3-1

可知，茶叶类农产品热度最高的是安化黑茶，口碑得分为 91.05（在所有茶叶类农产品中遥遥领先）。较高的口碑成为一种无形的广告宣传方式，会使得消费者更愿意购买深受大众喜爱的产品，进而又会贡献网络口碑。与之相反，平江烟茶和常德红茶的口碑得分较低（68.77 和 68.22）。两者差距较小，均属于还有待挖掘网络口碑潜力的品类。

在网络口碑的测量中，我们将其细分为三个维度，即口碑数量、口碑效价和口碑离散度，以捕捉消费者需求和品牌态度。口碑得分与口碑数量紧密相关，口碑数量在口碑得分计算中权重占比达到了 40.58%。一般而言，拥有更多口碑数量的农产品，其口碑得分也会更高。图 3-1 总结了近 5 年京东平台、拼多多平台和抖音平台三个平台上销售的茶叶类农产品的口碑数量（评论数量）。可以看到，茶叶类农产品的在线评论数量呈现出两极分化的趋势。安化黑茶、永顺莓茶和保靖黄金茶的评论数量超过 5000 条，被归类为第一梯队。在这个梯队中，安化黑茶的评论数量大大超过后两者，这说明安化黑茶更加知名、更受欢迎，也更容易获得消费者的评价。古丈毛尖、长沙绿茶、岳阳黄茶、沩山毛尖、绥宁青钱柳茶、茅岩莓茶和安化红茶的评论数量在 700 条以上，位于第二梯队。而包括玲珑茶在内的其他 10 个茶叶类农产品的评论数量不超过 300 条，属于第三梯队。其中，溆浦瑶茶、桃源红茶、常德红茶和安化松针与该梯队中的其他产品相比，评论数量差距较大。这主要是因为这些产品在线销售平台上的店铺数量较少，商家入驻时间相对较晚，并且它们的广告宣传力度较小，不被广大消费者所熟知。

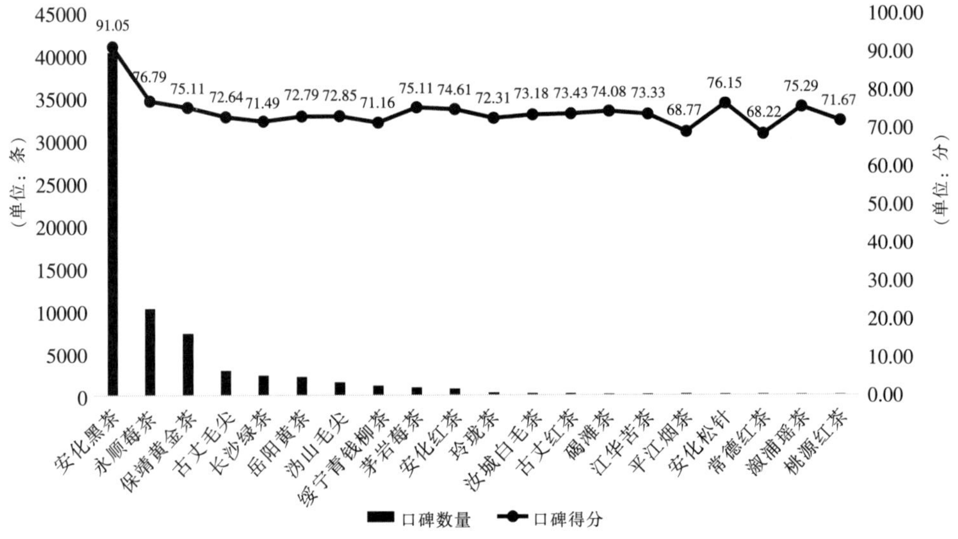

图 3-1　茶叶类农产品口碑得分及口碑数量

一般来说，口碑效价能直观反映消费者对产品的满意程度，展示产品已使用者的体验感受，同时也能作为其他消费者在购买决策中的参考依据。口碑效价与口碑离散度相互关联，因为口碑离散度是基于口碑效价计算得出的，反映了口碑效价的离散程度。通常情况下，口碑效价得分越高，相应的口碑离散度会越低。典型的口碑效价表现形式是商品评分。结合京东平台、抖音平台和拼多多平台三个平台网络店铺上的商品体验、物流体验和服务体验评分均值，图 3-2 衡量了茶叶类农产品的口碑效价水平以及口碑离散度。可以看出，所有茶叶类农产品的评分基本在 4.0 以上，表明三个平台上的店铺都比较注重茶叶类农产品的口碑效价。若要持续经营，这些店铺都需要维持较高的口碑效价。具体来说，安化松针是消费者最满意的茶叶类品牌，评分为 4.67；而平江烟茶以 4.12 的评分排在末位。其中，平江烟茶是 2020 年申请实施地标农产品登记保护的品牌，在打响区域公共品牌的力度和持久时间上还有待加强。这个品牌的发展滞后于“互联网+电商”的趋势，店铺的经营时间普遍较短，仍需在商品宣传和营销、包装和运输以及售后服务等方面进行努力。此外，安化黑茶、古丈毛尖、保靖黄金茶和岳阳黄茶入选了 2022 年中国农产品（茶叶）品牌声誉百强榜，但在图 3-2中，这些茶叶品类的评分并不是很高，都在 4.3 及以下，这意味着知名度较高的品牌同样可能受到消费者的挑剔，需要在生产销售的各个环节更加注重细节问题。

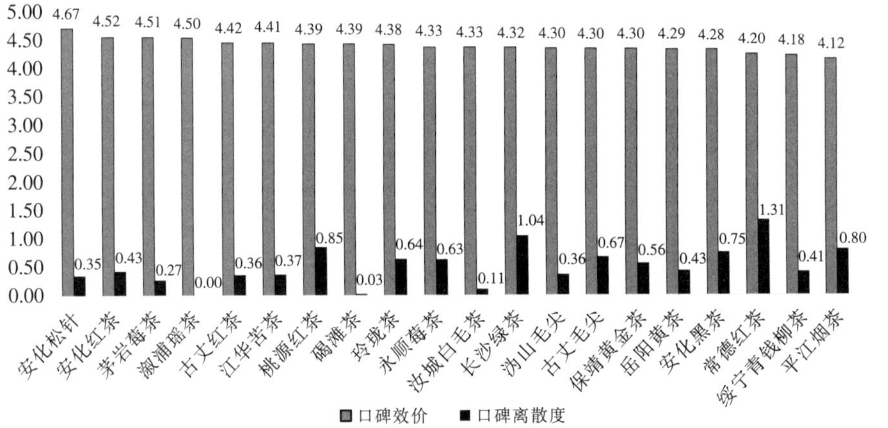

图 3-2 茶叶类农产品口碑效价及口碑离散度

进一步，本报告使用口碑离散度来衡量消费者对茶叶类农产品评价产生分歧的情况（图 3-2）。当得分接近 0.00 时，表示口碑离散度较低，评论一致性较高。当得分大于 0.00 且不断增加时，表示口碑离散度逐渐增大，导致评论内容的分歧和矛盾加剧，很难形成一致意见。如图 3-2 所示，常德红茶和长沙绿茶在网络口碑上获得了褒贬不一致的评价，消费者对这两个茶叶品牌在商品质量、价格、物流速度、便利性、客服答疑和售后保障等方面持有不同的观点和态度，口碑离散度最高，都达到 1.0 以上。网络口碑的离散会给消费者的购买决策带来较大的不确定性。为了避免踩雷或减少购物顾虑，消费者通常会选择不购买，这可能是导致常德红茶、桃源红茶和平江烟茶销量较少的原因之一。然而，溆浦瑶茶、碣滩茶、汝城白毛茶和茅岩莓茶几乎不存在口碑离散度问题。通过图 3-2 可以清楚地看到，这四个茶叶品类的离散程度分别为 0.00、0.03、0.11 和 0.27，数据显示消费者对这四个茶叶类农产品的评价基本保持一致，并且大多数是好评。

二、畜牧类农产品

为了解湖南省畜牧类农产品区域公用品牌（以下简称畜牧类农产品）的网络口碑整体表现，本报告对共计 26 种畜牧类农产品进行统计。其中，剔除了 10 个没有开通线上销售渠道或缺乏评论数据的品牌，对剩下的 16 种活跃程度较高的畜牧类农产品进行了数据收集和研究。这 16 个品牌分别是常德酱板鸭、东安鸡、临武鸭、宁乡猪、武冈铜鹅、湘西黄牛、新晃黄牛肉、芷江鸭、衡阳湘黄鸡、洪江雪峰乌骨鸡、九疑山兔、浏阳黑山羊、浦市铁骨猪、桃源鸡、石门土鸡和岳阳王鸽。

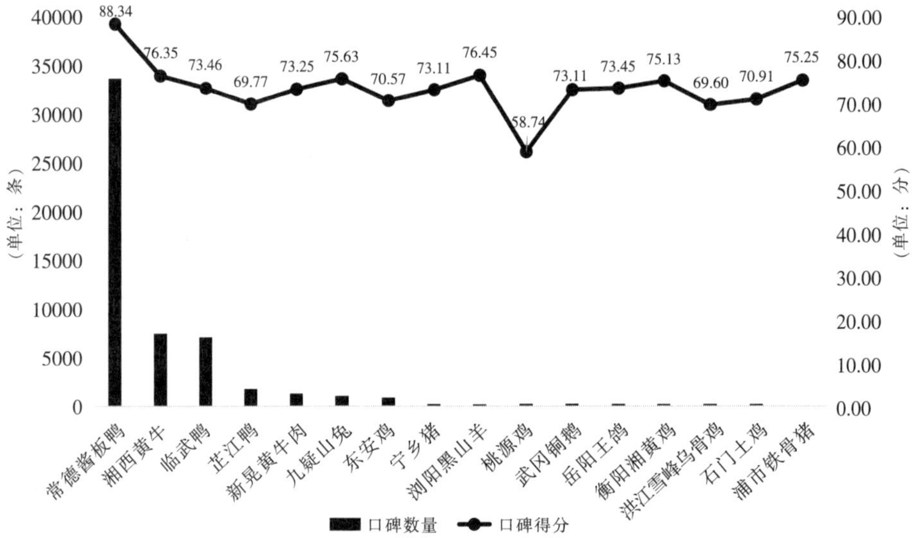

图 3-3　畜牧类农产品口碑得分及口碑数量

根据京东平台、拼多多平台和抖音平台三个平台的数据，本报告计算了这 16 种畜牧类农产品的网络口碑综合得分，如图 3-3 所示。在畜牧类农产品中，常德酱板鸭以

88.34 的口碑得分成为评价最高的产品，而芷江鸭、洪江雪峰乌骨鸡和桃源鸡的口碑得分别为 69.77、69.60 和 58.74，排名靠后。其余畜牧类农产品的得分范围在 70.57—76.45 之间。畜牧类农产品以鸡和鸭为主，这类家禽家畜适合进行大规模养殖，而常德市、怀化市和永州市则具备良好的自然条件，为鸡鸭提供了优越的生长和繁殖环境。常德酱板鸭和临武鸭主要是卤味食品，湘西黄牛、岳阳王鸽、宁乡猪和九疑山兔以及其他畜牧类农产品主要包括预制食品、生鲜食品、腌制食品和调味品。显然，卤味食品因其保质期相对较长、口味鲜香、开袋即食、运输便利等特点受到消费者的喜爱。此外，其他畜牧类农产品中，有些对生鲜储存要求较高，只能提供同城服务；有些需要二次加工后才能食用；还有一些价格较高，这些因素都导致消费者对其购买存在一定顾虑。

依据三个平台的数据，汇总得到畜牧类农产品口碑数量的统计结果，如图3-3所示。常德酱板鸭以 33632 条口碑数量位居榜首。湘西黄牛和临武鸭以 7427 和 7051 条口碑数量紧随其后，稍逊于常德酱板鸭。芷江鸭、新晃黄牛肉、九疑山兔和东安鸡的口碑数量虽然均在 800 条以上，但远低于前三种畜牧类农产品。宁乡猪、浏阳黑山羊、桃源鸡、武冈铜鹅、岳阳王鸽、衡阳湘黄鸡、洪江雪峰乌骨鸡、石门土鸡和浦市铁骨猪的口碑数量在 200 条以下，评论数量也很有限，难以与排名靠前的畜牧类农产品相比。出现这种情况的原因在于，一方面，常德酱板鸭本身呈现出独特的香辣鲜美口感，易于食用，符合大多数消费者的口味偏好，尤其迎合了湖南人普遍喜爱辛辣口味的饮食习惯；另一方面，随着国家农业产业结构调整战略的全面实施，常德市对于常德酱板鸭品牌建设和产业扶持的力度不断加大，规模经济优势日益凸显，使得品牌知名度不断提升，销量不断增长。

根据图 3-4 的口碑效价进行分析可以看到，浏阳黑山羊的口碑效价评分达到 4.61，这意味着消费者对销售浏阳黑山羊店铺的商品体验、物流体验和服务体验非常满意。该品牌主要在抖音平台上销售，通过短视频和直播的形式，消费者可以直观地感受到畜牧养殖、生产、加工和包装的整个过程，提高了他们的临场感和体验感，进而激发了购物的欲望。

九疑山兔、浦市铁骨猪、衡阳湘黄鸡、武冈铜鹅和宁乡猪这五种畜牧类农产品的口碑效价评分低于 4.60，但都在 4.40 以上。九疑山兔的产品主要是罐装或瓶装的调味食品，其保质期长，运输储存要求低，因而深受消费者喜爱。而后面几个品牌的评论数量较少，口碑效价没有明显差异。

芷江鸭和东安鸡的口碑效价评分分别为 4.23 和 4.21，评分不够理想。这两个品牌在2022年中国农产品（畜禽）品牌声誉百强榜中居湖南省前列，但口碑效价的反映与此结论不尽一致。网络店铺的物流及店铺服务等因素的不足降低了消费者对这两个品牌的满意度。

此外，市场上销量较高的常德酱板鸭、临武鸭、湘西黄牛和新晃黄牛肉等畜牧类农产品的商品和服务参差不齐，整体口碑效价评分被拉低。

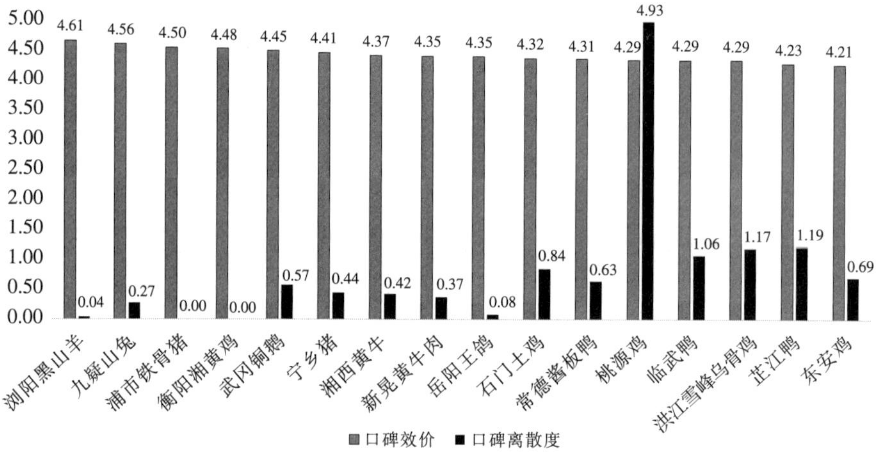

图 3-4　畜牧类农产品口碑效价及口碑离散度

在口碑效价评分的基础上，本报告计算了畜牧类农产品的口碑离散度，参见图 3-4。其中，桃源鸡的口碑最受争议，消费者对桃源鸡评价的不一致程度最高，口碑离散度为4.93。芷江鸭、洪江雪峰乌骨鸡和临武鸭的口碑离散度均在1.00以上，分别为1.19、1.17、1.06，不同平台的口碑分布情况各有不同，抖音平台和京东平台上产品的消费者褒贬不一致，评论呈现出明显的两极分化。浦市铁骨猪、衡阳湘黄鸡、浏阳黑山羊和岳阳王鸽的口碑离散度非常低，依次是0.00、0.00、0.04、0.08，这四个畜牧类农产品的评论数量较少，少数消费者评价代表整个口碑，分歧程度极低，但有用信息较少。

三、果品类农产品

为了了解湖南省果品类农产品区域公用品牌（以下简称果品类农产品）在网络口碑方面的整体表现，我们从33种果品类农产品中筛选出活跃程度较高的17个品牌，其他16个无在线销售渠道或评论数据不足的品牌被排除。接下来对17种果品类农产品进行数据收集和研究，这些产品分别是：新宁脐橙、黔阳冰糖橙、炎陵黄桃、江永香柚、湘西猕猴桃、浏阳金桔、凤凰猕猴桃、永兴冰糖橙、华容道皱皮柑、通道黑老虎、复兴苹果柚、东江湖蜜桔、靖州杨梅、湘西椪柑、洞口雪峰蜜桔、瑶山雪梨、黔阳大红甜橙。

生活环境会对果树的生长产生巨大影响，正如古语所言："橘生淮南则为橘，生于淮北则为枳。"在湖南省，由于适宜的生态环境，柑橘种植成为主导。柑橘的面积和产量占据全省果园面积和产量的3/4以上，形成了以柑橘为主导，辅以梨、桃、葡萄、猕猴桃、杨梅等树种的种植格局。在本次调研的17种果品类农产品中，有11种是柑橘类水果，占比达到64.7%。图3-5展示了对果品类农产品网络口碑综合得分的调查结果。其中，位列前三的果品类农产品依次为黔阳冰糖橙（77.36）、复兴苹果柚（77.34）、瑶山雪梨（76.86）。前两者属于柑橘大类，尤其是黔阳冰糖橙，作为"中国冰糖橙之乡"——洪江市持续宣传的地标特色农产品，以其果肉脆嫩、果味甘甜，被誉为"橙之极品"。

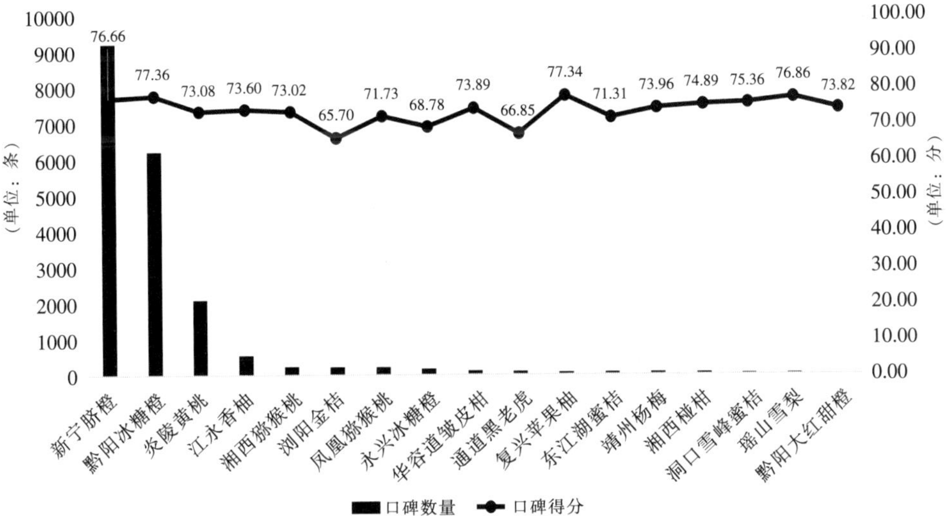

图3-5　果品类农产品口碑得分及口碑数量

新宁脐橙、洞口雪峰蜜桔、湘西椪柑、靖州杨梅、华容道皱皮柑、黔阳大红甜橙、江永香柚、炎陵黄桃、湘西猕猴桃、凤凰猕猴桃、东江湖蜜桔这几个品牌的口碑得分介于71.31到76.66之间。新宁脐橙被称为"脐橙之王"，湘西椪柑素有"橘中之王"的美称，炎陵黄桃因其优质口感享有"炎陵黄桃、桃醉天下"的美誉，江永香柚产地被誉为"中国香柚之乡"，靖州杨梅更是被赞誉为"梅中之王"，这些都已经成为上述果品类农产品的宣传名片。当然，能够在市场上获得较好的推广，还是得益于这些果品类农产品的生态种植、品质保证、保鲜时效和极速配送等综合优势。

永兴冰糖橙、通道黑老虎和浏阳金桔排名较低，口碑得分低于70，主要是因为部分网络店铺缺乏品质认证，像永兴冰糖橙并非都是从湖南省郴州市产地发货，使得水果品控问题严重。除了在成熟采摘季没有统一标准进行品控之外，物流运输过程中无法得到控湿控温和适当储存等履约能力的保障等原因，都导致口碑得分较低。而通道黑老虎这类水果的评论中，因其知名度相对不高，缺乏宣传，使得消费者接触水果的相关知识较少，辨识度不强，往往因为猎奇购买，极易产生差评。

据图3-5显示，果品类农产品在口碑数量方面存在较大差异。其中，新宁脐橙的口碑数量最多，达到9193条；黔阳冰糖橙排名第二，有6197条口碑；炎陵黄桃以2090条口碑数量暂居第三。而江永香柚、湘西猕猴桃、浏阳金桔、凤凰猕猴桃、永兴冰糖橙、华容道皱皮柑、通道黑老虎、复兴苹果柚、靖州杨梅、东江湖蜜桔、湘西椪柑、洞口雪峰蜜桔、瑶山雪梨、黔阳大红甜橙的口碑数量都在550条以下，消费者的反馈相对较少。

大部分果品类农产品口碑数量较少的原因主要有两个方面：第一，果品类农产品多为季节性产品，上市时间集中，品种丰富，竞争激烈，消费者注意力分散。第二，现代化科技企业在基地种植、保鲜储存、采后处理、冷链和贸易等全农业产业链服务方面投入成本高，而果品类农产品保鲜期短，损失率较高。因此，农户和农村合作社更倾向于采用在线直播或借助“私域流量”社群营销的方式进行销售。这样做的优势在于快速传播产品信息，详细介绍产品特点，利用优惠手段吸引和激发消费者的购买欲望，从而减少供需信息不对称，满足大型生鲜水果消费的即时需求。

需要注意的是，在抖音平台上，消费者在订单完成后的15天内无法再次发布评价。相比之下，社群营销通常直接与商家对接，没有公开评价的限制。

新宁脐橙是个例外。其年产量超过70万吨，并且具有耐贮藏和运输的特点。此外，崀山果业和龙丰果业等公司在2021年进行升级改造，建立了109个鲜果冷藏库，提升了冷链物流能力，为新宁脐橙的电商销售提供了良好的条件。

根据抖音平台、拼多多平台和京东平台三个平台的商品评价、物流评价和服务评价，本报告计算了果品类农产品的口碑效价。从图3-6可以清楚地看出，复兴苹果柚是最受消费者满意的品牌，口碑效价评分为4.70。瑶山雪梨稍逊于复兴苹果柚，口碑效价为4.69。评论内容主要提及复兴苹果柚水分充足、酸甜可口；瑶山雪梨的新鲜多汁、爽甜无渣，说明两者的品质比较符合消费者的期望。其次是靖州杨梅、湘西椪柑、黔阳冰糖橙并列第三，口碑效价为4.54。前者通过顺丰冷链空运，后两者皮薄肉甜，靖州杨梅和黔阳冰糖橙都入选了2022年中国地理标志农产品（果品）品牌声誉排行榜的前 100 位，广受消费者喜爱。

洞口雪峰蜜桔、华容道皱皮柑、炎陵黄桃、江永香柚、黔阳大红甜橙、东江湖蜜桔、凤凰猕猴桃、湘西猕猴桃、新宁脐橙、永兴冰糖橙的口碑效价得分在 4. 12 到 4. 53 之间，而浏阳金桔和通道黑老虎的得分在中等水平之下，分别为 3. 92 和 3. 88，表明在品质控制、产地溯源、物流服务、品牌建设和营销推广等方面还有改进的空间。

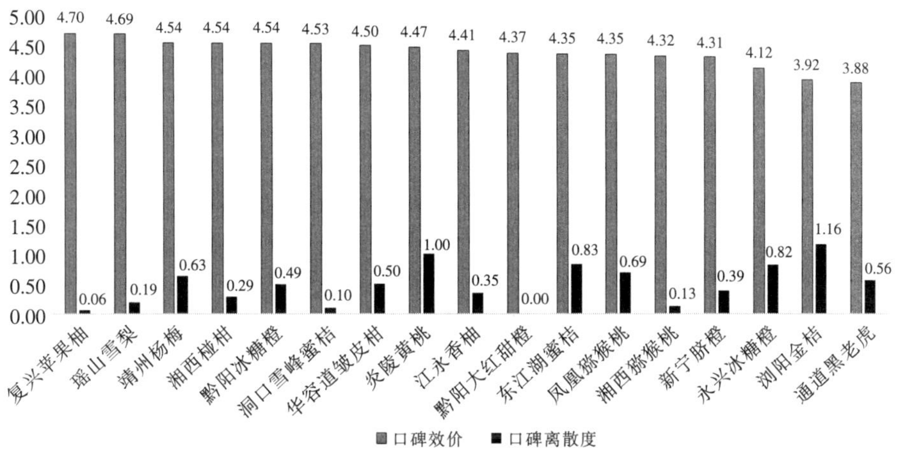

图 3-6 果品类农产品口碑效价及口碑离散度

另外，从图 3-6 可以直观地看到果品类农产品的口碑离散度。湘西椪柑（0. 29）、瑶山雪梨（0. 19）、湘西猕猴桃（0. 13）、洞口雪峰蜜桔（0. 10）、复兴苹果柚（0. 06）、黔阳大红甜橙（0. 00）的口碑离散度都比较低，均不超过 0. 3，这说明消费者对于这些果品类农产品品牌的态度基本保持一致，很少产生争议。而浏阳金桔（1. 16）、炎陵黄桃（1. 0）是受到争议最大的两个品牌，炎陵黄桃的网络销售主要以水果和水果罐头两种形式，浏阳金桔在网上主要是以水果和蜜饯形式销售，这两种品类的评论内容均在产品品质上存在分歧。

四、粮油类农产品

为了了解湖南省粮油类农产品区域公用品牌（以下简称粮油类农产品）的网络口碑表现，本报告从 17 个品牌中选取了活跃程度相对较高的 6 个品牌进行了数据收集和研究，剔除了另外 11 个没有开通线上销售渠道或缺乏评分数据的品牌。这 6 个品牌分别是新晃侗藏红米、江永香米、常德香米、松柏大米、紫鹊界贡米和安化小籽花生。

湖南省作为水稻大省，水稻种植面积一直稳居全国第一位。在湖南省的粮油类农产品中，大米品牌占据主体地位，占比高达 83. 3%。根据粮油类农产品的网络口碑计算得分，得到了图 3-7。安化小籽花生的口碑得分高于所有大米品牌，达到了 76.53 分。江永香米、紫鹊界贡米、松柏大米、常德香米和新晃侗藏红米的口碑得分都超过了 72 分。从产业的角度来看，湖南省面临着“稻强米弱”的瓶颈。提升湘米品质需要有更大的湘米公共品牌支持，特别是在面对像五常大米、响水大米、庆安大米、盘锦大米等知名品牌的强有力竞争时。

图 3-7 还展示了粮油类农产品的口碑数量。常德香米口碑数量最多。常德市位于西洞庭湖地区，被誉为“鱼米之乡”。同时，常德香米也是湘米的第一品牌，名列 2022 年中国农产品（粮油）品牌声誉排行榜前 100 位。

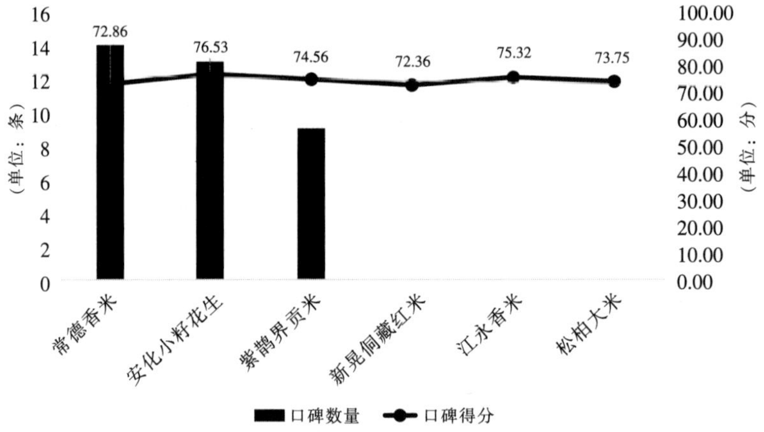

图 3-7　粮油类农产品口碑得分及口碑数量

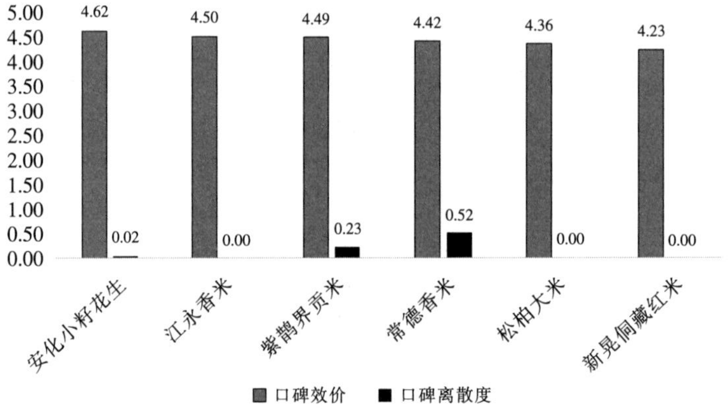

图 3-8　粮油类农产品口碑效价及口碑离散度

图 3-8 展示了粮油类农产品的口碑效价。其中，口碑效价最高的是安化小籽花生，达到了 4.62 分。湖南省农业农村厅在《“十四五”湖南省种植业发展规划》中强调了

对优质食用小籽花生的重视，包括品种更新换代，努力培育“两品一标”并打造品牌。安化小籽花生以其珍珠般的美丽而闻名，是益阳市安化县根据资源优势因地制宜发展起来的特色产业。在各大电商平台上，安化小籽花生获得了高度评价和星级评分，不论是商品品质、物流履约还是售后服务，都得到了大多数消费者的肯定。而江永香米、松柏大米和新晃侗藏红米的整体销量和知名度较低，因此，暂时没有口碑数量的统计数据。

通过图 3-8 呈现的数据，我们也可以清晰地看到粮油类农产品的口碑离散度。在新晃侗藏红米、江永香米、松柏大米、安化小籽花生、紫鹊界贡米和常德香米这几个品牌中，口碑离散度由小到大排列，分别为 0.00、0.00、0.00、0.02、0.23 和 0.52。总体来说，粮油类农产品的口碑离散度较低，这反映了消费者对于粮油类农产品的评价差异较小。

五、蔬菜类农产品

为了了解湖南省蔬菜类农产品区域公用品牌（以下简称蔬菜类农产品）在网络口碑方面的表现，本报告总共统计了 46 种蔬菜类农产品。其中，去掉了 15 个没有开通线上销售渠道或者缺乏评论数据的品牌，对剩下的 31 个品牌进行了数据收集和研究。这 31 个品牌分别是陶岭三味辣椒、洞溪七姊妹辣椒、永丰辣酱、武冈卤豆腐、湘阴藠头、祁东黄花菜、白关丝瓜、大冲辣椒、湘潭湘莲、邵东黄花菜、会同竹笋、隆回龙牙百合、宝庆朝天椒、会同魔芋、衡阳台源乌莲、桂阳五爪辣、龙山百合、三樟黄贡椒、金甲岭萝卜、醴陵玻璃椒、樟树港辣椒、樟树港黄瓜、沅江芦笋、桃江竹笋、湘潭矮脚白、华容芦苇笋、华容青豆角、津市藠果、华容芥菜、江永香姜和汉寿玉臂藕。

蔬菜是消费者日常生活中必不可少的食品，约占食物消费总量的 41%。蔬菜产业是湖南省种植业的最大产业，拥有超过 3000 种蔬菜品种资源，其中蔬菜的种植形成了以长株潭、环洞庭湖、湘南和大湘西为核心的区域化布局。许多在本报告中介绍的蔬菜类农产品产地多来自上述优势产区，主要分布在岳阳、衡阳和邵阳等地区。

根据收集的数据，计算得出了蔬菜类农产品的口碑得分，结果见图 3-9。图 3-9 显示，将近 84%的蔬菜类农产品的口碑得分超过 70。其中，龙山百合、湘潭湘莲和武冈卤豆腐以分别为 83.92、82.69 和 81.51 的口碑得分稳居前三名。龙山百合和湘潭湘莲通过产业化和专业化规模生产，专注于打造精品，利用“药食两用”的独特优势不断渗透市场。而武冈卤豆腐则以“药卤”工艺闻名，食用对身体有益。这两者都有着悠久的历史并且声名远扬。而华容芦苇笋、汉寿玉臂藕和华容芥菜的口碑得分稍显劣势，分别为 59.17、64.55 和 67.53，暂列最后三名。

根据京东平台、拼多多平台和抖音平台三个平台的统计数据，经过整理得到了图 3-9中展示的蔬菜类农产品的口碑数量数据。

第一梯队的品牌是在市场上拥有较高认知度和销售量的龙山百合、湘潭湘莲和武冈卤豆腐，其口碑数量达到了 20000 条以上。

第二梯队的品牌是拥有独特地理优势且市场需求较大的樟树港辣椒和祁东黄花菜，其口碑数量超过 6000 条。

第三梯队的品牌是湖南菜中不可或缺的配菜，包括金甲岭萝卜、永丰辣酱、大冲辣椒、湘阴藠头、三樟黄贡椒和华容芥菜，它们的口碑数量在 1000 条以上。

第四梯队的品牌面临激烈的市场竞争，而且品牌影响力相对较弱，包括江永香姜、隆回龙牙百合、邵东黄花菜、沅江芦笋、桃江竹笋、洞溪七姊妹辣椒、白关丝瓜、桂阳五爪辣，它们的口碑数量在 100 条以上。

第五梯队的品牌具有本土特色，但尚未形成规模优势，包括会同魔芋、会同竹笋、津市藠果、华容青豆角、陶岭三味辣椒、衡阳台源乌莲、醴陵玻璃椒、樟树港黄瓜、宝庆朝天椒、湘潭矮脚白、华容芦苇笋、汉寿玉臂藕，它们的口碑数量在 100 条以下。

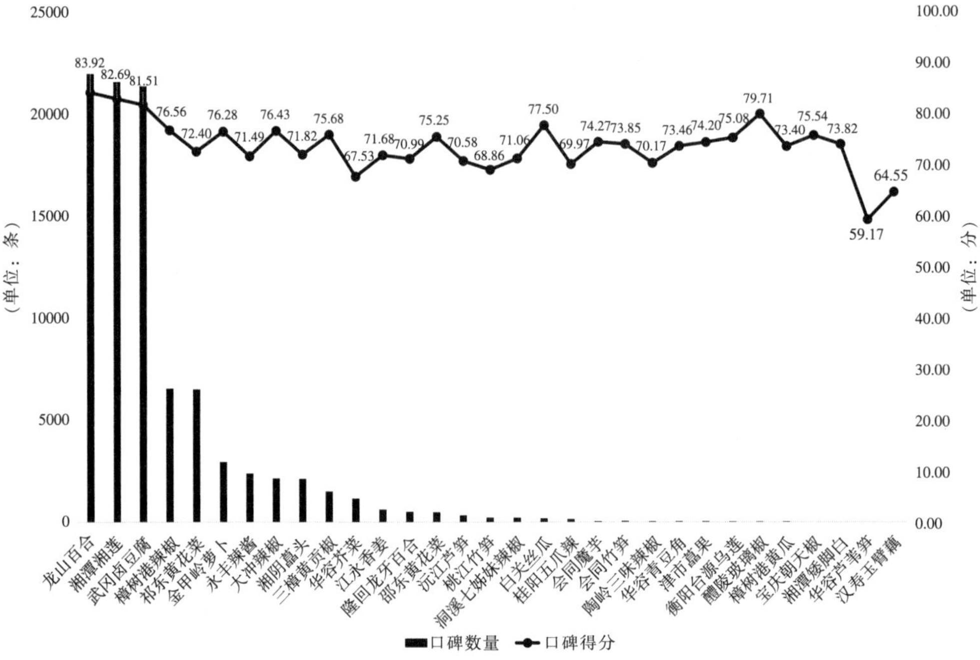

图 3-9　蔬菜类农产品口碑得分及口碑数量

同时，我们计算了不同平台商品评价、物流履约和售后服务三个维度的综合均值，以衡量蔬菜类农产品的口碑效价水平。根据图3-10显示的数据，醴陵玻璃椒的口碑效价均值为4.90，表明该产品在口碑方面得到了极高的认可，受到消费者的一致好评。

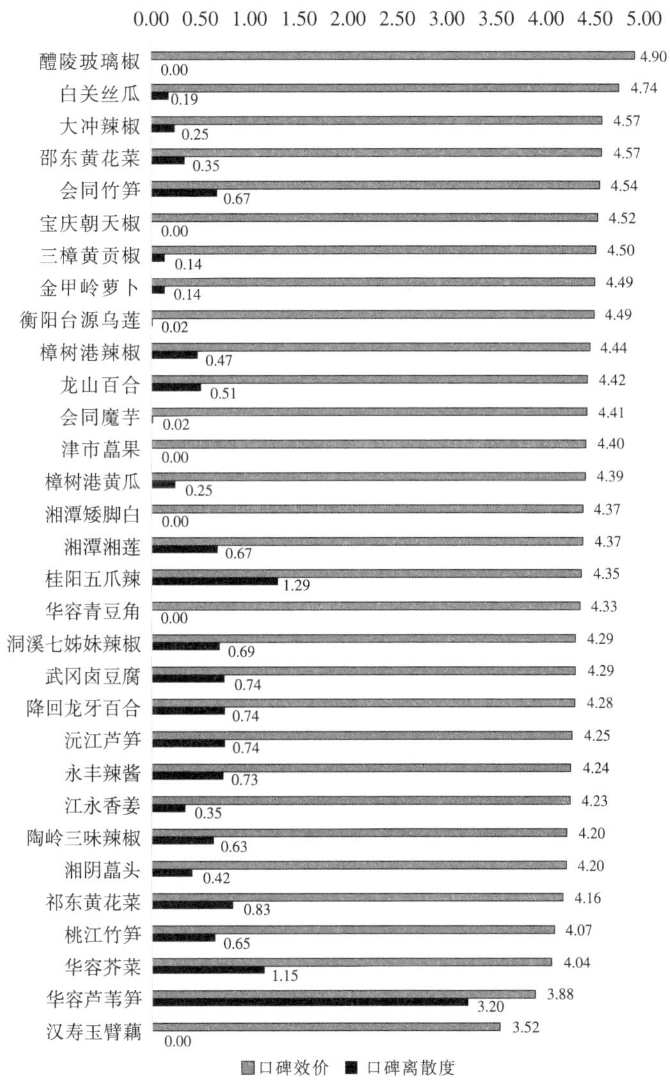

图3-10　蔬菜类农产品口碑效价及口碑离散度

此外，接近94%的蔬菜类农产品的口碑效价得分在4.00以上，汉寿玉臂藕的口碑得分为3.52，为最低得分水平。与其他蔬菜类农产品相比，醴陵玻璃椒的口碑效价最高，其网络店铺数量虽然有限，整体评论数量也很少，但基本是好评。随着店铺数量的增多，各类店铺的管理和运营水平参差不齐，容易导致口碑效价的波动。另外，汉寿玉臂藕口碑效价较低的原因之一是品牌价值较低，还需继续提升商品品质。

在考虑口碑效价水平的基础上，我们计算了各蔬菜类农产品的口碑离散度，如图 3-10所示。在蔬菜类农产品中，醴陵玻璃椒、宝庆朝天椒、津市藠果、湘潭矮脚白、华容青豆角和汉寿玉臂藕这 6 个品牌口碑离散度为 0.00，即消费者对这些产品的评价一致。

其余 25 个品牌，按照口碑离散度由大到小的顺序排列，依次是华容芦苇笋（3.20）、桂阳五爪辣（1.29）、华容芥菜（1.15）、祁东黄花菜（0.83）、隆回龙牙百合（0.74）、沅江芦笋（0.74）、武冈卤豆腐（0.74）、永丰辣酱（0.73）、洞溪七姊妹辣椒（0.69）、湘潭湘莲（0.67）、会同竹笋（0.67）、桃江竹笋（0.65）、陶岭三味辣椒（0.63）、龙山百合（0.51）、樟树港辣椒（0.47）、湘阴藠头（0.42）、江永香姜（0.35）、邵东黄花菜（0.35）、大冲辣椒（0.25）、樟树港黄瓜（0.25）、白关丝瓜（0.19）、金甲岭萝卜（0.14）、三樟黄贡椒（0.14）、会同魔芋（0.02）、衡阳台源乌莲（0.02）。

从数据中可以清晰看出，蔬菜类农产品中口碑离散度高的比例接近 10%，消费者对华容芦苇笋、桂阳五爪辣和华容芥菜的评价容易产生不同意见，主要集中在商品包装和质量方面。

六、水产类农产品

为了了解湖南省水产类农产品区域公用品牌（以下简称水产类农产品）在网络口碑方面的表现，本报告在总共统计的 18 个水产类品牌中筛选出了活跃程度相对较高的 4 个品牌进行了数据收集和研究。这 4 个品牌分别是东江鱼、张家界大鲵、汉寿甲鱼和辰溪稻花鱼。

长江干流湖南段、洞庭湖和湘资沅澧等丰富的水资源，为湖南省渔业产业的发展奠定了坚实的基础。湖南省的淡水产品总量在全国范围内居前 5 位。本报告对 4 种代表性的水产类农产品进行了口碑得分的计算，具体数据请参见图 3-11。根据图中的数据，东江鱼以口碑得分 79.80 高居榜首，紧随其后的是张家界大鲵，口碑得分为 79.72。辰溪稻花鱼排在第三位，口碑得分为 75.31。汉寿甲鱼位列末位，口碑得分为 74.20。东江鱼具备丰富的营养价值和食用价值，再加上价格亲民，被广大消费者所喜爱，销量较高，因而获得较高的口碑得分。而汉寿甲鱼口碑得分较低的原因并非其产品本身的品质问题，更多是因为市场上充斥着各种洗澡甲鱼和黄粉甲鱼，再加上部分主播和商家的虚假宣传以及货不对板，使消费者对汉寿甲鱼品牌的信任降低，口碑受到了质疑。

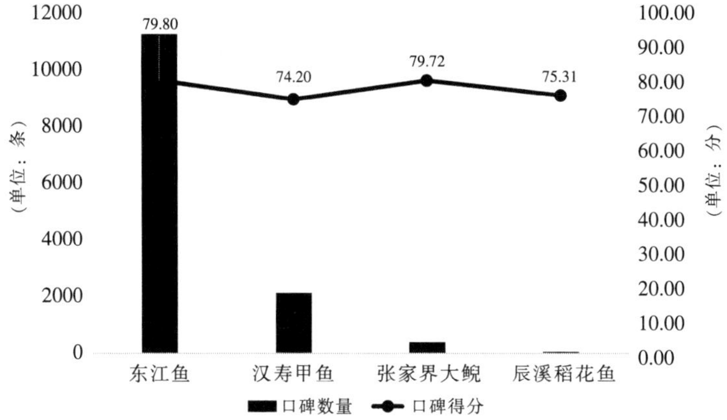

图 3-11　水产类农产品口碑得分及口碑数量

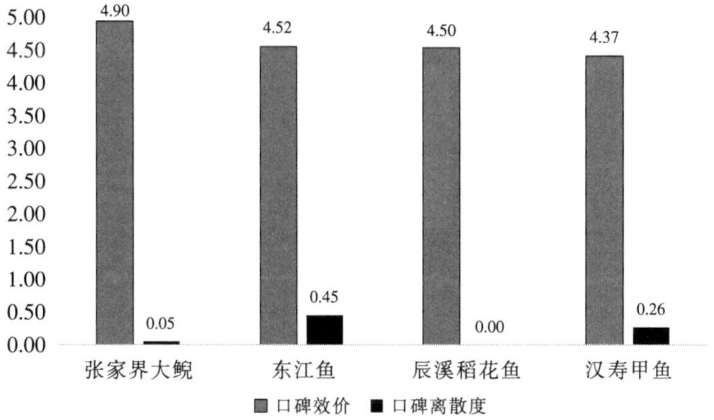

图 3-12　水产类农产品口碑效价和口碑离散度

图 3-11 也展示了水产类农产品的口碑数量，而图 3-12 则展示了其口碑效价和口碑离散度。通过对图 3-11 和 3-12 的分析，可以得出以下结论：

东江鱼获得的口碑数量最多，共有 11193 条，但口碑效价排名第二，得分为 4. 52。另外，东江鱼的口碑离散度最高，达到 0. 45，这表明消费者对于东江鱼口碑效价存在较大的差异，态度各异，增加了购买东江鱼产品的不确定性。

张家界大鲵的口碑效价最高，得分为 4. 90，但口碑数量排名第三，仅有 389 条。由于养殖成本较高，张家界大鲵的增殖放流工作任重道远，产量相对较少。尽管价格相对于东江鱼较高，但张家界大鲵品牌定位中高端，面向中高等收入人群。其产品具有极高的食用和药用价值，并且物流速度和生鲜储存技术得到了充分保障，这使得消费者在网上购物时能够获得良好的体验。

辰溪稻花鱼由于受时节限制，一般以鱼干的特产形式销售。其网络销售店铺规模较小，口碑效价得分为 4. 50，口碑数量仅有 47 条，排名最后。

汉寿甲鱼的口碑效价得分为 4. 37，口碑离散度仅次于东江鱼。这表明消费者对于汉寿甲鱼的评价褒贬不一致。因此，加强入市品控和定期监管店铺销售是很有必要的。

七、药材类农产品

为了了解湖南省药材类农产品区域公用品牌（以下简称药材类农产品）在网络口碑方面的整体表现，本报告对 16 种药材类农产品进行了统计分析。其中有 10 种药材类农产品没有开通线上销售渠道或缺乏评论数据，因此被排除在统计范围之外。为了进一步研究，本报告选择了其余 6 种活跃程度相对较高的药材类农产品，它们分别是邵东玉竹、慈利杜仲、安化黄精、绥宁绞股蓝、靖州茯苓和永州异蛇。

在 2014 年之前，当提及道地和特色药材时，通常会提到南浙北怀、川药、滇药和关药，而湘药并没有明确的定论。直到 2014 年，湖南省人民政府办公厅发布了《关于加快中药材产业发展的意见》（湘政办发〔2014〕80 号），首次提出“培育 9 个‘湘九味’标志性品牌药材”，并明确了“湘九味”的品牌定位。

图 3-13 展示了各品牌的口碑得分。根据口碑得分从高到低的顺序排列，依次是靖州茯苓（75. 97）、绥宁绞股蓝（74. 63）、邵东玉竹（72. 32）、慈利杜仲（67. 03）、永州异蛇（64. 53）和安化黄精（64. 33）。

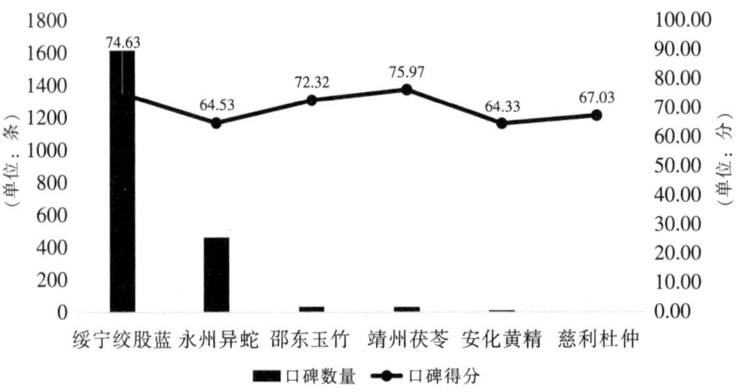

图 3-13　药材类农产品口碑得分及口碑数量

结合所收集的药材类农产品的口碑数量和口碑效价以及口碑离散度的数据（参见图 3-13 和图 3-14），我们可以得出以下分析结果：

在药材类农产品中，有约 67%的口碑效价在 4.00 水平以上，这说明消费者对这些品牌的评价较为积极。另外，超过一半的药材类农产品的口碑数量在 50 条以下，这表明有一部分产品的网络曝光度较低。其中，尽管靖州茯苓的口碑数量相对较少，但消费者对其品质非常满意，基本上都是好评，因此，它的口碑效价水平最高，得分为 4.67。

邵东玉竹的口碑数量与靖州茯苓相当，都在 30 条左右，但是口碑效价较低，得分为 4.48。绥宁绞股蓝的口碑数量最多，达到 1609 条，主要产品为绞股蓝茶，作为一种古老的中草药和常饮茶品，与其他药材类农产品相比，它在日常食用中更为常见。慈利杜仲和安化黄精的口碑数量分别为 0 条和 11 条，而口碑效价水平均在 4.00 以下，这说明这些产品在品质和服务方面还有待改进。

另外，永州异蛇属于药食两用的珍稀品种，在 2022 年入选湖南省第一批道地药材目录，其营养价值和药用价值极高。2020 年 2 月 24 日起施行的《全国人民代表大会常务委员会关于全面禁止非法野生动物交易、革除滥食野生动物陋习、切实保障人民群众生命健康安全的决定》（以下简称《决定》）明确规定，在原有法律禁止食用的野生动物种类基础上，全面禁止食用国家保护的“有重要生态、科学、社会价值的陆生野生动物”以及其他陆生野生动物，包括人工繁育、人工饲养的陆生野生动物。“最严禁食令”政策的出台意味着永州异蛇养殖企业面临转型和转产，由食用转为药用。《决定》中提出因科研、药用、展示等特殊情况，需要对野生动物进行非食用性利用的，应当按照国家有关规定实行严格审批和检疫检验，说明走“药用”之路似乎可行，但无疑会面临更严格的管控和更高的生产技术要求，仍然需要相关政策的细则出台。目前，网络店铺以“柳宗元”牌异蛇酒类作为主打产品进行销售。永州异蛇酒的来源历史悠久，头顶名人光环，其线上整体口碑数量虽低于绥宁绞股蓝，但是多于其他 4 类品牌，有 461 条。而口碑效价得分为 4.03，略高于 4.00，原因在于店铺对消费者需求的响应能力不足，存在药用效果不明显、商品品质有瑕疵等潜在问题，强化品控和提高市场准入门槛对于减少异蛇酒差评和增强消费者满意度会有长远影响。

根据图 3-14，我们可以了解到药材类农产品的口碑离散度。按照从小到大的顺序排列，最低的是安化黄精，然后是绥宁绞股蓝、靖州茯苓、慈利杜仲、邵东玉竹和永州异蛇，它们的口碑离散度分别为 0.00、0.21、0.42、0.67、0.94 和 2.00。

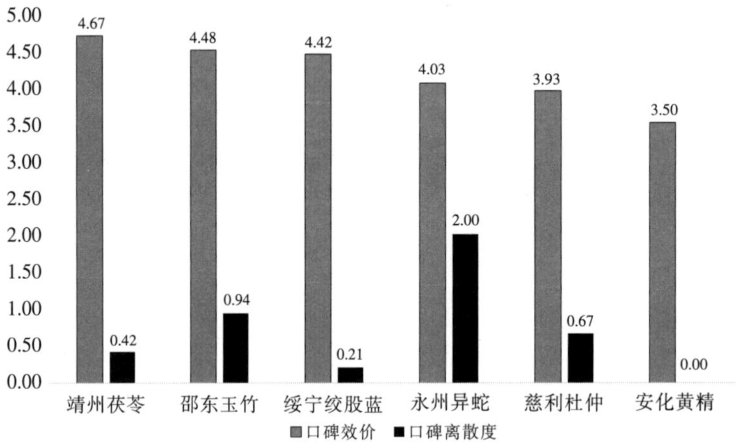

图 3-14　药材类农产品口碑效价及口碑离散度

显然，安化黄精和绥宁绞股蓝的口碑离散度较低，而邵东玉竹和永州异蛇的口碑离散度相对较高，前者表明尽管邵东玉竹的产量大、品质优秀，但消费者对它的评价存在争议，有好评有贬评，后者主要是由于永州异蛇面向细分的消费群体——即患有风湿关节炎、腰酸背痛等疾病且能饮用酒类饮品的消费者，这类群体看重异蛇酒的药效、口感、品牌、配料、原产地和包装等方面，希望以此来辨别和区分真正的异蛇酒，因此也容易产生意见分歧和认知差异。

第二节　不同类别农产品网络口碑内容分析

一、茶叶类农产品

（一）评论内容关键词分析

对茶叶类农产品的评论内容提取高频关键词，结果按次数大小排序，如图 3-15 所示，并绘制语义网络图和词云图，如图 3-16 和图 3-17 所示。将高频关键词从商品、物流和服务三个维度阐述：

（1）商品维度：与商品特征相联系的关键词有口感、包装、好喝、质量、性价比、精美、实惠、香气、正品、品质、香味等，表明消费者对茶叶类农产品的商品特征感知多集中于茶叶品质、包装精美、性价比高等方面。可以说，强调茶叶正品保障、口感醇厚、清香浓郁、色泽透亮，即“色、香、味”俱全是消费者关注的基础。消费者购买茶叶要么自己食用，要么是赠予朋友和家人，所以在包装外观上体现出“上档次”“精致”“精美”会进一步提高消费者满意度。对于价格敏感型消费者而言，茶叶“物美价廉”“实惠”“分量足”“货真价实”“物有所值”“划算”是说动消费者的有力武器，再加之商家赠送“赠品”“小样”，势必会吸引消费者“收藏”“二次”或者“下次”购买。

（2）物流维度：与物流特征相关的关键词包括包装、物流、很快、发货、快递、速度、严实、完好、到货、京东平台、完整、时间等，证明消费者对茶叶类农产品物流特征感知重点在于物流速度、快递包装。当店铺采用京东平台等快递极速配送商品，并且确保茶叶在运输过程中包装严实、完好无损、到货准时时，在一定程度上会提升消费者的满意度。

（3）服务维度：与服务特征相关的关键词为服务、态度、耐心、信赖等，突显出消费者对茶叶类农产品服务特征感知重点在于客服服务态度，及客服是否足够有耐心解释和及时回答问题。

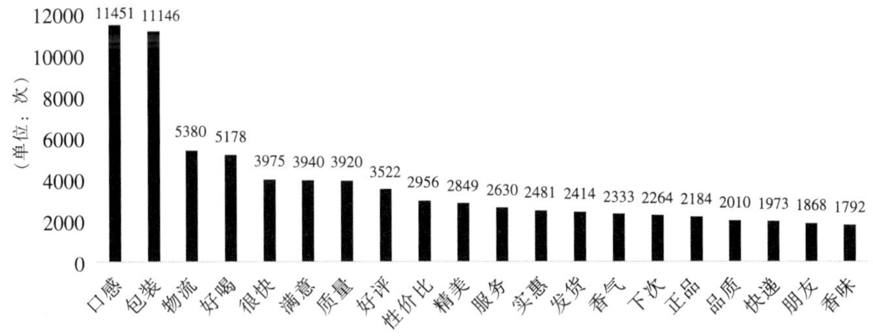

图 3-15　茶叶类农产品评论文本词频统计前 20 位

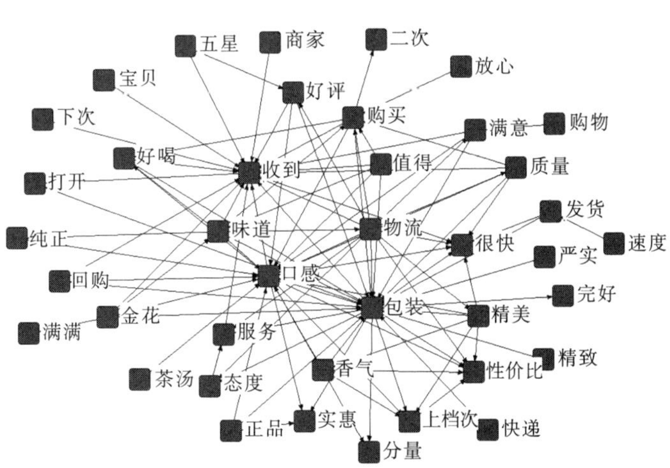

图 3-16　茶叶类农产品评论语义网络图

图 3-17　茶叶类农产品评论词云图

（二）情感分析

在对茶叶类农产品的数据进行清洗后，最终得到了 63751 条评论。通过对经过预处理的文本进行情感分析，得出了表 3-1 中的结果。

表 3-1　茶叶类农产品评论情感分布统计结果

情绪类型	数量	比例	备注
积极情绪	51127 条	80. 20%	其中，积极情绪分段统计结果如下： 一般（0—10）：19951 条 31. 30% 中度（10—20）：17240 条 27. 04% 高度（20 以上）：13936 条 21. 86%
中性情绪	7837 条	12. 29%	
消极情绪	4787 条	7. 51%	其中，消极情绪分段统计结果如下： 一般（-10—0）：3869 条 6. 07% 中度（-20—-10）：842 条 1. 32% 高度（-20 以下）：76 条 0. 12%

从表中可以看出，消费者对茶叶类农产品表达了积极情绪的评价，共计 51127 条，占比约达到 80. 20%；而中性情绪的评价有 7837 条，占比约为 12. 29%；消极情绪的评价只有 4787 条，占比约为 7. 51%。总体来看，消费者对茶叶类农产品的情感倾向以正面为主，这一点在前文的关键词分析中也得到了证实。

进一步将这 4787 条负面情绪的评论数据进行分析，并结合图 3-18，发现了以下问题：① 有消费者反映茶叶存在非正品，商家虚假宣传、欺骗消费者，以次充好的情况；② 也有消费者抱怨茶叶发霉、茶砖太碎、茶汤浑浊，或是味道苦或淡、茶叶没有金花，还可能含有杂质或异物；③ 还有消费者对快递运输方式不满意，提出运输过程中存在暴力导致包装破损、赠品破碎等问题。

图 3-18　茶叶类农产品负面评论词云图

二、畜牧类农产品

（一）评论内容关键词分析

对畜牧类农产品的评论内容提取高频关键词，结果按次数大小排序，如图 3-19 所示，并绘制语义网络图和词云图，如图 3-20 和图 3-21。将高频关键词从商品、物流和服务三个维度阐述：

（1）商品维度：与商品特征相关的关键词有好吃/不好吃、味道、包装、口味、新鲜、口感、正宗、分量、质量、性价比、便宜、实惠等，即大多数消费者在畜牧类农产品商品特征维度的感知重点以肉类品质和分量、包装保鲜、价格实惠为主。对于畜牧类农产品，消费者的购物目的普遍倾向于尝鲜或者寻找正宗家乡味道。“纯正”“肉质”“辣味”“过瘾”等词都是消费者对舌尖上味道的描述。同时，在包装上，需要看得见分量，即线上店铺图片与实物大小是一致的；商家对畜牧类农产品采取真空包装的方式，比较细致和严实，可让消费者感受到商家的用心。另外，消费者喜欢将线上购物与线下实体店（比如：超市等）相比较，看看自己在网上的购物体验是否值得，说明商家需要采取各种激励措施（比如：优惠券、前 100 位下单赠送小礼品等）实现顾客价值最大化，提高回购次数。

（2）物流维度：与物流特征相关的关键词为物流、很快、发货、速度、快递、京东平台、完好、到货等。快递包装完好无损、快速配送到货也是商品“新鲜”保证的重要前提，特别是生鲜肉类。

（3）服务维度：与服务特征相关的关键词包含服务、态度、真心等。店家、老板、商家的真心是能够从售前服务和售后服务中被消费者清楚地感知到的，客服服务态度好、处理问题及时、不回避任何问题、对消费者的疑问给出实质性的建议是有必要的。

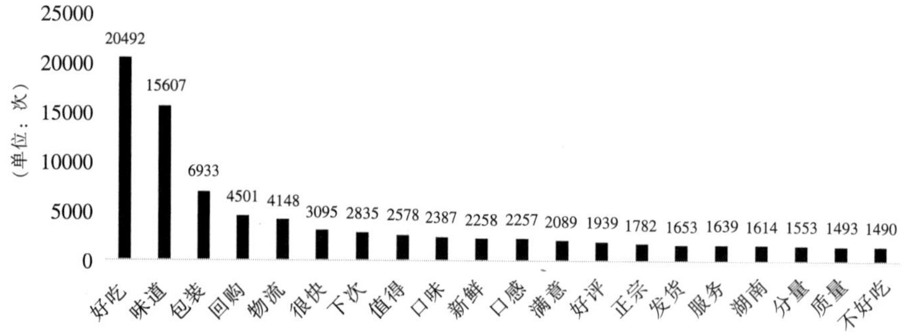

图 3-19　畜牧类农产品评论文本词频统计前 20 位

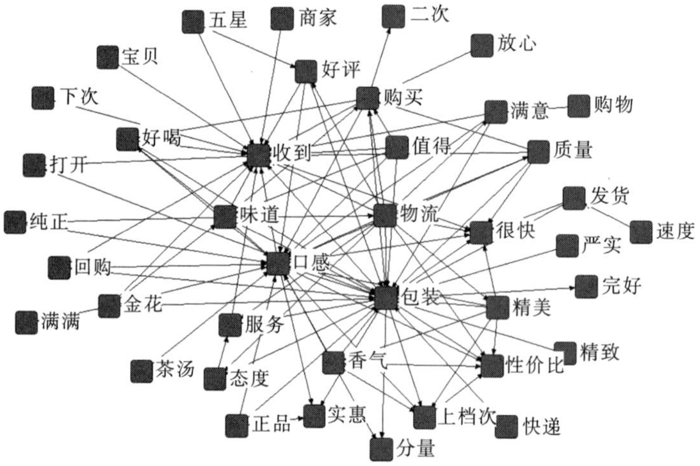

图 3-20　畜牧类农产品评论语义网络图

图 3-21　畜牧类农产品评论词云图

（二）情感分析

在进行数据清洗后，畜牧类农产品的原始数据总共有 58391 条评论。通过对预处理后的文本进行情感分析，得到了表 3-2 中的结果。

表 3-2　畜牧类农产品评论情感分布统计结果

情绪类型	数量	比例	备注
积极情绪	47863	81.97%	其中，积极情绪分段统计结果如下： 一般（0—10）：19444 条 33.30% 中度（10—20）：14335 条 24.55% 高度（20 以上）：14084 条 24.12%
中性情绪	7077	12.12%	
消极情绪	3451	5.91%	其中，消极情绪分段统计结果如下： 一般（-10—0）：2604 条 4.46% 中度（-20—-10）：736 条 1.26% 高度（-20 以下）：111 条 0.19%

从表中可以发现，消费者对畜牧类农产品表达了积极情绪的评价，共计 47863 条，占比约为 81.97%；中性情绪的评价有 7077 条，占比约为 12.12%；消极情绪的评价只有 3451 条，占比仅为 5.91%。总的来说，消费者对畜牧类农产品的情感倾向大部分是正面的。这一点在前文的关键词分析中得到了印证。

进一步将这 3451 条负面情绪的评论数据进行分析，并制作成了图 3-22 的负面评论词云图，发现导致消费者不满和产生消极情绪的主要原因有：① 味道不好吃，例如太油、太咸、太腻，或者太辣导致拉肚子，辣味不够，没有味道等；② 肉质不新鲜或者有怪味；③ 商品不正宗，实物与图片不符合，欺骗消费者；④ 有些消费者反映没有收到货，或者商家发错了商品。

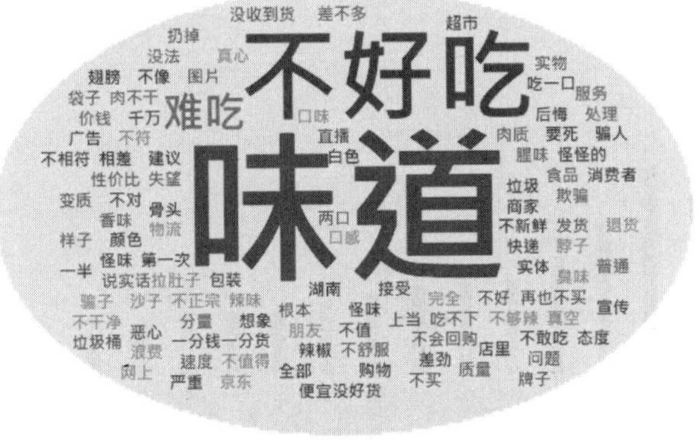

图 3-22　畜牧类农产品负面评论词云图

三、果品类农产品

（一）评论内容关键词分析

对果品类农产品的评论内容提取高频关键词，结果按次数大小排序，如图 3-23 所示，并绘制语义网络图和词云图，如图 3-24 和图 3-25 所示。将高频关键词从商品、物流、服务和消费群体四个维度阐述：

（1）商品维度：与商品特征相关的关键词有好吃、水分、新鲜、味道、口感、包装、个头、大小、酸甜、均匀、可口、质量等。可见，消费者对果品类农产品商品特征维度的感知主要聚焦于水果品质，即消费者对于果品类农产品的需求呈现出品质化的特点，再加上线上渠道使得产品选择多样性增强，果品类农产品也呈现出更加新鲜好吃的趋势。这既是湖南省农产品区域公用品牌的优势，也对品控提出了更高的标准。

（2）物流维度：与物流特征相关的关键词包括物流、包装、很快、发货、速度、到货、快递等。水果作为不易保存的产品，对于时效性的要求颇高，故而物流技术成为影响消费者选择和农产品上行的重要因素，这一点需要政府和商家共同努力，建设完善的物流体系，为农产品上行服务。

（3）服务维度：与服务特征相关的关键词为服务、态度、真心、放心、感谢、诚信等。同样地，消费者对于果品类农产品服务特征维度的感知集中在商家和客服的服务态度、快递小哥的物流服务上，强调网购各个环节的服务态度是使消费者产生信任的基础。

（4）消费群体维度：与消费群体特征相关的关键词是果品类农产品可以适用于不同群体类型，例如宝宝、小孩、朋友等。针对特定人群，比如宝宝、小孩等可在说明书中标注适量食用范围；对于朋友等其他重要的人可以推出不同大小的礼盒包装。

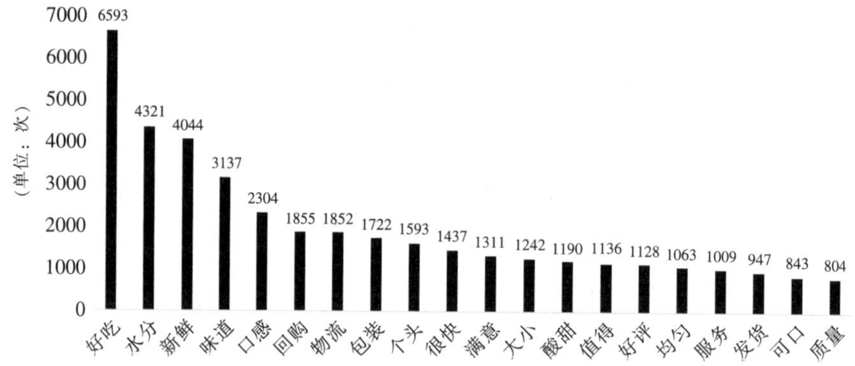

图 3-23　果品类农产品评论文本词频统计前 20 位

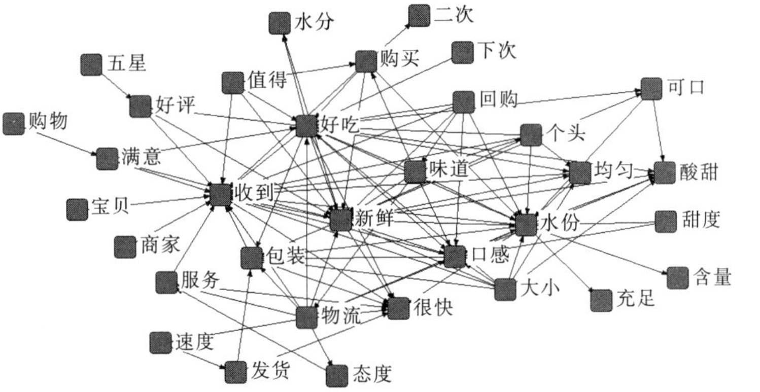

图 3-24　果品类农产品评论语义网络图

图 3-25　果品类农产品评论词云图

（二）情感分析

在进行数据清洗之后，果品类农产品的原始数据总共有 23264 条评论。经过对预处理后的文本进行情感分析，得到了表 3-3 中的结果。

表 3-3　果品类农产品评论情感分布统计结果

情绪类型	数量	比例	备注
积极情绪	17946 条	77. 14%	其中，积极情绪分段统计结果如下： 一般（0—10）：7196 条 30. 93% 中度（10—20）：6013 条 25. 85% 高度（20 以上）：4737 条 20. 36%
中性情绪	2956 条	12. 71%	
消极情绪	2362 条	10. 15%	其中，消极情绪分段统计结果如下： 一般（-10—0）：1853 条 7. 96% 中度（-20—-10）：448 条 1. 93% 高度（-20 以下）：61 条 0. 26%

根据表中的数据，可以看出消费者对果品类农产品的评价主要呈现积极情绪，共计 17946 条，占比约为 77.14%；中性情绪的评价有 2956 条，占比约为 12.71%；消极情绪的评价有 2362 条，占比为 10.15%。总体而言，消费者对湖南省果品类农产品持有正面态度。这一点也通过前文的关键词分析得以进一步验证。

对于这 2362 条负面情绪的评论数据进行单独分析，并结合图 3-26，可以发现消极情绪主要集中在以下问题上：①水果不新鲜，或者没有熟透；②有消费者抱怨水果的个头太小，分量严重不足，或者缺斤少两的情况；③快递中的发货速度可能还可以，但运输慢。此外，天气过热也导致了水果的质量问题，包括坏果等。

图 3-26　果品类农产品负面评论词云图

四、粮油类农产品

（一）评论内容关键词分析

对粮油类农产品的评论内容提取高频关键词，结果按次数大小排序，如图 3-27 所示，并绘制语义网络图和词云图，如图 3-28 和图 3-29 所示。将高频关键词从商品、物流和服务三个维度阐述：

（1）商品维度：与商品特征相关的关键词有好吃、红皮、味道、饱满、口感、滋润、正宗、实惠、白皮、颗粒、品质、香甜、营养等。消费者对商品品质、营养成分、价格实惠等方面感知敏锐。粮油类农产品以大米和花生为主，表明消费者看重大米和花生的口感滋味、颗粒饱满程度等品质因素。尤其是安化小籽花生，红皮和白皮花生的购买差异较为明显，消费者更青睐饱满有嚼劲的红皮花生。

（2）物流维度：与物流特征相关的关键词为快递、包装、发货、物流、到货、及时、很快、收货、投诉、邮政、退货等。从发货到收货整个运输过程的时间点，消费者会密切关注。评论中出现个别快递员不按要求配送快递，给消费者造成麻烦，最终导致消费者退货等问题。该事件也在提醒商家，消费者的需求不仅仅是商品服务，在物流服务方面也要注意合理运用物流资源，以满足不同消费者的运输需求。

（3）服务维度：与服务特征相关的关键词有满意、改善、态度、不足、用心等。商家经营服务态度在很大程度上具有“四两拨千斤”的作用，这既涉及直播中主播的真诚和用心介绍，又取决于售后服务的及时性。

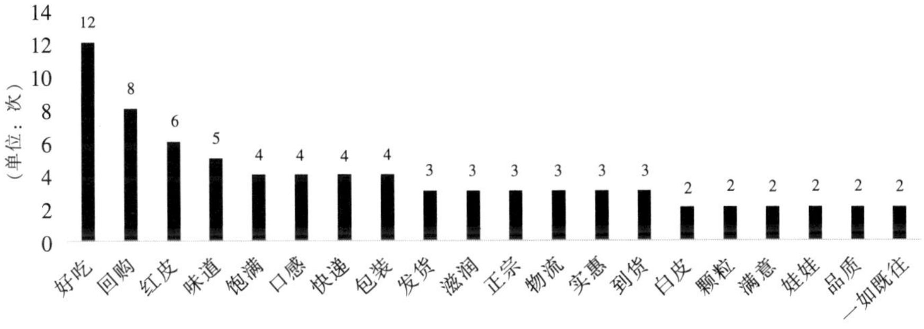

图 3-27　粮油类农产品评论文本词频统计前 20 位

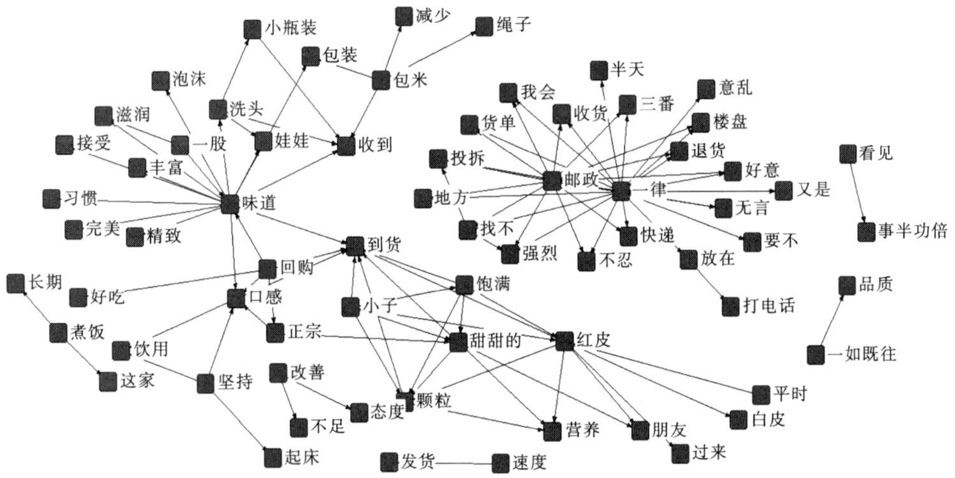

图 3-28　粮油类农产品评论语义网络图

图 3-29　粮油类农产品评论词云图

（二）情感分析

经过数据清洗后，粮油类农产品的原始数据总共有 57 条评论。对预处理后的文本进行情感分析后，得到了表 3-4 中的结果。

表 3-4　粮油类农产品评论情感分布统计结果

情绪类型	数量	比例	备注
积极情绪	47 条	82. 46%	其中，积极情绪分段统计结果如下： 一般（0—10）：27 条 47. 37% 中度（10—20）：13 条 22. 81% 高度（20 以上）：7 条 12. 28%
中性情绪	7 条	12. 28%	
消极情绪	3 条	5. 26%	其中，消极情绪分段统计结果如下： 一般（-10— 0）：1 条 1. 75% 中度（-20—-10）：2 条 3. 51% 高度（-20 以下）：0 条 0. 00%

根据表中的分析结果，可以发现消费者对粮油类农产品的评价主要呈现积极情绪，共计 47 条，占比约为 82. 46%；中性情绪的评价有 7 条，占比约为 12. 28%；消极情绪的评价仅有 3 条，占比约为 5. 26%。因此，整体而言，消费者对粮油类农产品持有正面态度。这一点也通过前文的关键词分析得以进一步验证。

由于负面评论数量较少，直接观察消极情绪倾向的评论可以发现以下问题：①消费者不能容忍商家出现“货不对板”的行为，即用较差品质的商品代替消费者下单的商品。②快递员不按照消费者的地址进行配送，随意行事，这严重触碰到了消费者的“雷点”。

五、蔬菜类农产品

（一）评论内容关键词分析

对蔬菜类农产品的评论内容提取高频关键词，结果按次数大小排序，如图 3-30 所示，并绘制语义网络图和词云图，如图 3-31 和图 3-32 所示。将高频关键词从商品、物流和服务三个维度阐述：

（1）商品维度：与商品特征相关的关键词为好吃、新鲜、味道、质量、干净、口感、品质、口味、纯正、香甜、色泽、杂质、异味、大小、性价比、营养、健康、货真价实、物美价廉、实惠、划算、包装等。消费者对蔬菜类农产品本身的品质感知来源于蔬菜的色泽、气味、滋味、功效这四个方面，多数评论内容与这四个方面相联系。原因在于，蔬菜的成熟程度和鲜嫩程度可以通过色泽的亮度判断，蔬菜是否有腐烂或有异常气味可以通过气味的变化判断等。一般而言，线上蔬菜价格与市场价格相差不大，甚至比菜市场更为便宜。但是近年来，随着消费结构升级，出现的“水果化蔬菜”（比如黄瓜、辣椒等）因其营养更加丰富、更适合鲜食，符合消费者健康绿色饮食而迎来增长新风口，相较于其他蔬菜更为稀缺，从而产生溢价。

（2）物流维度：与物流特征相关的关键词有包装、物流、很快、发货、快递、严实、速度、到货等。蔬菜跟水果一样，同样追求一个“鲜”字，这两类农产品的保鲜问题格外重要。蔬菜类农产品从采收窗口期到运输、贮存过程中的保鲜问题对采摘包装、发货速度、运输速度和温度、配送速度要求更高，以此来降低蔬菜类农产品的损坏率，减少农户不必要的损失，提高消费者的满意度。

（3）服务维度：与服务特征相关的关键词为服务、态度、五星、好评、商家、店家、老板、光顾、感谢、良心、诚信、及时、真心、信赖等，这表示商家和客服服务态度好、服务到位、诚信经营，是赢得消费者认可和信赖的重要影响因素。

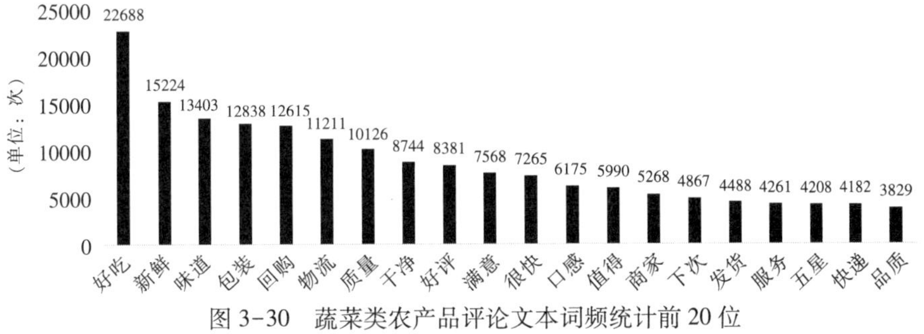

图 3-30　蔬菜类农产品评论文本词频统计前 20 位

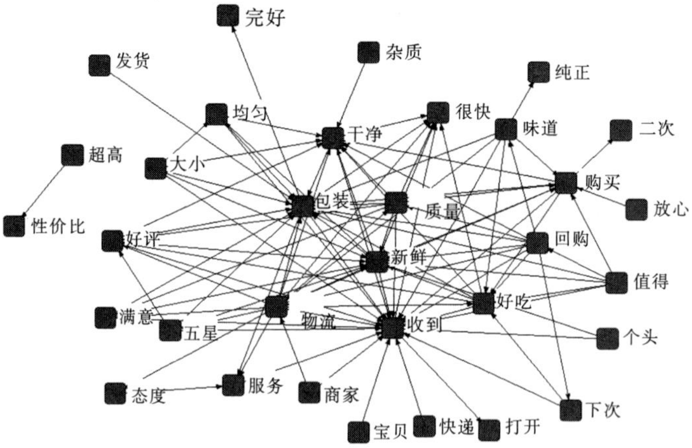

图 3-31 蔬菜类农产品评论语义网络图

图 3-32 蔬菜类农产品评论词云图

（二）情感分析

经过数据清洗后，蔬菜类农产品的原始数据总共有 106294 条评论。对预处理后的文本进行情感分析后，得到了表 3-5 中的结果。

表 3-5 蔬菜类农产品评论情感分布统计结果

情绪类型	数量	比例	备注
积极情绪	87069 条	81.91%	其中，积极情绪分段统计结果如下： 一般（0—10）：35438 条 33.34% 中度（10—20）：30253 条 28.46% 高度（20 以上）：21378 条 20.11%
中性情绪	11380 条	10.71%	
消极情绪	7845 条	7.38%	其中，消极情绪分段统计结果如下： 一般（-10—0）：6262 条 5.89% 中度（-20—-10）：1447 条 1.36% 高度（-20 以下）：136 条 0.13%

从表中可以看出，消费者对蔬菜类农产品的评价主要呈现积极情绪，共计 87069 条，占比约达到 81.91%；中性情绪的评价有 11380 条，占比约为 10.71%；消极情绪的评价有 7845 条，约占据整体评价数量的 7.38%。很明显，消费者对蔬菜类农产品普遍持有正面态度。这一点也通过前文的关键词分析得以进一步验证。

接下来，针对这 7845 条负面评论，进行词频分析，并利用词云图（图 3-33）展示了消费者最不满意的方面。

对于蔬菜本身而言，消费者主要抱怨以下问题：①味道不好、难闻难吃；②蔬菜的新鲜度不够，出现发黑发霉、坏掉等情况；③蔬菜不干净，带有沙土等杂质；④蔬菜的分量较少，价格较贵。

对于商家而言，消费者的不满主要集中在以下问题上：①服务态度极差；②商家提供的商品与描述不符；③商家存在欺骗消费者的问题。

而针对物流运输方面，消费者抱怨的问题包括：①发货速度过慢；②物流运输速度慢；③收货时间较长；④外包装损坏；⑤快递配送通知不到位。

图 3-33　蔬菜类农产品负面评论词云图

六、水产类农产品

（一）评论内容关键词分析

对水产类农产品的评论内容提取高频关键词，结果按次数大小排序，如图 3-34 所示，并绘制语义网络图和词云图，如图 3-35 和 3-36 所示。将高频关键词从商品、物流和服务三个维度阐述：

（1）商品维度：与商品特征相关的关键词有好吃、味道、干净、分量、新鲜、质量、口味、大小、均匀、纯正、实惠、家乡、性价比、正宗、包装等，这是消费者感知水产类农产品价值的基本要点。湖南省水产类农产品的网络销售以“烟熏”鱼干、即食鱼干和大鲵肉、汉寿甲鱼和张家界大鲵活体生鲜等为主，对不同保存状态的肉质口感要求不同，前两者是口味纯正，后两者是鲜嫩细腻，但是消费者通常都会选择性价比高、分量足的商品。

（2）物流维度：与物流特征相关的关键词有物流、包装、很快、发货、快递、速度等。水产活物生鲜保质期短、容易腐烂变质，尤其是在夏天。在运输过程中，无论是装卸搬运、变更运输方式，还是更换包装设备等环节都要让水产类农产品保持一定温度运输。

（3）服务维度：与服务特征相关的关键词包括满意、好评、服务、态度、很快、值得、老板、店家、卖家、诚信、信赖等。

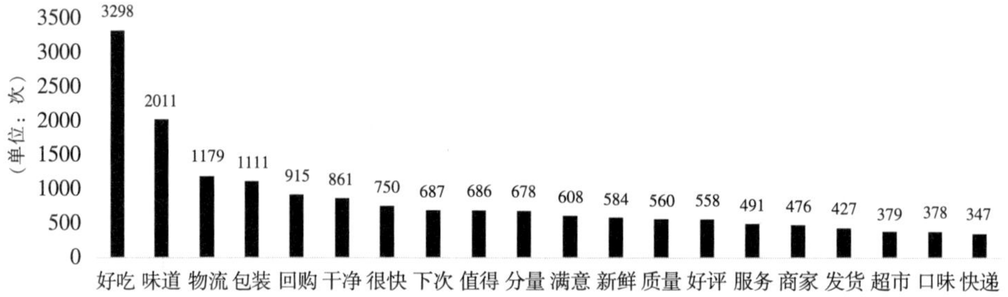

图 3-34　水产类农产品评论文本词频统计前 20 位

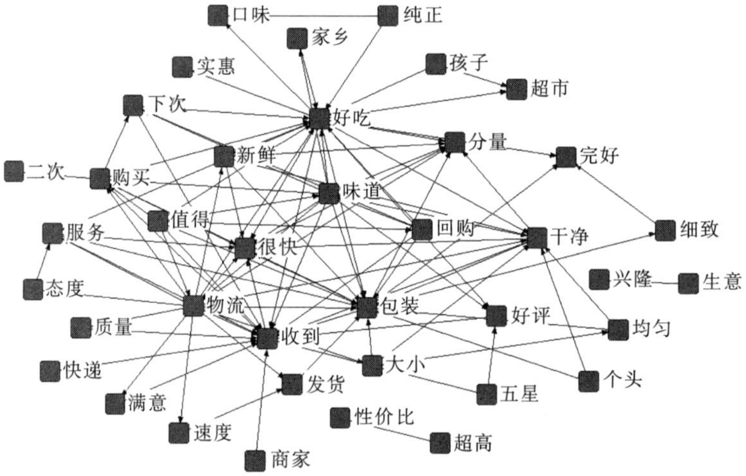

图 3-35　水产类农产品评论语义网络图

图 3-36　水产类农产品评论词云图

（二）情感分析

经过数据清洗后，水产类农产品的原始数据总共有 11585 条评论。对预处理后的文本进行情感分析后，得到了表 3-6 中的结果。

表 3-6　水产类农产品评论情感分布统计结果

情绪类型	数量	比例	备注
积极情绪	9205 条	79. 46%	其中，积极情绪分段统计结果如下： 一般（0—10）：3659 条 31. 58% 中度（10—20）：2975 条 25. 68% 高度（20 以上）：2571 条 22. 19%
中性情绪	1427 条	12. 31%	
消极情绪	953 条	8. 23%	其中，消极情绪分段统计结果如下： 一般（-10—0）：739 条 6. 38% 中度（-20—-10）：191 条 1. 65% 高度（-20 以下）：23 条 0. 20%

从表中可以看出，消费者对水产类农产品的评价主要呈现积极情绪，共计 9205 条，占比约达到 79. 46%；中性情绪的评价有 1427 条，占比约为 12. 31%；消极情绪的评价有 953 条，约占总体的 8. 23%。可以看到，消费者主要对水产类农产品抱有正面态度，尽管还存在一定中性和负面评价。这一点也通过前文的关键词分析得以进一步验证。

接下来，针对这 953 条负面评论，进行了词频分析，并利用词云图（图 3-37）归纳出了消费者对水产类农产品网销的不满之处。消费者主要抱怨以下问题：① 鱼干的味道不好吃；② 鱼干不够干燥，反而发霉；③ 水产产品的数量太少，不值得购买。生鲜产品的内脏没有处理干净；④ 鲜活性不够，容易死掉；⑤ 虚假广告信息导致消费者上当受骗；⑥ 包装太差、不严实，容易破损。

这些问题是导致消费者对水产类农产品产生消极情绪的主要原因。尽管负面评论的数量相对较少，但这些问题对消费者的购买体验和信任度均产生了负面影响。

图 3-37　水产类农产品负面评论词云图

七、药材类农产品

（一）评论内容关键词分析

对药材类农产品的评论内容提取高频关键词，结果按次数大小排序，如图 3-38 所示，并绘制语义网络图和词云图，如图 3-39 和 3-40 所示。将高频关键词从商品、物流和服务三个维度阐述：

（1）商品维度：与商品特征相关的关键词有味道、口感、效果、质量、好喝、干净、正品、甘甜、杂质、实惠、有效、精美、包装、品质、新鲜、清香、赠品等。随着消费者健康素养的提升，对药材类农产品会比较看重药材滋补养生效果。因此，商家和农户对药材采取种植标准化、产品品牌化的策略，并建立一套完整的中药材全产业链溯源体系，让消费者知根知底，有助于发展长期客户关系。同时赠品、小礼品等搭配精美的包装会让消费者觉得产品性价比高、价廉物美，为此部分消费者会进行好评。随着国民健康意识的不断提升，加之网购消费者对孝顺父母以及长辈健康的重视程度提高，可以通过打造系列个性化养生滋补品和保健品，实现产品多样化，拓宽销售市场。

（2）物流维度：与物流特征相关的关键词有包装、物流、很快、快递、完好无损等。一般来说，物流运输既要保证速度，又要保护商品运输不出差错。所以，一旦出现类似于包装破损太多、商品丢失等问题，会面临消费者的投诉，甚至是退货。

（3）服务维度：与服务特征相关的关键词包括好评、满意、服务、态度、值得、信赖、老板等。

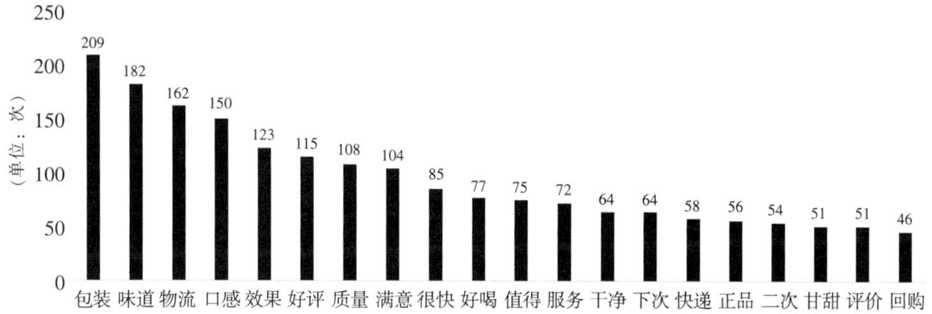

图 3-38　药材类农产品评论文本词频统计前 20 位

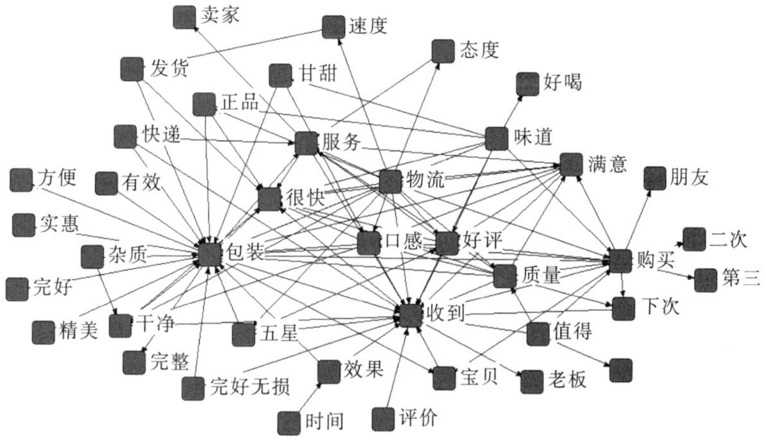

图 3-39　药材类农产品评论语义网络图

图 3-40　药材类农产品评论词云图

（二）情感分析

经过数据清洗后，药材类农产品的原始数据总共有 1757 条评论。对预处理后的文本进行情感分析后，得到了表 3-7 中的结果。

表 3-7　药材类农产品评论情感分布统计结果

情绪类型	数量	比例	备注
积极情绪	1320 条	75. 13%	其中，积极情绪分段统计结果如下： 一般（0—10）：689 条 39. 21% 中度（10—20）：429 条 24. 42% 高度（20 以上）：202 条 11. 50%
中性情绪	304 条	17. 30%	
消极情绪	133 条	7. 57%	其中，消极情绪分段统计结果如下： 一般（-10—0）：105 条 5. 97% 中度（-20—-10）：27 条 1. 54% 高度（-20 以下）：1 条 0. 06%

根据表中的统计结果，消费者对药材类农产品主要表达了积极情绪的评价，共计 1320 条，占比约达到 75. 13%；中性情绪的评价有 304 条，占比约为 17. 30%；消极情绪的评价有 133 条，约占总体的 7. 57%。这一结果与之前对其他六类农产品的态度分析一致，消费者主要对药材类农产品保持积极的态度，这也通过前文的关键词分析得以进一步验证。

接下来，针对这 133 条负面评论，进行了词频分析，并结合词云图（图 3-41）总结了药材类农产品销售过程中存在的不足之处。消费者主要抱怨以下问题：① 回购时药材的品质不如第一次购买（比如颜色不一样、药材更碎等）；② 药材的味道很苦，很难喝；③ 快递员和物流公司不负责任（比如没有及时通知、快递运输被损坏等）；④ 存在虚假宣传（比如打着“买二送一”的广告吸引消费者，实际数量不够等）。

图 3-41　药材类农产品负面评论词云图

第三节　不同类别农产品网络口碑对比分析

一、不同类别农产品网络口碑表现比较分析

为了展示不同类别农产品之间的网络口碑表现并进行比较分析，该报告计算了各类农产品区域公用品牌的平均口碑得分和口碑数量，具体数据见图 3-42。

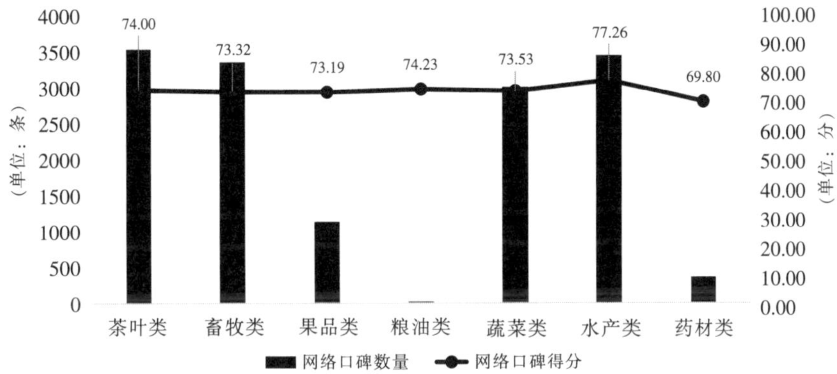

图 3-42　不同类别农产品平均口碑得分及口碑数量

根据平均口碑得分从大到小的排序为：水产类农产品（77.26）、粮油类农产品（74.23）、茶叶类农产品（74.00）、蔬菜类农产品（73.53）、畜牧类农产品（73.32）、果品类农产品（73.19）、药材类农产品（69.80）。

从整体情况来看，水产类农产品的平均口碑得分优于其他类别。水产类农产品在品牌建设、商品和服务方面表现出色。相反，药材类农产品的网络口碑相对较低。

根据平均口碑数量从大到小的排序为：茶叶类农产品（3526 条）、水产类农产品（3436 条）、畜牧类农产品（3348 条）、蔬菜类农产品（2998 条）、果品类农产品（1131 条）、药材类农产品（358 条）、粮油类农产品（6 条）。

茶叶类农产品、水产类农产品、畜牧类农产品和蔬菜类农产品在口碑数量上名列前茅，这些类别的品牌知名度相对较高。例如，安化黑茶是湖南省七类农产品中口碑得分和口碑数量最高的品牌，中国茶叶区域公用品牌价值评估达到 43 亿—85 亿元，综合产值接近 238 亿元，成为湖南省的重要品牌。此外，还有永顺莓茶、常德酱板鸭、龙山百合、湘潭湘莲、武冈卤豆腐和东江鱼等，这些品牌的口碑数量均超过 10000 条，

在湖南省农产品网络销售中发挥着重要作用。

对于果品类农产品、药材类农产品和粮油类农产品来说，由于品牌同质化竞争现象较严重，它们的竞争优势不明显，口碑数量相对较少。这些类别的品牌需要在保证产品质量的同时寻找自身发展的优势。同时，借助政策的支持，这些类别的品牌可以努力打造更有知名度的区域公用品牌，以提高市场认可度。

同样，本报告还分析了不同类别品牌的平均口碑效价和口碑离散度，具体数据见图 3-43。根据图 3-43 显示的平均口碑效价得分排序为：水产类农产品（4. 57）、粮油类农产品（4. 44）、果品类农产品和畜牧类农产品（均为 4. 38）、茶叶类农产品（4. 36）、蔬菜类农产品（4. 34）、药材类农产品（4. 17）。平均口碑离散度排序为：畜牧类农产品（0. 79）、药材类农产品（0. 71）、茶叶类农产品（0. 52）、蔬菜类农产品（0. 51）、果品类农产品（0. 48）、水产类农产品（0. 19）、粮油类农产品（0. 13）。

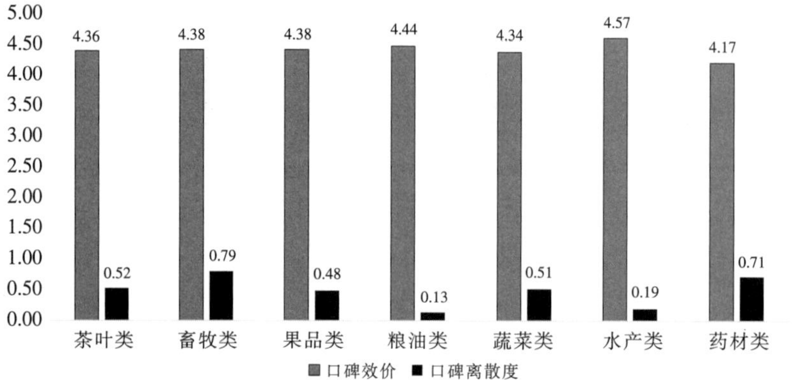

图 3-43　不同类别农产品平均口碑效价及口碑离散度

水产类农产品和粮油类农产品在平均口碑效价得分和口碑离散度上表现出色，意味着消费者对它们的评价更为积极、正面，并且争议更少，比较认同两个品类的农产品，这可能与它们的品质、口感和服务有关。茶叶类农产品和蔬菜类农产品的平均口碑效价得分居于中间靠后的位置。然而，由于这些农产品的区域公用品牌数量较多，在多个销售平台上发展成熟，同时也面临来自不同消费者的需求和意见，因此它们的平均口碑离散度相对较高。

果品类农产品和畜牧类农产品的平均口碑效价得分均为 4. 38，而药材类农产品的平均口碑效价得分相对较低，为 4. 17。两者之间的差距可能归因于果品类农产品和畜牧类农产品的数目相较于药材类农产品更多，整体的网络口碑也更高。畜牧类农产品和药材类农产品的口碑离散度都比较高，而果品类农产品略低于前两个品牌，主要是因为畜牧类农产品和药材类农产品的加工工艺、生产制造过程比果品类农产品更为复杂，经受消费者考验的环节会更多。但是这三类农产品都存在一定争议，这可能与产品的品质把控、物流运输和售后服务有关。对于这三类农产品，有必要改进它们的品质和提升服务水平，以满足消费者的需求并提高口碑评价。

总体来说，水产类农产品和粮油类农产品在口碑效价方面具有较高的表现，而药材类农产品、果品类农产品和畜牧类农产品需要提高品质和服务水平，以提高消费者的满意度和整体口碑评价。另外，茶叶类农产品和蔬菜类农产品的商家和企业需要建立消费者思维，在扩大市场占有率的同时，把握消费者心理，抓住抓准消费者需求，为消费者提供优质的购物体验。

二、不同类别农产品网络口碑内容比较分析

通过对不同类别农产品网络口碑内容进行文本分析发现，茶叶类、畜牧类、果品类、粮油类、蔬菜类、水产类、药材类七个类别农产品区域公用品牌的评论内容集中在商品、物流和服务三个维度。

关于商品维度，七个类别农产品消费者评论内容共同讨论点为商品口味和质量，并且七个类别农产品负面评论中也都存在消费者对商品品质不满的情况，表明区域公用品牌的竞争依然是“产品为王”，需要持续致力于提高产品质量。与此同时，包装对于农产品附加价值也具有加分作用，特别是对于追求档次的茶叶类农产品，精美的包装会提高消费者满意度，产生物有所值、物超所值的观念。其次，还有一个考量标准是线上销售的农产品区域公用品牌是否为正品，这个问题在茶叶类和畜牧类农产品负面评论中提及较多。品牌是区别于其他同类型农产品的重要标识，许多消费者慕名而来购买，如果线上购物提供的品牌信息让消费者无法判断从而做出错误的购物选择，会对品牌网络口碑和市场保护产生不利影响。当然，价格也是消费者评论内容中非常看重的因素。消费者青睐性价比较高的农产品，尤其在当前网络消费“脱虚向实”的形势下，消费者要求农产品既好吃又实惠划算。另外，从评论内容中归纳发现消费者对畜牧类、果品类、蔬菜类和水产类农产品比较关注产品新鲜度；对蔬菜类、水产类和药材类农产品比较关注产品干净程度；对粮油类和药材类农产品比较关注营养程度，商家可以根据消费者对不同类别农产品的关注偏好打造各自产品的营销卖点或者改进自身的不足之处。

关于物流维度，七个类别农产品评论内容主要涉及物流的发货、运输、到货速度以及快递包装的完好程度。在果品类和蔬菜类农产品的负面评论中，普遍涉及发货、

运输、到货速度太慢等；而茶叶类、水产类和药材类农产品主要受到包装破损问题的困扰。这要求商家在选择物流企业时要考虑其快递服务的质量，并确保订单能够及时准确地送达，避免消费者因物流问题而不满，导致退货的情况发生。另外，在粮油类和药材类农产品的评论中，消费者对快递小哥的服务也褒贬不一。有些消费者赞赏快递小哥的认真负责，但也有些消费者反映快递小哥没有及时通知、不按地址配送或随意行事。这反映出物流企业在员工培训和赏罚机制方面有待加强。因此，商家在选择合适的物流企业时应注重物流服务的质量和效率，确保订单能够及时送达。同时，加强培训和管理物流员工，提高服务质量，提升消费者满意度。

关于服务维度，七个类别农产品的评论主要集中在商家、主播和客服的服务态度以及值得信赖程度上。从售前服务的详细讲解和展示，到售中服务的耐心解答疑惑，再到售后服务的及时处理问题，服务在消费者的整个购物过程中起着关键作用。因此，商家、主播和客服必须确保良好的服务态度，使高效率的服务管理体系成为品牌的有效保障。在茶叶类、畜牧类、粮油类、蔬菜类、水产类和药材类农产品的负面评论中，存在货不对板和虚假宣传等问题，这与商家缺乏诚信和在服务上缺乏真心和良心密切相关。这也揭示出湖南省农产品区域公用品牌发展需要进一步规范网络交易市场秩序，并不断提高网络市场监管能力和水平。

第四节　本章小结

本章主要分析湖南省不同类别农产品区域公用品牌的网络口碑。首先，通过口碑得分、口碑数量、口碑效价和口碑离散度四个指标数据来探讨湖南省茶叶类、畜牧类、果品类、粮油类、蔬菜类、水产类和药材类七个类别农产品区域公用品牌的网络口碑表现，深入挖掘同类别农产品区域公用品牌的优劣势。其次，从评论内容关键词和情感分析两个方面剖析湖南省茶叶类、畜牧类、果品类、粮油类、蔬菜类、水产类和药材类七个类别农产品区域公用品牌的网络口碑内容，了解消费者评论的关注点和整体情感倾向。最后，对湖南省不同类别农产品区域公用品牌的网络口碑表现和内容进行对比分析。结果显示：

（1）水产类农产品的平均网络口碑优于其他类别，而药材类农产品则相对较弱，尚未充分发展；

（2）在茶叶类、水产类、畜牧类和蔬菜类农产品中，口碑数量排名靠前的品牌更有知名度和影响力；

（3）水产类和粮油类农产品的平均口碑效价得分较高，消费者对这两类农产品的购物体验较为满意，而茶叶类、畜牧类、果品类、蔬菜类和药材类品牌的口碑离散度较高，可能因消费者需求较为多样化、产品价值追求更多元化。

（4）茶叶类、畜牧类、果品类、粮油类、蔬菜类、水产类和药材类七个类别农产品区域公用品牌的评论情感倾向主要是正面的，评论内容集中在商品、物流和服务三个维度。具体内容包括商品口味和质量、商品包装、正品保障、价格、新鲜度、干净程度、营养程度、物流速度、快递包装完好程度、物流企业和快递小哥的负责程度，以及商家、主播和客服的服务态度等。

第四章　湖南省农产品区域公用品牌在不同电商平台的网络口碑表现

由于不同电商平台的运营模式存在差异，其目标受众人群也有所不同。因此，电商平台的特征与网络口碑表现之间存在密切关系。基于此背景，本章将从京东平台、抖音平台和拼多多平台等平台的运营模式差异出发，通过口碑数量、网络口碑效应、口碑离散度和农产品评论内容分析等维度，探讨湖南省农产品区域公用品牌在网络上的口碑表现情况。

第一节　不同电商平台的运营模式介绍

近几年，随着电商平台的不断发展和壮大，各平台为提高自身竞争力，开拓了多种运营模式，其差异可表现为自营模式、社交模式、平台模式等。

一、京东平台的运营模式

京东平台的主要运营模式为自营模式+自建物流。一方面，自营模式可以确保产品的质量，也可以及时地为用户提供售后服务，有效地提高了用户对平台的信任；另一方面，京东平台自建物流极大地提高了物流的时效性。

京东平台的自营模式流程是京东平台官方采购部门直接采购商家的产品到京东平台各大仓储，或商家把自己的产品供货到京东平台各大仓储，同时在后期需要配合京东平台官方制作相关的活动页面和推广页面，共同完成在京东平台上的运营。京东平台的自营操作具体体现在以下几点：

（1）自己销售。京东平台的自营商家几乎占了整个平台 70%的流量，流量转化率也主要是由京东平台来负责的。京东平台会给每个入驻京东平台的自营商家配备一个人工客服，该人工客服受过专业的客服培训，以此提高咨询转化。其次，自己销售商品除了能确保自营商品的质量问题，其为商品附加的 7 天无理由退换货服务售后，也能履行售后服务保证。这种服务不仅能够增加消费者的购买信心，赢得服务体验网络口碑，还能够提高京东平台品牌的形象。

（2）自己发货。商家入驻后，商家将自己的产品配送到就近仓库，然后京东平台再把货物配送到全国各地的千余个仓库当中。消费者在京东平台上下单后，平台会根据订单地址就近仓库发货，实现极速发货的同时也大大缩短了快递包裹运输路线。

（3）自己配送。消费者下单后，平台核实检查订单内容无误后推送至仓库系统，京东平台依靠自建物流配合京东平台的仓库来实现更快速的配送。这也避免了因配送速度较慢而导致消费者体验没有得到充分满足的问题。

（4）自己开票。对于京东平台自营店，消费者在申请开票需求后，京东平台会根据需求直接给消费者开票，然后商家再给京东平台开票，京东平台在其中起担保作用。有了京东平台的品牌形象作背书，也降低了消费者购买产品的思考成本，提高下单率。

随着国内电商行业逐渐进入存量竞争阶段，电商企业已经意识到提高用户黏性和扩展竞争力的重要性，因此开始将重点放在供应链延伸上。在这一背景下，京东平台通过自建物流系统建立了仓储、运输、配送、大件、冷链和跨境物流等六大网络，形成了仓配逆一体的智能供应链体系，进一步扩大了竞争优势（参见图 4-1）。京东物流的这一系统具备数字化、广泛和灵活的特点，并且各网络之间高度协同。截至 2023 年 3 月 31 日，京东物流已经运营超过 1500 个仓库，总面积约为 3100 万平方米（包括京东物流管理的云仓生态平台管理面积在内）。

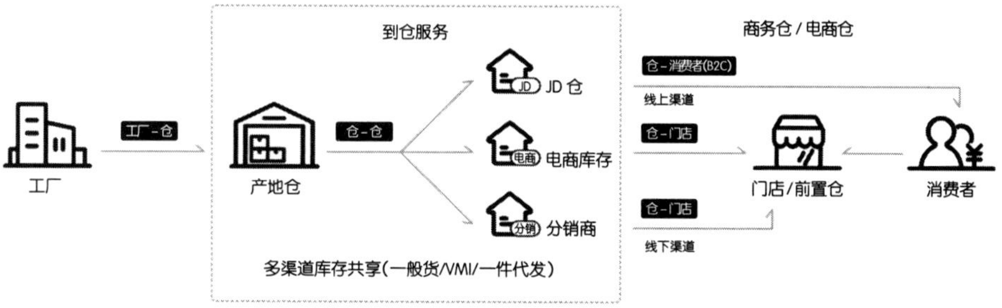

图 4-1　仓配逆一体智能供应链服务

京东平台还推出了“211限时达”服务，即当日上午11：00之前提交的现货订单，可在当日送达；夜里11：00之前提交的现货订单，则可在次日15：00前送达。通过物流仓库的建设，京东平台已经在一二线城市基本实现了“211限时达”服务。此外，京东平台物流还积极响应政府对乡村振兴的倡议，已经为1000多个农特产品和农产业带提供了供应链服务。目前全国93%的区县和84%的乡镇已经实现当日达和次日达服务，为农产品在京东平台上的运营提供了物流基础。同时，京东平台物流凭借智能技术的支持，在物流时效性方面相较于抖音平台和拼多多平台更具明显的优势。

基于前面对京东平台运营模式的内容和优势分析，不难看出京东平台运营模式下的不同优势都能直接或间接影响网络口碑表现，参见图4-2。京东平台自营模式从商品体验口碑、服务体验口碑和物流体验口碑三个方面提升网络口碑，自建物流则专门针对服务体验和物流体验网络口碑表现，不断完善改进。显然，如果要提升湖南省农产品区域公用品牌在京东平台上的网络口碑表现，成为京东平台自营商家是重要的一环。

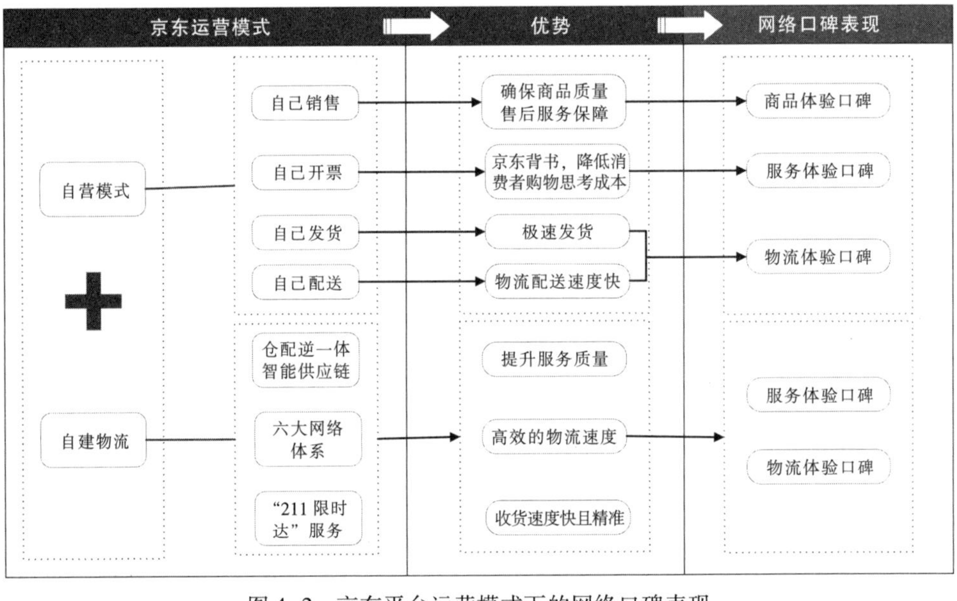

图4-2　京东平台运营模式下的网络口碑表现

二、抖音平台的运营模式

抖音平台电商致力于成为消费者发现并获得优价好物的首选平台。众多抖音平台创作者通过短视频/直播等丰富的内容形式，给消费者提供更个性化、更生动、更高效的消费体验。抖音平台的核心运营模式为“短视频+直播+电商”三合一系统搭建新模式。商家以社交形式为主拍摄农产品短视频，来实现精准高效的传播获客。

抖音平台是当前最受欢迎的自媒体平台之一，拥有庞大的用户群体和强大的社交矩阵，这也成为商家快速获客和打造品牌口碑的一种有效方式。为了快速获客，商家会在抖音平台上建立自己的账号和矩阵①，发布优质的短视频内容吸引用户。此外，现今社会，网络电商平台已成为消费者日常生活中不可或缺的一部分，而在使用网络电商平台时，网络口碑已经成为消费者的重要参考和决策依据之一。其中，品牌商家信誉对网络口碑起到积极作用。通过抖音平台短视频，商家可做好品牌宣传和推广，使消费者获得更多信息和体验，消费者基于品牌口碑中的信息形成购买决策，根据消费体验形成对产品的评价，进而影响商品口碑。

除了短视频，抖音直播也能提高品牌商家信誉。抖音直播品牌体验中的信息体验和互动体验对品牌传播具有显著的正向影响。抖音直播充分融合了抖音平台短视频的特色元素，如字幕、滤镜、特效等，让直播内容更加生动有趣，使消费者在参与直播间互动时获得轻松、愉悦的感情。获得快乐是消费者参与网络直播的重要动机，这对于消费者获取湖南省农产品区域公用品牌的情感价值也十分重要。除此之外，抖音直播对提升商品体验和服务体验同样至关重要。抖音直播强调互动，主播在介绍产品时，观众可以实时参与其中，与主播交流沟通并提出感兴趣问题，主播充当客服耐心回复用户问题。从消费者购物体验角度出发，为避免对消费者产生误导，主播对产品的描述准确性越高，其商品体验口碑越高。同时，提高客服回复率也是提升消费者服务体验口碑的关键。随着消费者服务意识的不断增强，响应能力成为影响消费者满意度的一个重要因素。响应能力越强，响应速度越快，消费者等待时间越短，顾客满意度越高。此外，抖音平台上的用户多属于年轻群体，他们对待售后服务的态度更关注唯一性和个性化。基于此，直播间热情的服务态度也能提升消费者服务体验口碑。

短视频与直播相结合，实现高精准用户传播，发挥 1+1>2 的营销效能。账号前期，商家通过发布短视频吸引目标用户，为后期直播打好用户基础。此外，由于短视频的播放时长有限，可参考已发短视频的传播效果，选取更吸引消费者的农产品，在直播间进行补充说明。与此同时，短视频在直播期间也发挥着不可或缺的作用。账号直播前，利用爆款效应，通过发短视频进行直播预热，提高直播热度，有了一定热度后商家开启抖音平台直播。直播过程中，用户可以直接从发布的短视频直接引流至直播间。

① 矩阵，是指建立多个抖音平台账号，将它们互相关联，形成一个全媒体矩阵，可以更好地推广自己的品牌。

因此，若直播间成交转化不稳定，可发布短视频实现引流作用，再次触达留存用户。直播结束后，直播中反映较好的产品可通过短视频进行二次传播，触达更多用户下单。在短视频和直播的层层筛选下，使用户精准进入商家抖音平台电商小店，购买产品。此外，抖音平台小店推广模式丰富的优点，也可以让小店获得更多流量，吸引消费者来店购买产品。

基于销售漏斗原理①，消费者进入抖音平台后，筛选感兴趣的短视频，点击关注且加入粉丝团，商家直播时会自动推送给潜在消费者，消费者通过推送链接进入直播（或通过短视频点击进入直播间）。此时，进入直播间的基本都是精准性较高的消费者群体，通过产品诱惑和主播的直播话术技巧，吸引消费者进入商家抖音平台小店进行消费购买。图 4-3 反映了抖音平台的销售漏斗效应，可得看出：农产品品牌商家若想提高抖音平台的销量，应该重视每一流程步骤，降低每一个阶段的用户流失率。从一个潜在消费者开始，根据消费者偏好挑选短视频封面，提高短视频点击率。优质的短视频内容是吸引用户的关键，应重视短视频内容，提高用户留存率。直播时前可通过广告和营销手段进行宣传，直播时应通过场景营造和商品的多感官展示刺激及话术引导，激起潜在消费者购买欲望，实现目标销售额。

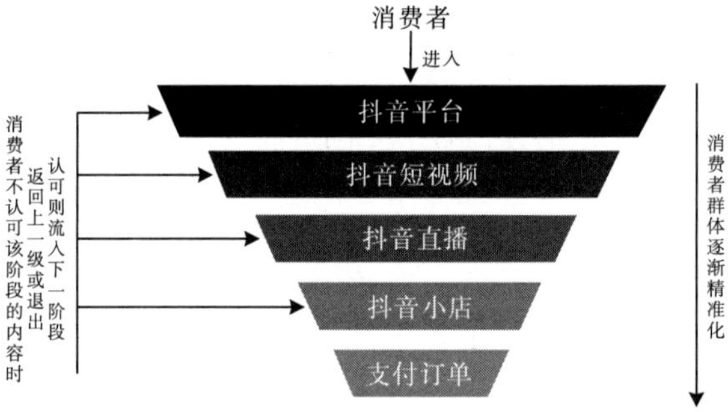

图 4-3　抖音平台销售漏斗图

而对于物流模式，与京东平台不同的是，抖音平台主要的物流运营模式为“合作+同城自取”模式。抖音平台与物流公司进行合作，物流公司负责商品的仓储、包装和配送等环节。在这种模式下，抖音平台与多家知名第三方物流公司之间建立合作关系，如顺丰速运、中通快递等，物流公司为抖音平台提供专业的物流服务，利用其成熟的物流网络和配送经验，提高物流效率和降低成本，从而提高服务体验口碑和物流体验口碑。此外，抖音平台在部分地区设置了自提点，用户可以在自提点自行取货，减少

① 销售漏斗原理，是指营销者可以通过清楚的步骤找到最终的目标客户，从而实现最大的销售量。

配送时间和成本。为保障订单派送服务时效，抖音平台电商还推出“音需达”① 服务功能，方便给用户提供送货上门服务，提升用户的快递收货体验。

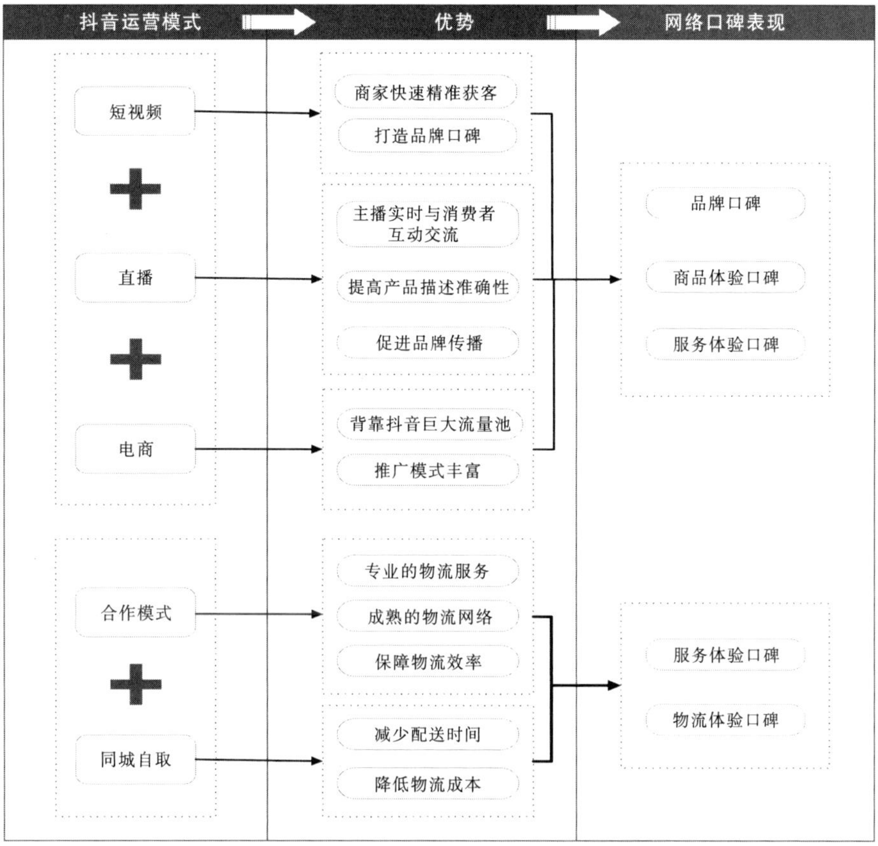

图 4-4　抖音平台运营模式下的网络口碑表现

三、拼多多平台的运营模式

不同于抖音平台短视频和直播的社交运营模式，拼多多平台的社交电商运营模式则采用“拼团+砍价+低价单品爆款”运营思维。拼多多平台的商业模式，是将商务活动嵌入消费者的在线社交网络，通过促销活动激励消费者转发、邀请、砍价、拼团等网络口碑传播行为，达到品牌传播和促进销售的目的，而且依靠熟人关系的网络口碑传播信任度更高。

拼团②模式是通过一件商品与多个用户之间的“拼团”活动，来降低商品价格的一

① 音需达，是指商家在抖店后台，按商品+收货地区的维度自主订购送货上门服务的物流产品。

② 拼团，指拼团享优惠价，如单独买价格为 200 元，拼团价为 160 元。

种模式。用户可以在网上发起或加入拼团，参与拼团的人数越多，商品价格就越低。这种模式带给用户更多的互动性和趣味性，吸引更多潜在客户，让购物不再是孤独的行为，反而更加有趣。

拼多多平台是最早采用砍价①模式的电商平台。拼多多平台砍价是一种针对消费者需求的营销模式，其核心是让消费者在平台上发起砍价活动，通过社交分享来降低商品价格。这种模式在拼多多平台上得到了广泛的应用，成为拼多多平台商业模式的重要组成部分。砍价模式之所以能成为拼多多平台的核心商业模式，也是因为该模式对提升网络口碑作出了巨大贡献：

（1）提高消费者参与度。拼多多平台砍价模式强调消费者参与，让消费者成为营销活动的主体。在这个过程中，消费者不仅可以享受到更低的价格，还可以通过分享获得更多优惠。这种互动性和参与性大大提高了消费者的参与度，增加了消费者的忠诚度。另一方面，提高消费者参与度也可以提升消费者购物体验，促使消费者收到产品后发出好评的行为，提高产品好评率。

（2）降低商品价格。在拼多多平台砍价模式中，消费者可以通过社交分享来降低商品价格。这种方式不仅能够吸引更多消费者参与，还能够增加销售额，提高店铺的转化率。对于消费者而言，这种方式能够让他们获得更低的价格，提高购买的意愿和满足感。

（3）增加商品曝光度。拼多多平台砍价模式可以通过社交分享来增加商品的曝光度。每当消费者在社交平台上分享砍价活动时，就相当于为商品做了一次推广。这种方式能够扩大商品的受众范围，提高品牌知名度，增加品牌价值，有利于网络口碑的传播。

基于下沉市场用户价格敏感性高的情况，平台算法给予低价产品更高的流量权重，特别是一个产品一旦有成为爆款的特质，平台便会进行大范围的推广。一旦达到一定的量级，拼多多平台便有了和供应商谈价的实力，进一步降低产品价格。而随着价格的下降，一些没有强需求的用户也会被刺激，形成购买行为。在此基础上，用户低价需求进一步得到满足，客户黏性提高，推动平台 GMV 增长。更重要的是，在微信巨大流量背书的情况下，叠加拼团砍价的机制，爆款产品又在新的用户中大量曝光，推动新的流量进入平台，经过以上商业环节的层层演变，盈利模式实现了正循环。由于拼多多平台的运营核心是低价，商家降价带来的收益会大于购买流量带来的收益，进一

① 砍价，指邀请好友通过砍价来获得折扣，如原价为 200 元的商品，邀请 10 个好友来帮忙砍价，即可砍价到 160 元。

步促使商家提高产品降价预算而不是广告投放。基于此，农产品商家在拼多多平台上的运营思路需以低价为核心，获得平台更多流量倾向。

在物流方面，拼多多平台的主要物流运营模式为“合作+自建配送”模式。虽然拼多多平台也自建物流体系，但相比京东平台，规模较小，还处于刚起步阶段。因此，现阶段拼多多平台仍主要依托第三方物流企业，通过合作实现物流服务的覆盖。这种模式不仅可满足不同地区、不同规模商家的物流需求，而且也为消费者提供了更加多样化的物流选择，体现了对消费者个性化需求的关注。同时，拼多多平台也建立了自己的配送团队，为卖家提供“上门取货，快递包邮”的服务，提高了卖家的物流效率和用户体验。拼多多平台的物流运营模式，进一步对其服务体验口碑和物流体验口碑起到促进作用。

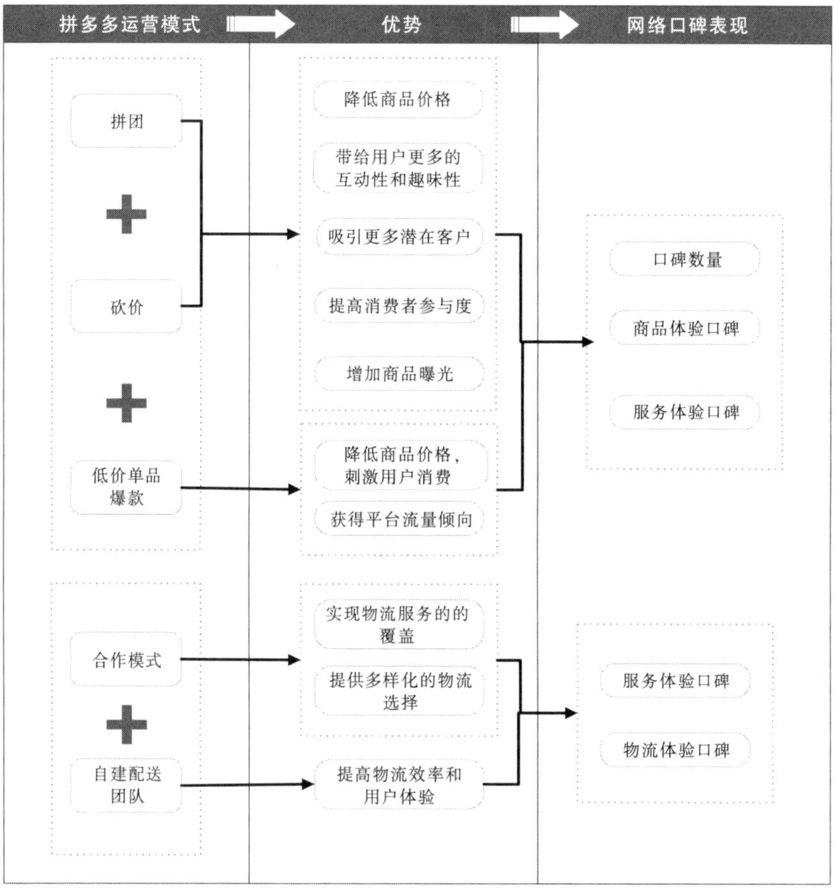

图 4-5　拼多多平台运营模式下的网络口碑表现

通过分析三个电商平台运营模式可以看出，运营模式不同，平台对应的流量倾向原理也有所不同。而在当今竞争激烈的电商平台上，哪家店铺掌握该平台流量即掌握成功的钥匙。对于已经入驻的京东平台商家，申请成为京东平台自营商家，直接与京东平台挂钩，更容易获得流量支持；而对于抖音平台，入驻商家可结合高质量短视频+直播赢得流量；针对拼多多平台，入驻商家可参加拼团和砍价模式提高曝光度，依靠价格优势获得更高的流量权重。除此之外，对于还未入驻电商平台的农产品卖家，可以参考自己产品的特点来选择电商平台。例如，自己农产品属于礼品属性，对物流也有极大的要求，可选择入驻京东平台；若产品有特定群体，需要展示呈现，且有运营团队支持，可选择入驻抖音平台；若产品属于低端产品，则可优先选择入驻拼多多平台。

第二节　不同电商平台农产品网络口碑分析

不同电商平台的运营模式差异会直接影响消费者的购物体验，从而对农产品的网络口碑产生影响。在本节中，我们将根据三个二级指标（即口碑数量、口碑效价和口碑离散度）对这三个平台上的湖南省农产品区域公用品牌的在线评论数据进行分析。首先基于不同平台计算各品类的口碑综合得分，然后分别从三个二级指标来比较不同平台的网络口碑表现。最后综合比较不同电商平台的网络口碑差异。

一、口碑得分

本部分基于口碑数量、口碑效价和口碑离散度三个指标维度，统计得出京东平台、抖音平台、拼多多平台三个电商平台上分品类的口碑得分[①]情况，如图 4-6。

（一）京东平台下的口碑得分分析

分析图 4-6 可知，水产类农产品在京东平台上的口碑得分最高，为 72.74 分；其次是果品类农产品，口碑得分为 72.53 分。这体现了京东平台消费者对水产类农产品和果品类农产品持肯定态度。此外，通过整理京东平台各商品口碑得分可算出该平台农产品平均口碑得分约为 71.61 分，但蔬菜类农产品为 68.60 分，明显低于平均分。可见，京东平台上的蔬菜类农产品还需要基于京东平台商业模式进一步提高运营质量。

① 本报告口碑得分算法公式：口碑得分＝口碑数量标准化值＊CRITIC 权重+口碑效价标准化值＊CRITIC 权重+口碑离散度标准化值＊CRITIC 权重。

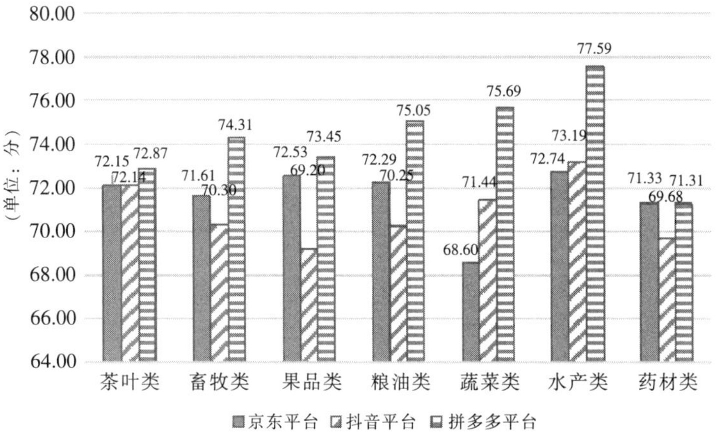

图 4-6　不同电商平台下的口碑得分情况

（二）抖音平台下的口碑得分分析

与京东平台一样，抖音平台上湖南省农产品区域公用品牌口碑得分最高的也是水产类农产品，为 73. 19 分；其次是茶叶类农产品，口碑得分为 72. 14 分。此外，通过整理抖音平台各商品口碑得分可算出该平台农产品平均口碑得分约为 70. 88 分。图 4-6 不难看出，抖音平台上畜牧类农产品、果品类农产品、粮油类农产品和药材类农产品的口碑得分均低于平均分，分别为 70. 30 分、69. 20 分、70. 25 分和 69. 68 分。这表明抖音平台商家后续应该重点针对这四类农产品更改经营策略，以提高湖南省农产品区域公用品牌在抖音平台的网络口碑表现。

（三）拼多多平台下的口碑得分分析

对于拼多多平台，湖南省农产品区域公用品牌口碑得分最高的是水产类农产品，为 77. 59 分；其次是蔬菜类农产品，口碑得分为 75. 69 分。此外，通过整理拼多多平台各商品口碑得分可算出该平台农产品平均口碑得分约为 74. 32 分。图 4-6 显示，拼多多平台上茶叶类农产品、畜牧类农产品、果品类农产品和药材类农产品的口碑得分均低于平均分，分别为 72. 87 分、74. 31 分、73. 45 分和 71. 31 分。后续拼多多平台商家应该重点分析该四个农产品类别的口碑表现。

根据图 4-6，比较三个电商平台口碑得分可知，拼多多平台整体口碑得分明显高于其他两个电商平台。由此可见，现阶段电商平台中，消费者对拼多多平台湖南省农产品区域公用品牌整体持认可态度，这也与拼多多平台的“拼团+砍价+低价单品爆款”运营模式所带来的性价比有关。消费者以较低的价格获得相对高值的产品，满足消费的期待值，可促使其给予好评行为。

二、口碑数量

口碑数量①又称为评论数量，即购买了商品的消费者参与在线评价的数量。代表商品受欢迎的程度，它暗示着消费者“有多少人已购买该产品”，消费者会以此作为购物决策的重要因素。因此，关注不同电商平台的口碑数量差异具有必要性。本部分将不同电商平台上销售的湖南省农产品区域公用品牌分成 7 个类别：茶叶类农产品、畜牧类农产品、果品类农产品、粮油类农产品、蔬菜类农产品、水产类农产品和药材类农产品，并整理统计了不同电商平台各类农产品的平均口碑数量，如图 4-7。

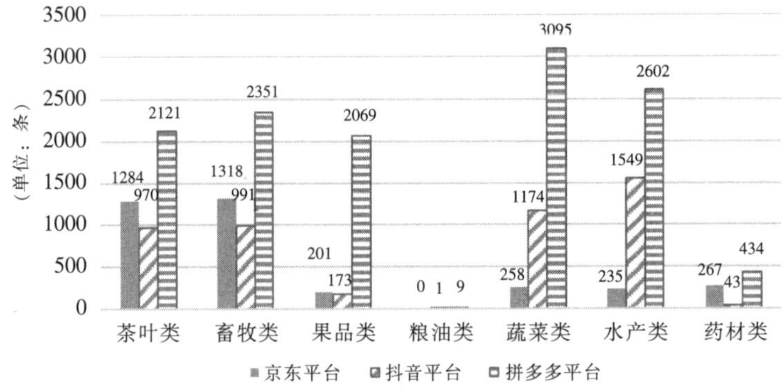

图 4-7 不同电商平台下的口碑数量（平均值）

（一）京东平台下的口碑数量分析

从图 4-7 不难看出，畜牧类农产品在京东平台上口碑数量最高，平均为 1318 条；其次是茶叶类农产品，口碑数量均值为 1284 条，粮油类农产品口碑数量最少，为 0。这一结果表明京东平台上畜牧类农产品和茶叶类农产品最受消费者欢迎。京东平台上的畜牧类农产品主要是包含富有浓郁的地方特色和独特风味的农产品，具有深厚的文化内涵和寓意。因此，畜牧类农产品是平台用户送礼的优先选择。而对于茶叶，在中国传统文化中，茶文化历史悠久，中国人也喜欢以送茶来表示祝福心意。京东自营商家有京东平台背书，故品质有所保障。所以，在京东平台上，畜牧类农产品和茶叶类农产品受欢迎程度更高。

整理京东平台上排名前 10 的湖南省农产品区域公用品牌可得（图 4-8），京东平

① 本报告分析的评论数据只针对有效评论，剔除了默认好评等数据。

台上最受消费者欢迎的品牌是常德酱板鸭，口碑数量为 8135 条；其次是永顺莓茶，口碑数量是 7692 条。常德酱板鸭由于其风味独特、鲜香可口、肉香骨脆、嚼劲绵长的特点和具有香、辣、鲜、爽四大特色，成为湖南地方名产，也深受消费者喜欢。

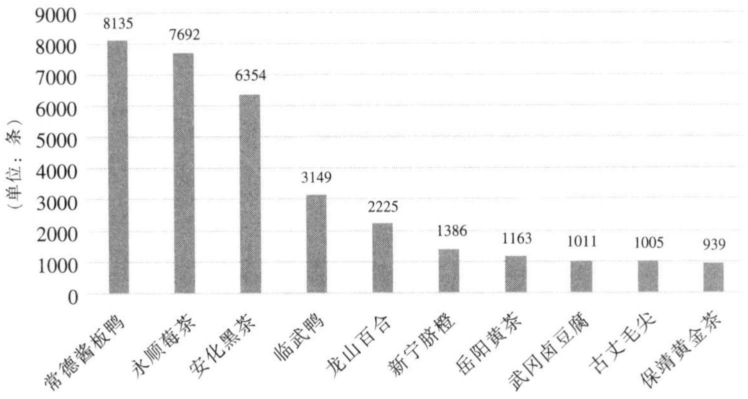

图 4-8　京东平台上口碑数量排名前 10 的品牌

（二）抖音平台下的口碑数量分析

与京东平台不同，抖音平台上口碑数量最高的湖南省农产品区域公用品牌类别是水产类农产品，口碑数量均值为 1549 条；其次是蔬菜类农产品，为 1174 条。由于城乡信息不对称、传统电商仅能通过静态图文方式呈现相关信息以及消费者对农产品的认知程度低等问题，农产品传统的线上流通处于受限状态。基于此，抖音平台的运营模式——“短视频+直播+电商”很好地解决这一困境。抖音平台通过短视频和直播渠道，将原生态、原产地的新鲜水产类农产品直接呈现在消费者面前，让消费者能够直观感受水产类农产品的新鲜品质；与产品相关的场景拍摄，增加了消费者的信任和趣味感；配合场景内容的主播讲解提升了消费者的认知和体验，再一次促进了水产类农产品的线上销售。

然而，值得一提的是，在抖音平台上，最受欢迎的湖南省农产品区域公用品牌是安化黑茶（图 4-9），口碑数量是 13440 条，而最受欢迎的水产类农产品汉寿甲鱼和东江鱼分别排名第 8 和第 9，与图 4-7 不符。造成这一差异主要是因为，抖音平台上水产类农产品只有两个品牌，而茶叶类农产品有 17 个品牌，由于统计各类口碑数量时采用的是对品类中所含品牌进行直接平均的算法，茶叶类农产品品牌多，各品牌之间口碑数量差别大，某些口碑数量少的品牌拖了后腿。而水产类农产品虽然品牌数少，但口碑数量得分比较平均，因而超过了茶叶类农产品。

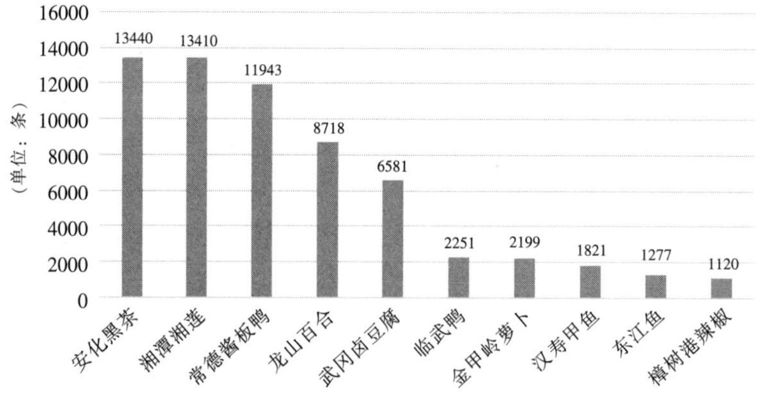

图 4-9　抖音平台上口碑数量排名前 10 的品牌

（三）拼多多平台的口碑数量分析

图 4-7 反映了在拼多多平台上最受欢迎的湖南省农产品区域公用品牌是蔬菜类农产品，口碑数量均值为 3095 条；水产类农产品、畜牧类农产品、茶叶类农产品和果品类农产品基本保持一致，口碑数量均值分别为 2602 条、2351 条、2121 条和 2069 条。查看拼多多平台上的湖南省农产品区域公用品牌相关信息可看出，蔬菜类农产品相比其他品类价格更低。由本章第一节介绍的拼多多平台运营模式可知，拼多多平台的运营核心是低价，蔬菜类农产品越低价，越容易获得平台的流量倾向，曝光率上升，从而提高销量。因此，在拼多多平台上，蔬菜类农产品相较于其他类别，口碑数量也最多。由图 4-10 也可以看出，拼多多平台上排名前 10 的品牌与图 4-9 相似度较高，排名前 10 的产品品牌类别为蔬菜类农产品、水产类农产品、畜牧类农产品、茶叶类农产品和果品类农产品。

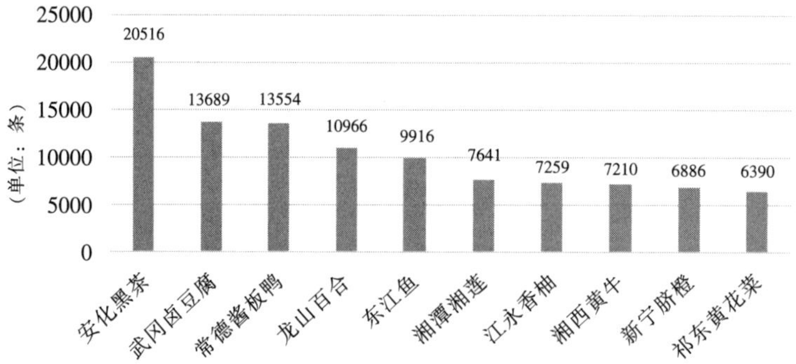

图 4-10　拼多多平台上口碑数量排名前 10 的品牌

观察图 4-7 比较三家电商平台可知，口碑数量基本分布在茶叶类农产品、畜牧类农产品、蔬菜类农产品和水产类农产品。可见，现阶段电商平台上这四类湖南省农产品区域公用品牌更受消费者欢迎。果品类农产品、粮油类农产品和药材类农产品的电商销售潜力尚待挖掘。

三、口碑效价

京东平台、抖音平台的商品效价分为三个维度：商品体验、物流体验和服务体验，而拼多多平台不区分维度，只有一个总指标来衡量商品效价——综合评分。

（一）京东平台下的口碑效价

1. 基于商品体验的口碑效价表现

京东平台上，属于商品体验的指标为商品评价，商品评价包括商品质量满意度、商品描述满意度。这两个满意度是消费者评价及店铺运营指标，都是消费者完成订单后进行的评价结果。商家可以根据自己店铺的商品评价，了解消费者对该产品的需求，对店铺及产品进行优化，促进销量的提升。

从图 4-11 不难看出，京东平台下茶叶类农产品的商品评价分为 3.95 分、畜牧类农产品为 3.88 分、果品类农产品为 3.91 分、粮油类农产品为 4.10 分、蔬菜类农产品为 3.91 分、水产类农产品为 3.91 分、药材类农产品为 3.68 分，整体的商品评价分在 3.6—4.1 区间，在京东平台上基本属于中评①。该结论表明，京东平台上湖南省农产品区域公用品牌的商品评价有待提高，可从以下几方面进行改善：商品质量、商品包装、商品描述准确性等。

2. 基于物流体验的口碑效价表现

京东平台上，属于物流体验的指标是物流履约，该模块以“48 小时揽收及时率”“隔日达订单占比”两个指标为计算口径。图 4-11 反映京东平台茶叶类农产品的物流履约分为 3.86 分、畜牧类农产品为 3.95 分、果品类农产品为 3.94 分、粮油类农产品为 3.71 分、蔬菜类农产品为 3.82 分、水产类农产品为 3.73 分，药材类农产品为 4.12 分。整体的物流履约分在 3.6—4.2 区间，属于中评范围②。该结论反映了京东平台上湖南省农产品区域公用品牌的物流履约能力还有进步空间，各商家有需要可以成为自营商家，依靠京东平台的“自建物流”现成资源，提高“48 小时揽收及时率”和“隔

① 京东平台上商品评价好评区间：4.3—5.0、中评区间：3.7—4.2、差评区间：低于 3.7 分。

② 京东平台上物流履约好评区间：4.3—5.0、中评区间：3.6—4.2、差评区间：低于 3.6 分。

日达订单占比”。

3. 基于服务体验的口碑效价表现

京东平台上，属于服务体验指标的是售后服务，售后服务评分包括卖家服务态度满意度、配送人员态度满意度、退换货处理满意度、在线客服满意度、工单回复率这几个方面组成。前四项都属于客户评价范围，最后一项属于运营指标。

由图 4-11 可知，京东平台茶叶类农产品的售后服务分为 4. 11 分、畜牧类农产品为 4. 09 分、果品类农产品为 4. 12 分、粮油类农产品为 4. 10 分、蔬菜类农产品为 4. 04 分、水产类农产品为 4. 05 分、药材类农产品为 4. 28 分，虽然基本评分都超过 4. 0 分，但由于京东平台对售后服务把控较严，只有超过 4. 5 分才是好评①，因此，湖南省农产品区域公用品牌在京东平台的售后服务还是属于中评，需采取策略进一步优化。针对卖家服务态度、配送人员态度、退换货处理和在线客服满意度，商家可以在售前售中售后跟客户持续保持沟通，发现问题及时处理，这样可以减少差评率，提高客户的评分。针对工单回复率，基于其计算公式②，可提高客服对工单回复时效的重视，提升客服人员的工作素养。

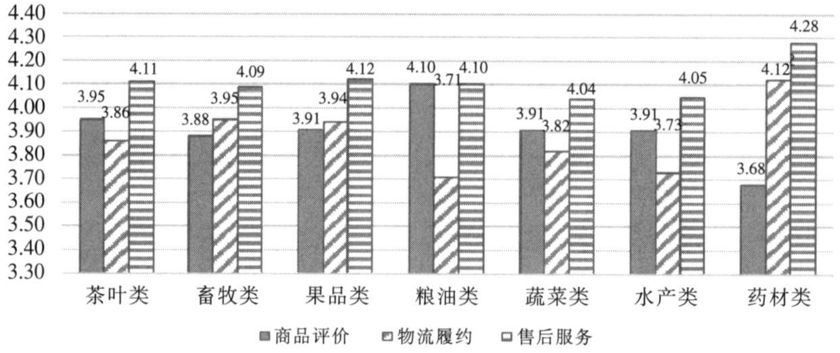

图 4-11　京东平台下的口碑效价

（二）抖音平台下的口碑效价

1. 基于商品体验的口碑效价表现

抖音平台上，商品体验主要由商品差评率和商品退货率组成。本报告统计了抖音平台上 7 类湖南省农产品区域公用品牌的平均商品体验分，如图 4-12 所示。抖音平台茶叶类农产品的商品体验分为 4. 48 分、畜牧类农产品为 4. 42 分、果品类农产品为

① 京东平台上售后服务好评区间：4. 5—5. 0、中评区间：3. 9—4. 4、差评区间：低于 3. 9 分。

② 工单回复率 = 1-（3H 超时量/工单量），这项评分越高越好。

4.50 分、粮油类农产品为 4.32 分、蔬菜类农产品为 4.47 分、水产类农产品为 4.57 分、药材类农产品为 4.39 分。整体商品体验都超过 4.3 分，可见，湖南省农产品区域公用品牌在抖音平台上的商品差评率和商品退货率都较低。其主要原因是：在抖音平台上，商家体验分若低于一定分数，平台会自动下架该商品。而在商家体验分考核模块权重占比里，商品体验占比 50%，因而商家对其重视程度也较高。与此同时，官方的指标改革，由之前的考核好评率指标调整为考核差评率指标，过去依靠刷单来提升购物评分的模式已不可取，因此，商家也更注重选品要求。

2. 基于物流体验的口碑效价表现

抖音平台上，物流体验维度包括揽收及时率和订单配送时长。如图 4-12 所示，茶叶类农产品的物流体验分为 4.48 分、畜牧类农产品为 4.42 分、果品类农产品为 4.55 分、粮油类农产品为 4.50 分、蔬菜类农产品为 4.41 分、水产类农产品为 4.47 分、药材类农产品为 4.61 分，平均物流体验分达 4.49 分。

3. 基于服务体验的口碑效价表现

抖音平台上，服务体验由五大方面组成：投诉率、纠纷商责率、IM3 分钟平均回复率、仅退款自主完结时长和退货退款自主完结时长。如图 4-12 所示，茶叶类农产品的服务体验分为 4.55 分、畜牧类农产品为 4.46 分、果品类农产品为 4.37 分、粮油类农产品为 4.53 分、蔬菜类农产品为 4.42 分、水产类农产品为 4.55 分，药材类农产品为 4.53 分，整体平均服务体验分约为 4.49 分。可见，抖音平台上湖南省农产品区域公用品牌的售后服务较优秀。

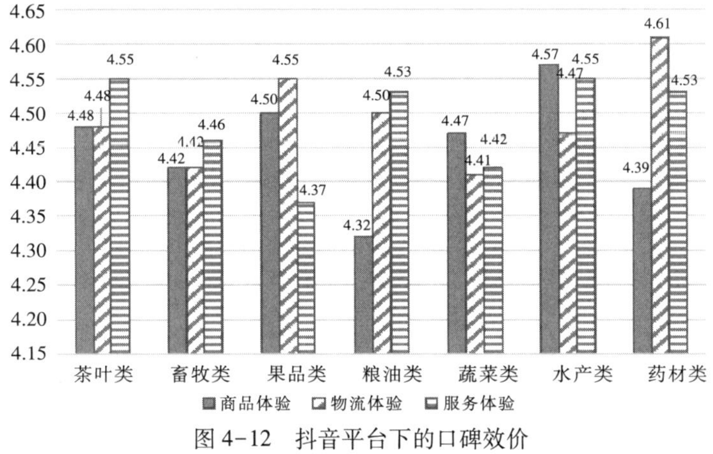

图 4-12　抖音平台下的口碑效价

与京东平台不同，入驻抖音平台店铺相对来说比较简单，只需要营业执照、身份证和银行卡即可开通抖音平台小店。但是，抖音平台虽然入驻简单，平台日常运营监督却极其严格，若商家体验分过低，则可能导致商品直接下架、流量限流。基于此，商家要想在抖音平台上获得流量，提高销售额，就应该了解该平台的评分计算规则，如表 4-1，再根据其计算规则来查看自己店铺哪方面做得不好或有进步空间，对症下药，才能在短时间内提升口碑效价表现。

表 4-1　抖音平台三个评分维度的考核周期表

评分维度及权重	细分指标	指标定义	考核周期
商品体验分（50%）	商品差评率	商品差评率=商品差评量/物流签收订单量 ＊有物流签收信息的订单考核物流签收订单量，无流签收信息的订单考核确认收货订单； ＊仅考核首次评价数据	近 90 天物流签收数据
	商品品质退货率	商品品质退货率=店铺商品品质、物流问题退货退款（包含退货退款+仅退款）订单量/店铺支付订单量	前 15—104 天品质退货数据
物流体验分（15%）	揽收及时率	揽收及时率=（订单揽收时间-订单支付时间）<X 小时的订单量/揽收订单量 ＊预售订单、无需发货订单不参与计算 ＊分别考核 24H、24-36H、36-48H 揽收率，加权计算	近 90 天揽收订单数据
	订单配送时长	订单配送时长=全部（订单签收时间-订单验收时间）/签收订单量	近 90 天签收订单数据
服务体验分（35%）	投诉率	投诉率=店铺问题投诉量/店铺支付订单量	前 15—104 天投误数据
	纠纷商责率	纠纷商责率=售后申请完结的订单中判定为商家责任的售后仲裁单数/总售后完结数	近 90 天售后完结订单数据
	IM3 分钟平均回复率	IM3 分钟平均回复率=3 分钟内客服已回复会话量/用户向人工客服发送会话量 ＊考核范围：发起时间在 8：00：00—22：59：59 期间发起的会话量	近 90 天人工客服会话量
	仅退款自主完结时长	仅退款自主完结时长=仅退款的每条售后单等待商家操作时间总和/对应售后单量 ＊等待商家操作时间为：消费者申请退款到商家同意的时间	近 90 天售后完结订单数据
	退货退款自主完结时长	退货退款自主完结时长=售后单里退货退款、换货的每条售后单中等待商家操作的时间总和/对应的售后量 ＊等待商家操作时间为：（消费者申请退货到商家同意退货）+（商家退货物流签收到商家同意退款）时间之和。	近 90 天售后完结订单数据

（三）拼多多平台下的口碑效价

与京东平台和抖音平台的评分体系不同，拼多多平台的口碑效价数据只有一个指标——综合评分，因此，拼多多平台口碑效价表现本部分只研究综合评分，如图4-13所示。该图表明拼多多平台茶叶类农产品的口碑效价综合评分为4.50分、畜牧类农产品为4.59分、果品类农产品为4.57分、粮油类农产品为4.64分、蔬菜类农产品为4.58分、水产类农产品为4.65分、药材类农产品为4.34分，整体口碑效价平均分为4.55分。很显然，除了药材类农产品，其他类别农产品综合评分都保持在4.50以上，口碑效价较优秀，这也说明拼多多平台的竞争比较激烈。欲保持店铺的高评分要做到以下几点：第一，给消费者提供高质量的商品；第二，以消费者体验为中心，例如可以在快递包裹里附上亲切的问候；第三，有些消费者可能忘记评价，适当时可以提醒客户。

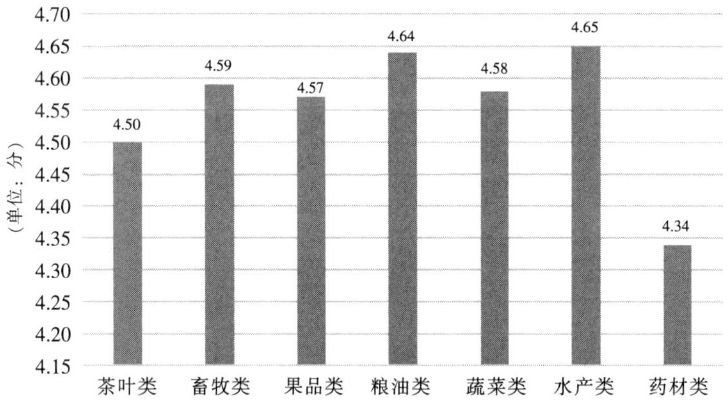

图4-13　拼多多平台下的口碑效价综合评分

四、口碑离散度

口碑离散度是指消费者在评价商品时产生的分歧大小。网络口碑是单个消费者对商品评价看法或态度的集合，这些看法或态度往往存在差异性。口碑差异对消费者购买决策产生了不确定性，进而影响产品销量。因此，分析口碑离散度是必要的。根据收集到的平台数据，本报告计算了湖南省7类农产品区域公用品牌的口碑离散度，得到图4-14。

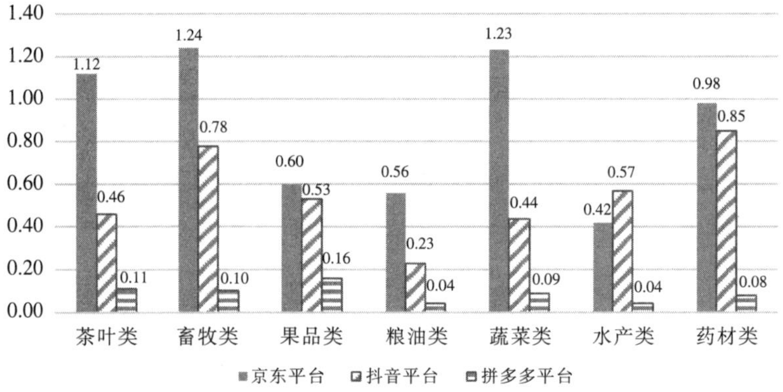

图 4-14　不同电商平台下的口碑离散度

（一）京东平台下的口碑离散度分析

如图 4-14 所示，京东平台下茶叶类农产品、畜牧类农产品和蔬菜类农产品的口碑离散度太大，都超过 1，分别为 1.12、1.24 和 1.23。可见，在京东平台上消费者对茶叶类、畜牧类和蔬菜类这三类农产品存在不同看法，差异性较大。高口碑离散度也会影响产品的销量，因此有必要对其进行优化改进。商家可以密切关注产品的多属性评分，来追踪消费者的购买偏好，做好下一步的产品市场营销策略，降低口碑离散度。

（二）抖音平台下的口碑离散度分析

图 4-14 反映了抖音平台下茶叶类农产品口碑离散度为 0.46、畜牧类农产品为 0.78、果品类农产品为 0.53、粮油类农产品为 0.23、蔬菜类农产品为 0.44、水产类农产品为 0.57、药材类农产品为 0.85。其中，畜牧类农产品、果品类农产品、水产类农产品和药材类农产品的口碑离散度都超过 0.5。由于抖音平台特有的“短视频+直播+电商”的运营模式，该平台消费者基本通过听取短视频内容介绍或直播主播的描述，了解该产品特征后才下单。而由于平台管控不够全面，会导致有些商家存在虚假宣传，消费者收到的商品与商家描述不一致的情况，这也提高了该平台的口碑离散度。因此，为了降低口碑离散度，该平台也应该加大监控力度，对虚假宣传的商家采取惩罚措施。

（三）拼多多平台下的口碑离散度分析

图 4-14 表明了拼多多平台下茶叶类农产品的口碑离散度为 0.11、畜牧类农产品为 0.10、果品类农产品为 0.16、粮油类农产品为 0.04、蔬菜类农产品为 0.09、水产类农产品为 0.04、药材类农产品为 0.08。拼多多平台的“拼团+砍价+低价商品爆款”运营

模式，满足了消费者追求性价比的心理。当消费者获得大幅优惠后，只要收到的产品不是很差，其对于该产品的评论也基本都是好评，因而该平台的口碑离散度也相对较低。

本报告中的口碑离散度主要体现在消费者评价同一个商品时，好评和差评的分歧。通过分析图 4-14 和评价内容不难看出，消费者对拼多多平台农产品的评价基本持好评，因而其口碑离散度较低。而在京东平台上，消费者对于产品品质和质量有不同的看法。鉴于此，京东平台商家可以根据不同类型消费人群的需求和购买习惯，提供个性化的服务，如定制化的商品推荐、快速配送等，又或者推出不同的促销活动，提高品牌知名度，吸引更多的消费人群，降低口碑离散度。

五、不同电商平台的网络口碑比较

前文主要从网络口碑三大指标各自纵向分析京东平台、抖音平台、拼多多平台电商平台上的网络口碑表现。本小节则将总体数据合并进行横向比较分析，探究湖南省农产品区域公用品牌在不同电商平台上的网络口碑表现。

（一）不同电商平台的品牌数量比较

本报告将各电商平台上销售的湖南省农产品区域公用品牌统一分为 7 个类别。从图 4-15 中可以看出，目前京东平台上架了 55 个品牌，抖音平台上架了 85 个品牌，而拼多多平台上架了 68 个品牌。上架品牌数量的差异与各电商平台的政策和运营侧重点基本保持一致。

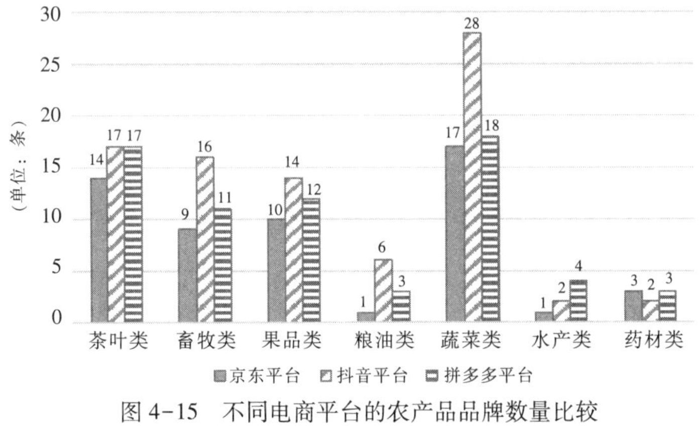

图 4-15 不同电商平台的农产品品牌数量比较

根据京东平台官方政策，商家销售的农产品必须符合国家相关法律法规，并且必须经过相关部门的合格检验。此外，京东平台还要求农产品必须具有明确的生产地和生产者信息，并且需要提供相关的检验报告和证明材料。因此，在京东平台上架的湖南省农产品区域公用品牌数量相对较少。

而对于抖音平台来说，该平台在 2021 年推出了“山货上头条”助农项目，并于 2022 年 9 月中旬上线了“山货丰收季”活动专区。在陕西、福建、湖南、广西等地开展新农人溯源直播，助力当地特色农特产进城销售，帮助更多农民丰收并增加收入。在这样的政策背景下，抖音平台上架的湖南省农产品区域公用品牌数量相较于其他两个平台更多。

此外，京东平台上各类别农产品的数量整体低于其他两个平台。随着农业品牌战略的推进，区域公用品牌农产品质量也在不断提升，相信未来这一现象会有所改观。此外，根据京东平台的发展战略，京东平台也推出了 2022 高质量农产品十六项举措和四大模式，为后续助力农产品区域公用品牌发展奠定了战略基础。并且，有了官方政策和京东平台自建物流的支持，后续其他农产品品牌商家可以考虑入驻京东平台自营商家，以丰富京东平台上的区域品牌。

如图 4-15 所示，在京东平台上，蔬菜类农产品和茶叶类农产品拥有最多的上架品牌种类，分别为 17 个和 14 个，占比分别约为 30. 91%和 25. 46%。畜牧类农产品上架了 9 个品牌，占比约为 16. 36%；果品类农产品上架了 10 个品牌，占比约为 18. 18%；药材类农产品上架了 3 个品牌，占比约为 5. 45%；而粮油类农产品和水产类农产品只上架了 1 个品牌，仅占比 1. 82%。

在抖音平台上，蔬菜类农产品上架品牌种类最多，共有 28 个品牌，占比约为 32. 94%；茶叶类农产品上架了 17 个品牌，占比约为 20%；畜牧类农产品上架了 16 个品牌，占比约为 18. 83%；果品类农产品上架了 14 个品牌，占比约为 16. 47%；粮油类农产品上架了 6 个品牌，占比约为 7. 06%；水产类农产品和药材类农产品占比最小，只上架了 2 个品牌，占比约为 2. 35%。

在拼多多平台上，蔬菜类农产品和茶叶类农产品拥有最多的上架品牌种类，分别为 18 个和 17 个，各占比约为 26. 47%和 25%；果品类农产品上架了 12 个品牌，占比约为 17. 65%；畜牧类农产品上架了 11 个品牌，占比约为 16. 18%；水产类农产品上架了 4 个品牌，占比约为 5. 88%；粮油类农产品和药材类农产品都上架了 3 个品牌，占比约为 4. 41%。

通过数据分析可得，不同电商平台上，水产类农产品和药材类农产品占比都很低。这可能有以下原因：（1）消费者特别关注水产类农产品的新鲜程度。要保证水产类农产品的新鲜程度，需要在包装和物流方面付出更多努力，例如冷链物流，这会提高产品成本和售后服务负担。因此，从成本和售后考虑，这类商家可能不愿意入驻电商平台。（2）考虑到药材类农产品的真实性，许多消费者更倾向于线下购买这类产品。

（二）不同电商平台的网络口碑比较

整合京东平台、抖音平台和拼多多平台三大电商平台的网络口碑指标，可以得出表4-2中的不同电商平台的网络口碑比较表格。对比发现，拼多多平台的口碑数量最高，均值达到1812条，其次是抖音平台，共有700条，而京东平台的口碑数量最低，均值仅有509条。

表4-2 不同电商平台的网络口碑比较

网络口碑指标		京东平台	抖音平台	拼多多平台
口碑数量（均值/条）		509	700	1812
口碑效价	商品体验/分	3.91	4.45	——
	服务体验/分	4.11	4.49	——
	物流体验/分	3.88	4.49	——
	合计	3.96	4.48	4.55
口碑离散度		0.88	0.55	0.09
口碑得分		71.61	71.06	74.47

进一步分析得知，相较京东平台和抖音平台，拼多多平台上的湖南省农产品区域公用品牌更受消费者欢迎，原因可能是：（1）基于拼多多平台的“拼团+砍价+低价单品爆款”模式，加上微信巨大的流量背书，通过共享和扩散，可以触达更多潜在消费者。爆款产品在新的潜在消费者中持续曝光，并引起共鸣和确认，从而促使他们最终做出购买行为。（2）基于消费者价格心理理论，价格是消费者衡量商品价值和品质的直接标准。尽管拼多多平台以低价为核心运营策略，但在平台的管理和管制介入下，拼多多平台也保持了农产品的品质。因此，拼多多平台在提供低价产品的同时也深受消费者的欢迎。

对于口碑效价，表现最好的依然是拼多多平台，高达4.55。除此之外，消费者也倾向于在抖音平台上购买湖南省农产品区域公用品牌，口碑效价为4.48。基于抖音平台的“短视频+直播+电商”的运营模式，商家通过短视频运营账号，获得粉丝流量，确定自己的消费者群体，打造品牌形象；通过直播带货讲解农产品细节，与消费者实现互动，增加真实感，促进成交率；维护好抖音平台小店的运营，保持店铺高评分，赢得平台流量倾斜，增加曝光度。

此外，在口碑离散度方面，不难看出，拼多多平台消费者对湖南省农产品区域公用品牌的评价分歧较小。而在京东平台上，产品评价分歧较大。当消费者考虑自身购买行为时，口碑离散度的出现使购买决策面临较大的不确定性。因此，商家应主动采取有效对策降低口碑离散度。在内外部信息环境的建设中，商家应强调和突出信息反馈的作用：对内健全农产品信息的更新平台，持续强化产品吸引力；对外优化与电商平台等利益相关者之间的关系，及时掌握外部信息的动态性。

第三节　不同电商平台农产品网络口碑内容分析

当消费者在购买某一产品时，通常会在不同电商平台上搜索相关信息，包括其价格、质量、特点、优缺点等。而网络口碑内容的存在可以为消费者提供真实的用户体验，消费者可以通过其他消费者的评论内容来了解产品的真实情况，这能够帮助他们做出更明智的购买决策。从农产品消费者的网络评论内容看，使用频率更高的单词在消费者评论中更为重要，消费者对自己在意的农产品要素会在潜意识中予以更多关注，并在评论时不自觉地体现，提及率更高的词汇可以客观反映消费者选择农产品时的偏好。鉴于此，本报告对不同电商平台农产品网络口碑内容进行高频词性整理，并在“认知-情感”理论的基础上分析消费者对于湖南省农产品区域公用品牌所产生的感知形象，提出有利于提升湖南省农产品区域公用品牌网络口碑表现的可行性建议。

一、不同电商平台农产品网络口碑的认知分析

（一）京东平台下的农产品网络口碑认知分析

整理京东平台的湖南省农产品区域公用品牌网络口碑内容，对消费者评论词提及频次进行排序，得到图 4-16 京东平台网络口碑的词性柱状图①。排在前 10 位的是味道、口感、包装、物流、质量、价格、效果、品质、发货和速度，说明消费者对上述 10 个方面最为重视。通过对图 4-16 进行进一步分析，可将京东平台消费者对农产品网络口碑的认知概括为以下几个维度：产品性能、物流、品质质量、价格。京东平台消

① 本报告将网络口碑内容排序后，筛选词性为名词的内容，并去除无法准确定位消费者偏好的单词，例如：感觉、有点、评价等。

费者对农产品的产品性能维度（味道、口感、包装等）最为重视；其次是物流（发货、速度）、品质质量和价格。

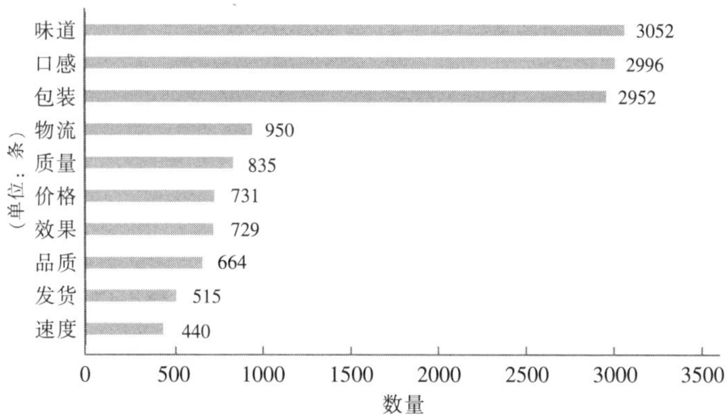

图 4-16　京东平台——词性柱状图

京东平台相较于其他两个平台，农产品价格相对比较贵，所以京东平台消费者也会更关注价格维度，评价内容如价格实惠、价格合适、价格不值等。基于此，对于京东平台上农产品的定价，要从实际出发，契合农产品本身，给消费者一种低价购好物的感觉，提高回购率。

（二）抖音平台下的农产品网络口碑认知分析

抖音平台网络口碑词性柱状图如图 4-17 所示，排在前 10 位的分别是味道、口感、包装、品质、质量、主播、物流、分量、视频和商家。值得注意的是，除了产品、物流、品质、质量等消费者关注维度与京东平台一致，抖音平台消费者还关注短视频直播维度（视频、主播），这也印证了前面描述的抖音平台运营模式——“短视频+直播+电商”。对于短视频，消费者关注的重点是产品是否和短视频描述相符，如评价内容：和视频一样。对于主播，消费者侧重关注直播时主播对产品的特征描述是否与实际收到产品是否一致，如评价内容：和主播说的一样。这种现象也为农产品商家在抖音平台上的产品运营提供了方向：抖音平台在短视频运营上要注重内容运营，通过制作与自己品牌产品相关的小视频，将自己的产品特点展示给更多的消费者。对于直播运营来说，直播的功能是为用户提供与粉丝互动和展示自己的机会，因此，主播是关键。主播应该建立自己的专业形象，注重个人形象的专业性和可信度，对产品要展示足够的了解，这对于提升粉丝的信任度和购买欲望至关重要。

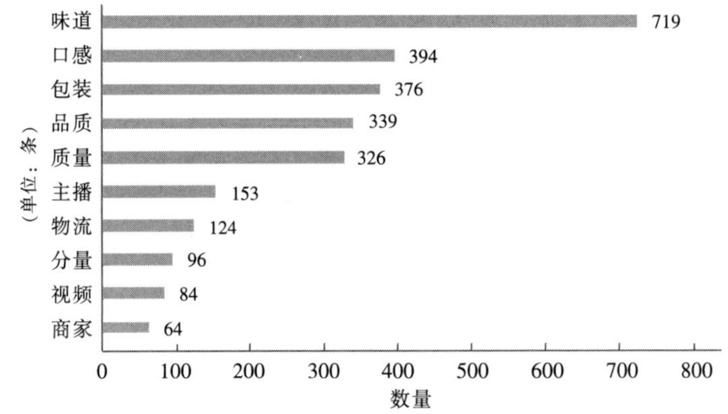

图 4-17　抖音平台——词性柱状图

(三) 拼多多平台下的农产品网络口碑认知分析

拼多多平台网络口碑词性柱状图如图 4-18 所示，排在前 10 位的是包装、口感、味道、物流、正品、质量、分量、性价比、品质和口味。值得注意的是，与其他两个平台不同，拼多多平台消费者关注的认可点增加了正品和性价比两点。

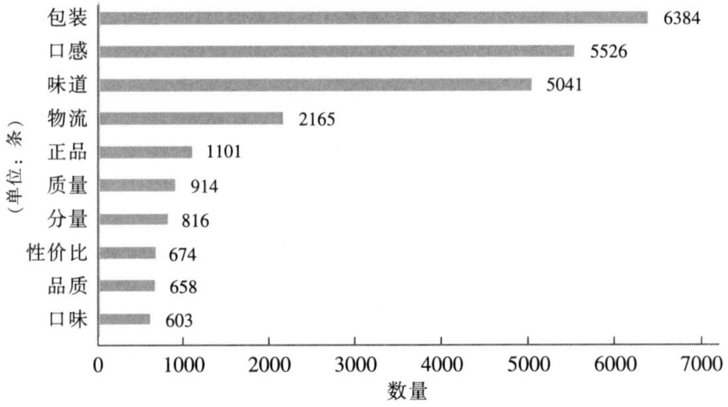

图 4-18　拼多多平台——词性柱状图

拼多多平台早期对于商家把控力度不够，导致商品质量参差不齐，且商品价格相对较低，容易让消费者产生疑虑，这也是拼多多平台消费者大多会关注产品是否为正品的原因。为了解决正品问题，拼多多平台也与第三方合作推出品质险，以此维护消费者权益。而对于商家，要消除消费者怀疑产品是否为正品的顾虑，增加购买的信心，应该做到以下几点：第一，确保经营执照的合法性；第二，提供服务保障，例如：全场包邮、七天无理由退货、48 小时发货、仅退款等；第三，参加百亿补贴活动①；第四，产品添加品牌标志。

所谓性价比，就是性能价格比，在价格的基础上性能满足需求，在性能需求稍次的情况下价格便宜，让消费者感觉买得划算，占到便宜。与京东平台的“价格”不同，拼多多平台的“性价比”更体现在产品性价比高的积极评论中。大部分用户在购物方面不会花费多的费用，满足需求即可。而对于性价比，不是一个绝对值，而是一个相对值。举个例子，一个农产品影响消费者购物决策的性能包括：口感、包装、质量等。在两家商品性能相同的店铺，谁家的价格便宜谁的性价比就高，买家就倾向哪家。因此，商家要有自己的定位，店铺定位、人群定位、商品定位等等，有了清晰的店铺定位，才能根据人群定位和商品定位选出合适的产品销售。

通过三张图可观察到各电商平台前10位出现的词汇大致一致，但先后顺序差异明显，反映出不同电商平台的消费者消费偏好的差异。

对于物流维度，关键词排名最高的是在京东平台和拼多多平台（排在第4），在抖音平台则排在第7。而京东平台消费者对物流维度有着极大偏好也与该平台的“自营+自建物流”运营模式和推出的“211限时达”服务有关。若消费者购物时有物流配送时效要求，通常会优先选择京东平台。因为对于京东平台自营商家，只要消费者在当天11点前下单，第二天消费者就可以收到快递，降低消费者时间成本。这也表明，若商家的农产品对物流配送时效有需求，例如水产类农产品、蔬菜类农产品等，可优先入驻京东平台，赢得消费者偏好。

对于品质、质量维度，消费者关注度最高的是在抖音平台，分别排名第4和第5；其次是京东平台，排名第5和第8；拼多多平台则排名最后，分别为第6和第9。抖音平台是一款以短视频为主的社交媒体应用，其用户特点和需求主要有以下几个方面：年轻化；消费升级；短时化；个性化。其中，对于消费升级特点，抖音平台的用户消费能力较高，因此其对于高品质、高价值的产品和服务有一定的追求和需求。这也是抖音平台消费者相较于其他平台，对品质和质量更具有偏好的原因。而品质、质量维度，也是整个电商行业消费者重点关注的方面。为提高产品品质、质量，拼多多平台推出“品质消费”计划，改变其“便宜没好货”的形象，进一步提高消费者的购物体验。这也说明随着消费者对品质和服务的需求不断提高，各大电商平台也逐渐加强了对商品质量和服务质量的把控。这也将推动电商行业进一步提升整体的品质水平，让消费者有更多更好的选择，推动整个行业向着更加健康和可持续的方向发展。

---

① 在拼多多平台上，有些商品会有百亿补贴的标志。这意味着平台对这些商品进行了正品补贴，并且有中国人保财险承保。这样的商品更具可靠性，消费者可以放心购买。

有趣的是，对于产品维度，尽管拼多多平台主要以“低价爆款”模式吸引消费者，但消费者并没有因为追求低价而丢弃对产品包装的关注，“包装”这一词汇关注度排在该平台的第 1 位，而京东平台和抖音平台都排第 3。可见，随着电商市场竞争的日益激烈，仅仅靠低价已经不能够满足消费者的需求，消费者在追求低价的同时，也会关注产品本身信息，力求最高性价比。所以，对于拼多多平台的商家，商家切忌一味地通过降价来留住客户，而是要留意产品本身，提高客户留存率和忠诚度才是关键所在。

二、不同电商平台农产品网络口碑的情感分析

情感分析是一种利用自然语言处理方法和文本分析方法从原始语料中探索主观信息的研究方法，自出现以来就得到了广泛的发展，并在数据挖掘、信息检索和自然语言处理等领域得到了成功应用。通过对各电商平台网络口碑评价内容的情感分析，不仅可以掌握用户的情感倾向与价值偏好，还可以根据分析结果对用户的个性化需求进行精准化服务，达到完善服务模式的目的，同时也为后续商家入驻平台提供了方向。本报告统计京东平台、抖音平台、拼多多平台的湖南省农产品区域公用品牌网络口碑评价内容，对其进行情感分析，将情感倾向分为 3 个层级，即正面、中性和负面，得到图 4-19。

如图 4-19 所示，京东平台上消费者对湖南省农产品区域公用品牌的评价结果是 69. 79%为正面评价、15. 94%为中性评价、14. 27%为负面评价。抖音平台上消费者对农产品的评价结果是 74. 29%为正面评价、18. 10%为中性评价、7. 61%为负面评价。拼多多平台上消费者对各类农产品的评价结果是 83. 35%为正面评价、11. 41%为中性评价、5. 24%为负面评价。不同电商平台的情感占比也进一步验证了本章第二节的口碑离散度。另外，通过分析得出三种评价的平均值，正面评价所占比例为 75. 81%，中性评价所占比例为 15. 15%，负面评价所占比例为 9. 04%，中性评价略高于负面评价。

通过比较 3 个电商平台的正面、中性、负面评价与平均值不难发现，拼多多平台的正面评价占比高于平均值且达 83. 35%，而京东平台的负面评价则远高于平均值。可见，大多消费者对拼多多平台销售的湖南省农产品区域公用品牌持认可态度。拼多多平台评论中消费者在表述正面情感时用得最多的词为“好”（9016）[①]，其次为“好吃”

① 括号内的数字为该词汇出现频次。

(7352)、“包装”(6384) 和 “不错” (6116), 这里的 “好” 更多的是在表达产品口感好的特点，这也说明消费者主要看重农产品的口感。此外，消费者也通过“新鲜”“干净”“正宗”等词对这些农产品给予了肯定。另外，京东平台评论中消费者在表达负面情感时最多使用“没有”(1158) 一词来表达购物不满体验，主要包括以下三点：(1) 没有口感/味道；(2) 没有包装；(3) 没有赠品。京东“自营+自建物流”的运营模式深受消费者喜爱，但如果消费者花了较高的价格，却购买了与其他平台同样的产品且没有赠品，那购物体验则会大打折扣。而且京东平台也是消费者购买礼品的首选平台，若消费者收到礼品后没有包装，也会引起消费者不满，因而得到差评。

除此之外，从图 4-19 也不难看出规律：口碑得分与平台的正面评价正相关，与负面评价负相关。基于此，电商平台要想提高整体口碑得分，第一要务是提升消费者评论的正面评价，此外还应减少负面评价。各商家需做好以下几点：第一，“品质为王”，保证产品的品质质量；第二，“服务至上”，培养客服的专业素养，与消费者建立良好客户关系，耐心认真地回复客户问题；第三，“惊喜辅助”，基于惊喜效应理论①，客户下单时若商家赠送精美小礼物，会使客户对商家和产品产生较大好感，提高好评率。

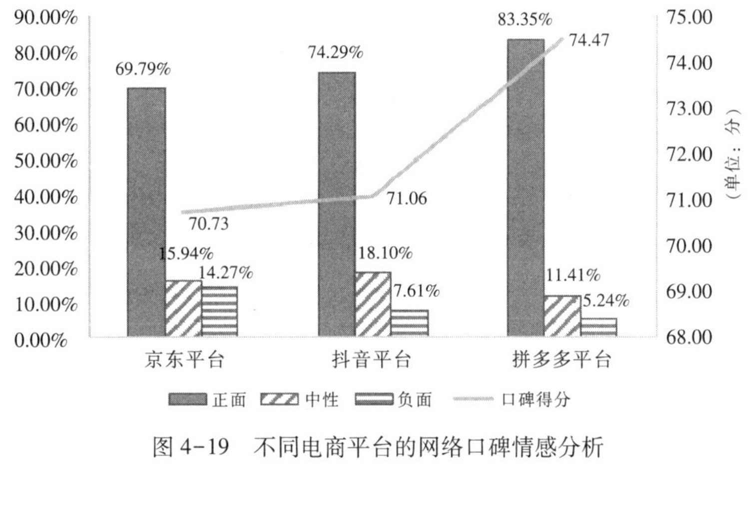

图 4-19　不同电商平台的网络口碑情感分析

下面，从不同认知维度的情感形象评价对三个电商平台进行对比分析（见表 4-3）。

就性价比而言，由于拼多多平台主打“低价爆款”，其正面评价数量较多。其中，

① 惊喜效应，当一个人的心理预期，期望被超越，便会产生惊喜，惊喜容易在瞬间使人与人之间建立心理契约或者承诺。心理契约比现实合同更有力量，前者发自内心，后者可能是迫于无奈，是基于条件的权宜之计。心理契约之下便产生情感忠诚和行为忠诚这种由惊喜而引发的一系列的连锁反应。

负面评价比较多的是京东平台，价格贵的问题较为突出。产品性能方面，拼多多平台的正面评价多，负面评价较少，在一定程度上说明湖南省农产品区域公用品牌能与拼多多平台运营特点很好契合，消费者对品牌的体验和认可度较高。对于抖音平台短视频直播方面，消费者更注重视频和主播对产品的描述是否一致。

消费者购物中对物流体验的主要影响因素是速度，由表 4-3 可知，拼多多平台物流正面评价较高，其次是京东平台，抖音平台最少。对于品质、质量维度而言，由于京东平台的自营模式确保了商品的质量问题，京东平台的正面评价最多。而对于产品正品维度而言，消费者更关注拼多多平台的正品问题。

表 4-3　不同电商平台品牌网络口碑内容情感形象认知对比分析

认知维度	情感倾向	京东平台	抖音平台	拼多多平台
产品性能	正面	不错（5279）好（3140） 口感（2990）喜欢（1126）	好吃（2419）不错（1881） 口感（394）新鲜（226）	好（8541）好吃（7352） 口感（5525）
	负面	没有（1158）一般（500）	一般（501）不好吃（247）	一般（344）不好吃（214）
物流	正面	很快（922）速度（440） 物流快（148）	迅速（61）很快（58）	很快（2047） 物流快（350）
	负面	慢（25）破损（82）	慢（3）	慢（20）
品质质量	正面	很好（465）好（242）	很好（302）好（39）	好（475）
	负面	不好（32）差（114）	差（16）不好（14）	差（33）
性价比	正面	实惠（322）便宜（263） 物美价廉（270）	物超所值（108） 价格实惠（106）	性价比高（2143） 实惠（883）
	负面	贵（94）	贵（31）	贵（78）
短视频直播	正面	——	一致（170）	——
	负面	——	跟描述不一致（8）	——
产品正品	正面	是正品（231）	货真价实（56） 是正品（20）	纯正（1268）
	负面	非正品（4）	假（2）	不是正品（2）

第四节　本章小结

本章主要分析湖南省农产品区域公用品牌在不同电商平台的网络口碑表现。首先分析了不同电商平台的商业运营模式，为后续分析解释网络口碑数据及策略提供运营模式支持。主要涉及以下三个运营模式：京东平台的“自营+自建物流”、抖音平台的“短视频+直播+电商”和“合作+同城自取”、拼多多平台的“拼团+砍价+低价单品爆款”和“合作+自建配送”。

其次，将每个平台上湖南省农产品区域公用品牌的网络口碑分为三个维度：口碑数量、口碑效价和口碑离散度，首先对整体口碑及各维度指标得分表现进行分析，然后再分析不同电商平台上农产品的网络口碑。分析结果显示，拼多多平台是口碑数量最多的平台，这可以归因于拼多多平台的“拼团+砍价+低价单品爆款”模式和微信的大量流量背书；在口碑效价方面，拼多多平台表现最出色，其次是抖音平台。抖音平台借助“短视频+直播+电商”的运营模式，商家能够精准确定自己的消费群体，打造自身品牌形象；在口碑离散度方面，拼多多平台消费者对湖南省农产品区域公用品牌的评价相对一致，变化不大。相比之下，在京东平台上，消费者对产品的评价存在较大分歧。

最后，基于“认知–情感”理论，分析不同电商平台的网络口碑内容。通过认知分析，提出有利于提升湖南省农产品区域公用品牌网络口碑表现的可行性建议。同时，对比不同电商平台的网络口碑情感，可以发现消费者对拼多多平台中的品牌正面评价更多。

第五章　湖南省农产品区域公用品牌在不同店铺特征下的网络口碑表现

相较于实体店购物，网络购物的虚拟性影响了消费者的购物决策和消费体验。特别对于蔬菜类、果品类、水产类等农产品而言，由于物流配送过程中的温度和湿度控制、储存方式、时效管理等方面无法得到完善保障，农产品极易受损、腐败和变质，使得消费者网购农产品的动机进一步下降。为此，消费者将尽可能借助网络店铺特征，如店铺类型、店铺信誉、店铺响应能力等，来判别农产品质量，进而形成消费者评论。相应地，店铺类型、店铺响应能力、店铺信誉等因素构成了店铺的网络口碑，影响着消费者购买动机。

在此前提下，店铺特征与其网络口碑表现密切相关，提升湖南省农产品区域公用品牌网络口碑需要重点关注店铺特征。鉴于此，本章依托京东平台、抖音平台、拼多多平台中售卖湖南省农产品区域公用品牌的网络店铺类型数据、店铺响应能力数据、店铺信誉等级数据刻画店铺特征，并借助农产品网络口碑表现数据，探讨不同店铺特征下湖南省农产品区域公用品牌的网络口碑表现。

第一节　店铺类型差异下的网络口碑表现

店铺类型差异可以表现为店铺是否为旗舰店、专营店、中国特产馆、其他；或者店铺是否为平台自营店铺、个人经营店铺。[1] 本章关注京东平台、抖音平台、拼多多平

① 专营店适用于只销售某一品牌或某一类别的店铺；旗舰店适用于大品牌或有足够实力的商家，但其开店门槛更高；中国特产馆是京东平台开辟的新板块，对入驻企业资质、商品品质、经营能力提出更高要求；除上述三类店铺外，属于其他类型。当然，京东平台、拼多多平台、抖音平台对店铺类型的划分存在差异，例如，京东平台的店铺类型涉及旗舰店、专营店、中国特产馆和其他，抖音平台的店铺类型涉及旗舰店和自营店。

台上店铺类型差异，及其对应的不同农产品网络口碑表现。

一、京东平台店铺类型差异下的网络口碑表现

（一）京东平台店铺类型差异

本报告分析了茶叶类、畜牧类、果品类、粮油类、蔬菜类、水产类、药材类农产品的店铺类型差异、店铺类型差异与消费者评论的关系、店铺类型差异下的网络口碑表现。[①] 图 5-1 表明，在京东平台经营茶叶类农产品的店铺规模最大，各类店铺总和为 455 家，其次为蔬菜类农产品，各类店铺总和为 444 家。而且，除果品类农产品外，专营店是农产品生产企业或个人的第一选择，茶叶类农产品的专营店有 288 家，比例是 63.30%；畜牧类农产品的专营店有 164 家，比例是 73.87%；粮油类农产品的专营店有 18 家，比例是 85.71%；蔬菜类农产品的专营店有 351 家，比例是 79.05%；水产类农产品的专营店有 7 家，比例是 70.00%；药材类农产品的专营店有 11 家，比例是 84.62%。旗舰店是商家的第二选择，茶叶类农产品的旗舰店有 138 家，比例为 30.33%；畜牧类农产品的旗舰店有 38 家，比例是 17.12%；粮油类农产品的旗舰店有 2 家，比例是 9.52%；蔬菜类农产品的旗舰店有 74 家，比例是 16.67%；水产类农产品的旗舰店有 1 家，比例是 10.00%；药材类农产品的旗舰店有 2 家，比例是 15.38%。但对于果品类农产品而言，消费者对其的新鲜程度更为关注，也就导致在京东平台上的店铺更偏好于其他（个体）店铺，该类店铺的比例达到 52.63%，其次，专营店和旗舰店的比例较高，比例达到 42.98%。依托于湖南省农产品区域公用品牌的优势，越来越多具有一定经营实力的农产品生产企业和个人，通过专营店和旗舰店实现较大规模的农产品销售。

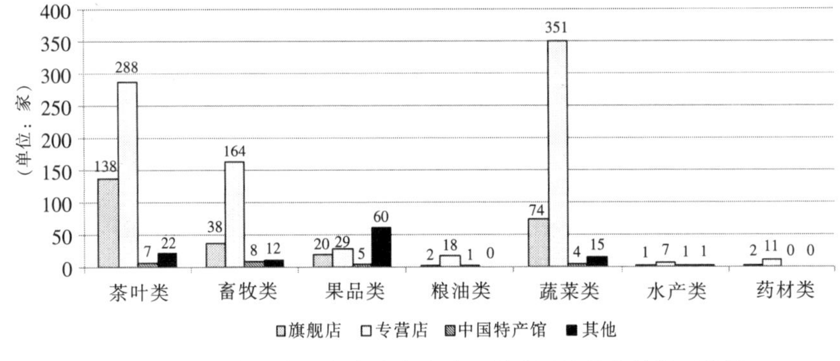

图 5-1　京东平台的湖南省农产品区域公用品牌店铺类型差异

① 本报告对重复店铺只计算 1 家，例如，当店铺可以同时销售保靖黄金茶和安化黑茶时，根据具体产品存在 2 家店铺，但在计算店铺类型时，只计算 1 家店铺。

此外，伴随着国家对三农问题的持续关注，京东平台建立了中国特产馆，比如中国特产馆吉首馆的保靖黄金茶、中国特产馆来凤馆的湘西黄牛、中国特产馆炎陵馆的炎陵黄桃、中国特产馆常德馆的汉寿甲鱼、中国特产馆祥符馆的凤凰猕猴桃等，依托于京东平台的口碑优势、物流优势、服务优势等，极大程度上提升了湖南省农产品区域公用品牌的网络口碑。然而，根据所收集到的数据，入驻中国特产馆的湖南省农产品区域公用品牌品类和店铺规模仍然有限。图 5-1 表明，在数据集中的 1279 家店铺中，入驻中国特产馆的只有 26 家，比例仅为 2%，换句话说，尽管销售湖南省农产品区域公用品牌的网络店铺具有一定的实力，但其经营实力、商品品质、店铺资质仍未达到中国特产馆的农产品品质要求，也就表明销售湖南省农产品区域公用品牌的网络店铺仍需进一步努力。另外，在所收集的 1279 家店铺，京东平台自营店铺只有 33 家，分布在茶叶类农产品（14 家）、畜牧类农产品（6 家）、蔬菜类农产品（13 家），占比仅为 2. 58%。自营店铺由京东平台在第三方店铺商家中选取销量较好、品牌影响力较高、能够给平台带来流量的品牌商开展运营，对多数消费者而言，京东平台自营是商品质量的保证、售后服务的保证、物流履约的保证。显然，销售湖南省农产品区域公用品牌的店铺农产品经营实力仍需要提升。该结论也表明尽管湖南省农产品区域公用品牌在京东平台上销售的店铺规模较高，旗舰店和专营店比例较大，但距离更高品质农产品仍存在较大差距。

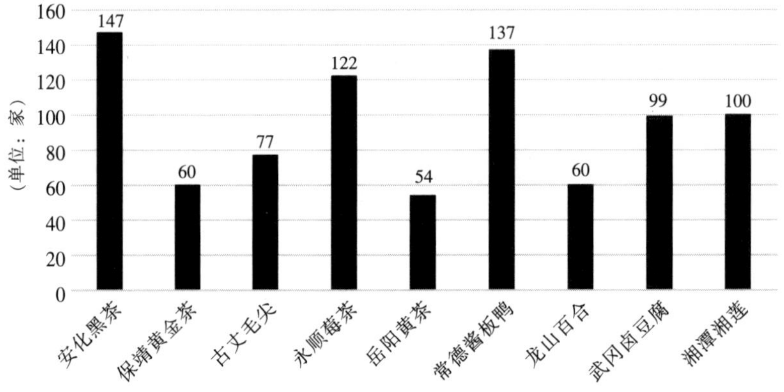

图 5-2　京东平台上超过 50 家店铺的湖南省农产品区域公用品牌

而且，虽然在京东平台共收集到 58 个具有中国地理标志的湖南省农产品区域公用品牌，但在京东平台各类店铺（旗舰店、专营店、中国特产馆、其他）超过 50 家店铺规模的品牌却不多，仅包括茶叶类农产品 5 个（安化黑茶、保靖黄金茶、古丈毛尖、永顺莓茶、岳阳黄茶）、畜牧类农产品 1 个（常德酱板鸭）、蔬菜类农产品 3 个（龙山百合、武冈卤豆腐、湘潭湘莲），分别为 147 家、60 家、77 家、122 家、54 家、137

家、60 家、99 家、100 家，参见图 5-2。图 5-2 反映了店铺类型差异所反映出的湖南省农产品区域公用品牌的销售困境：尽管在京东平台上销售的湖南省农产品区域公用品牌有 58 个，但达到规模优势的只有 9 个，比例仅为 15.52%，换句话说，需要进一步扩大湖南省农产品区域公用品牌的市场知名度，通过网络口碑实现湖南省农产品区域公用品牌在全国范围内，甚至世界范围内更大层次的销售。

（二）京东平台店铺类型差异与消费者评论

为提升湖南省农产品区域公用品牌的网络口碑，需要研究消费者的评论数据，鉴于此，本报告分析了在京东平台销售湖南省农产品区域公用品牌的网络店铺中的消费者评论，并给出消费者评论词云图，以明确消费者评论与店铺类型之间的关系。① 由于评论数据集中在旗舰店、专营店和中国特产馆，本报告主要分析上述三类店铺类型与消费者评论的关系。②

（a）旗舰店　　（b）专营店　　（c）中国特产馆

图 5-3　京东平台茶叶类农产品的词云图

基于图 5-3，无论是旗舰店、专营店还是中国特产馆，在京东平台购买茶叶类农产品的消费者普遍认为店铺的产品、物流和服务层面都是“不错”的，旗舰店中“不错”的词频是 3079 次，专营店中“不错”的词频是 417 次，中国特产馆中“不错”的词频是 14 次。与此同时，旗舰店、专营店和中国特产馆的表现有所差异，旗舰店和专营店的消费者倾向于评论茶叶类农产品的口感，旗舰店中“口感”的词频是 2144 次，专营店中“口感”的词频是 277 次；与此同时，旗舰店和中国特产馆的消费者均比较关注茶叶类农产品的包装，旗舰店中“包装”的词频是 2158 次，中国特产馆中“包装”的词频是 13 次。为提升茶叶类农产品的网络口碑，必要时应当从源头控制茶叶产

① 本报告并未收集到粮油类农产品的评论数据，因此，此部分剔除掉粮油类农产品的词云图分析。在针对消费者评论的文本数据进行词云图分析时，主要使用名词和形容词。

② 当然，一些湖南省农产品区域公用品牌并不在中国特产馆销售，导致缺乏相应的消费者评论数据，因此，一些湖南省农产品区域公用品牌的店铺类型缺乏相应的词云图。

品的生产，增强消费者对茶叶类农产品的感受。

基于图 5-4，可以看到在畜牧类农产品中，消费者对旗舰店、专营店和中国特产馆的评价较为一致，即“味道”“好吃”成为消费者对畜牧类农产品的重要感受。此外，消费者对畜牧类农产品店铺的服务态度、产品价格、物流速度和产品包装较为关切，“价格”“快递”“包装”等成为消费者对畜牧类农产品的评论重点。因此，畜牧类农产品需要关注产品品质和产品价格，以满足更多消费者的网络关切。

（a）旗舰店　（b）专营店　（c）中国特产馆

图 5-4　京东平台畜牧类农产品的词云图

基于图 5-5 的词云图，可知在果品类农产品中，消费者对旗舰店和专营店的评论有所差异，旗舰店的评论集中在“好吃”“新鲜”“味道”“不错”“口感”“个头”，专营店的评论集中在“味道”“好吃”“不错”“口感”“包装”“物流”。因此，旗舰店和专营店为提升产品网络口碑，需要从不同层面把控产品品质，例如，在旗舰店销售的果品类农产品需要提升物流能力、产品保鲜能力等，以增强果品类农产品的新鲜程度。

（a）旗舰店　（b）专营店

图 5-5　京东平台果品类农产品的词云图

由图 5-6 可以看出旗舰店和专营店在消费者网络评论层面上的差异，即百合成为蔬菜类农产品在旗舰店的翘楚，尤其是龙山百合和隆回龙牙百合，且在旗舰店购买的消费者对蔬菜类农产品的评价较高，集中在“不错”“很好”；消费者对专营店农产品的评论集中在“味道”“不错”“很好”“喜欢”“口感”。而且，在旗舰店购买产品的消费者对蔬菜类农产品的评价较为正面，而在专营店购买产品的消费者也给出了“难吃”“差评”“不好吃”等评论，因此对于蔬菜类农产品，专营店需要提升消费者的产品感知水平。

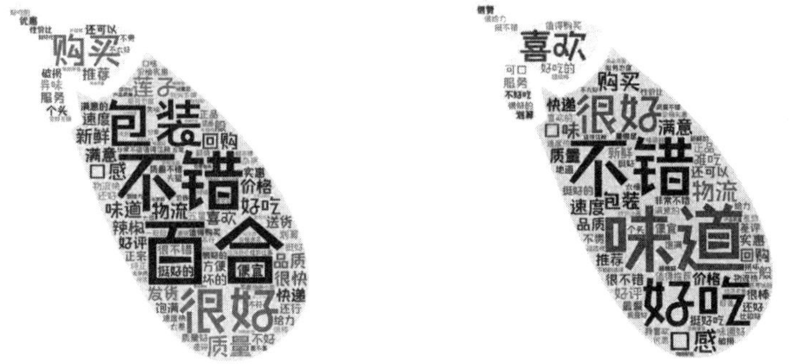

（a）旗舰店　　　　　　　　　　　　（b）专营店

图 5-6　京东平台蔬菜类农产品的词云图

由于所收集到的水产类农产品专营店评论数据仅有一条，即“货品很好，非常感谢”，因此，本报告并没有绘制专营店的词云图，但这也表明专营店需要进一步扩大销售规模。由图 5-7 可以观察到，在旗舰店和中国特产馆购买甲鱼的消费者更关注甲鱼的“肉质”“新鲜”“味道”“口感”等，即产品自身的本质。与此同时，一些消费者也认为旗舰店需要进一步改善服务态度、提升物流服务。

（a）旗舰店　　　　　　　　　　　　（b）中国特产馆

图 5-7　京东平台水产类农产品的词云图

图 5-8 表明大多数消费者对慈利杜仲、遂宁绞股蓝的评价较高，如“满意”“不错”“很好”“值得购买”“很好”“还可以”。①

图 5-8　京东平台药材类农产品的词云图

① 本报告只收集到药材类农产品旗舰店的数据。

（三）京东平台店铺类型差异与网络口碑

本报告通过口碑数量、口碑效价和口碑离散度三个指标衡量网络口碑，并利用熵值法得到了不同店铺类型的口碑得分（药材类农产品的中国特产馆店铺口碑得分为 0，这是因为报告中的中国特产馆不销售药材类农产品），本部分首先关注不同店铺类型与其口碑数量、口碑效价和口碑离散度的关系，在此基础上，分析店铺类型与口碑得分间的关系。①

1. 京东平台店铺类型与口碑数量

由于专营店和旗舰店是湖南省农产品区域公用品牌在京东平台的主要店铺类型，这也导致旗舰店和专营店下的口碑数量远远高于中国特产馆。图 5-1 结果显示，无论是何种农产品，专营店数量总是高于旗舰店数量，但是，表 5-1 结果则显示，除果品类农产品、粮油类农产品外，旗舰店的口碑数量远远高于专营店的口碑数量，其中，茶叶类农产品下旗舰店口碑数量是专营店口碑数量的 5. 75 倍，畜牧类农产品下旗舰店口碑数量是专营店口碑数量的 2. 74 倍，蔬菜类农产品下旗舰店口碑数量是专营店口碑数量的 2. 48 倍。店铺类型规模与网络口碑规模间的差异也表明，店铺类型规模较高不能反映出消费者购买规模较高，鉴于此，为更好地依托农产品销售实现乡村振兴的目标，一方面，针对旗舰店能够更好地实现产品销售的客观事实，依托于京东平台实现湖南省农产品区域公用品牌的店铺需要扩大旗舰店的规模；另一方面，要努力提升专营店的销售能力，实现更大规模、更深层次的农产品销售。

表 5-1　京东平台不同店铺类型下湖南省农产品区域公用品牌口碑数量

	旗舰店	专营店	中国特产馆
茶叶类	12706	2210	38
畜牧类	8436	3076	790
果品类	80	98	2
粮油类	0	145	0
蔬菜类	3124	1262	0
水产类	233	0	0

2. 京东平台店铺类型与口碑效价

个体消费者通过不同类型店铺购买农产品后，会根据店铺所提供的产品、物流和

① 本报告关于京东平台店铺类型差异和网络口碑的关系集中在茶叶类农产品、畜牧类农产品、果品类农产品、粮油类农产品、蔬菜类农产品和水产类农产品 6 类。

服务等，综合评价个体消费者对店铺的满意程度，这构成了不同店铺类型下的口碑效价。表 5-2 给出了不同店铺类型下湖南省农产品区域公用品牌的口碑效价，显然，第一，专营店的口碑效价普遍低于旗舰店和中国特产馆的口碑效价；第二，在某些农产品品类中（畜牧类、果品类、粮油类、水产类），旗舰店的口碑效价高于中国特产馆，而在另外的农产品品类中（茶叶类、蔬菜类），旗舰店的口碑效价低于中国特产馆。正如前文所阐述的，旗舰店和中国特产馆的经营实力、商品品质和店铺资质普遍高于专营店，此时，专营店的口碑效价普遍低于旗舰店和中国特产馆（果品类农产品除外）。而对于旗舰店口碑效价和中国特产馆口碑效价的关系，实际上，茶叶类农产品和蔬菜类农产品是湖南省农产品区域公用品牌推动乡村振兴，解决三农问题的重要抓手，也就导致京东平台更关注茶叶类农产品和蔬菜类农产品，这表明入驻中国特产馆的店铺需要在经营实力、商品品质和店铺资质等层面更为突出，结果上导致了中国特产馆在茶叶类农产品和蔬菜类农产品的口碑效价更高。鉴于此，对于其他湖南省农产品区域公用品牌而言，提升口碑效价的重要策略是以中国特产馆的要求为标准，提高产品品质，提升服务能力。

表 5-2　京东平台不同店铺类型下湖南省农产品区域公用品牌口碑效价

	旗舰店	专营店	中国特产馆
茶叶类	4. 13	3. 89	4. 19
畜牧类	4. 17	3. 93	3. 95
果品类	4. 20	4. 01	3. 91
粮油类	4. 35	3. 92	4. 07
蔬菜类	4. 00	3. 88	4. 30
水产类	4. 27	3. 88	4. 03

3. 京东平台店铺类型与口碑离散度

口碑离散度反映了消费者对有关产品态度褒贬不一的程度，直接影响有关产品的网络口碑。表 5-3 表明，中国特产馆的口碑离散度普遍更低，且基本不存在口碑离散度（畜牧类农产品除外）；旗舰店的口碑离散度居中，小于 1；专营店的口碑离散度最高，茶叶类农产品、畜牧类农产品、蔬菜类农产品的口碑离散度均高于 1。不同店铺类型下口碑离散度的差异也为湖南省农产品区域公用品牌在京东平台上选择店铺提供了有价值的策略，即湖南省农产品区域公用品牌的最优店铺选择是中国特产馆，其次是旗舰店。

表 5-3　京东平台不同店铺类型下湖南省农产品区域公用品牌口碑离散度

	旗舰店	专营店	中国特产馆
茶叶类	0.52	1.25	0.00
畜牧类	0.83	1.08	1.17
果品类	0.25	0.74	0.12
粮油类	0.00	0.48	0.00
蔬菜类	0.90	1.15	0.16
水产类	0.00	0.40	0.00

4. 京东平台店铺类型与口碑得分

依托于口碑数量、口碑效价和口碑离散度形成了不同店铺的口碑得分，如图5-9。从图 5-9 可以看出，不同品类、不同店铺类型的店铺口碑得分存在差异。茶叶类农产品、畜牧类农产品、粮油类农产品、水产类农产品、药材类农产品中旗舰店的口碑得分最高，果品类农产品中专营店的口碑得分最高，蔬菜类农产品中中国特产馆的口碑得分最高。由此可以针对店铺提出的建议是：第一，为实现网络口碑的提升，需要明确店铺类型差异；第二，需要明确店铺所销售的农产品品类；第三，需要同时考虑店铺类型和农产品品类。与此同时，图 5-9 也反映出，茶叶类农产品、粮油类农产品、蔬菜类农产品、水产类农产品的专营店网络口碑得分最低，其中茶叶类农产品中专营店口碑得分仅为 54.73 分，蔬菜类农产品中专营店口碑得分仅为 55.17 分。湖南省农产品区域公用品牌在京东平台的销售多以专营店为主，但图 5-9 表明，专营店的口碑得分非常低，鉴于此，在京东平台上销售湖南省农产品区域公用品牌的店铺需要在提升网络口碑上做出更大的努力。

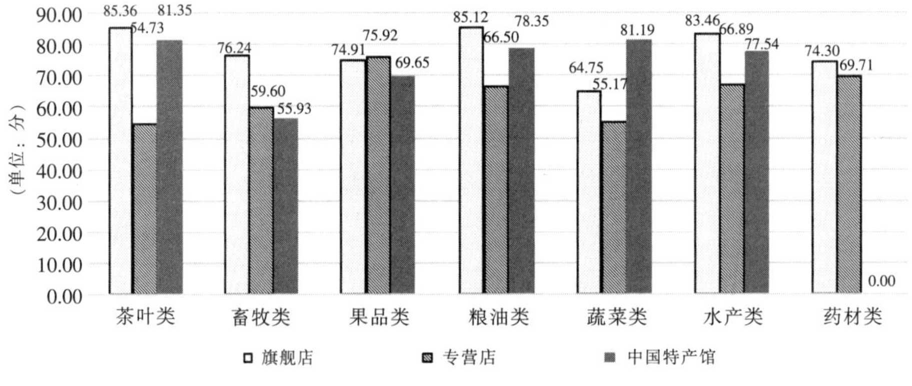

图 5-9　京东平台的店铺类型与口碑得分

报告同时计算了各个品类湖南省农产品区域公用品牌的口碑得分①，发现所有农产品在专营店的网络口碑均小于 80 分，但是，在中国特产馆中，安化黑茶、保靖黄金茶、古丈毛尖、汝城白毛茶、沩山毛尖、永顺莓茶、长沙绿茶、常德酱板鸭、宁乡猪、炎陵黄桃、常德香米、武冈卤豆腐的口碑得分大于 80 分，而旗舰店中，安化黑茶、常德红茶、古丈红茶、碣滩茶、汝城白毛茶、永顺莓茶、常德酱板鸭、临武鸭、芷江鸭、湘西猕猴桃、常德香米、金家岭萝卜、樟树港黄瓜、汉寿甲鱼、遂宁绞股蓝的网络口碑得分大于 80 分。显然，不同的湖南省农产品区域公用品牌，在京东平台销售时利用不同类型的店铺，其口碑得分具有明显差异，这表明，不同湖南省农产品区域公用品牌在选择店铺类型时需要慎重。

二、抖音平台店铺类型差异下的网络口碑表现

与京东平台不同，抖音平台最初是一个面向全年龄用户的短视频社区娱乐平台。然而，随着加入抖音平台的人群越来越多，以及短视频技术的快速发展，其逐步成为越来越多商家实现产品销售的重要渠道，现已成为可以媲美京东平台等传统电商平台的新型网络零售业态。抖音平台的短视频模式先天赋予了网络店铺与消费者的直接联系，即基于平台的网络店铺可以通过直播、短视频的形式向消费者展示产品，降低了消费者和网络店铺之间的信息不对等，一定程度上提升了消费者网络购买农产品的动机，这也成为湖南省农产品区域公用品牌提升网络口碑的重要途径。

（一）抖音平台店铺类型差异

与京东平台不同，抖音平台的店铺类型分为两类，即旗舰店和自营店，如图 5-10。② 很显然，无论是何种农产品，抖音平台上的店铺类型以自营店为主，茶叶类农产品的自营店有 203 家，比例是 81.85%；畜牧类农产品的自营店有 258 家，比例是 88.97%；果品类农产品的自营店有 403 家，比例是 95.95%；粮油类农产品的自营店有 26 家，比例是 89.66%；蔬菜类农产品的自营店有 601 家，比例是 88.64%；水产类农

① 包括安化黑茶、保靖黄金茶、常德红茶、古丈红茶、古丈毛尖、玲珑茶、平江烟茶、汝城白毛茶、桃源红茶、沩山毛尖、永顺莓茶、岳阳黄茶、长沙绿茶、常德酱板鸭、东安鸡、临武鸭、宁乡猪、石门土鸡、武冈铜鹅、湘西黄牛、永州异蛇、芷江鸭、东江湖蜜桔、凤凰猕猴桃、湘西猕猴桃、江永香柚、靖州杨梅、浏阳金桔、炎陵黄桃、永兴冰糖橙、常德香米、洞溪七姊妹辣椒、桂阳五爪辣、华容芥菜、华容芦苇笋、江永香姜、金家岭萝卜、龙山百合、隆回百合、祁东黄花菜、桃江竹笋、武冈卤豆腐、湘潭湘莲、湘阴藠头、永丰辣酱、沅江芦笋、樟树港辣椒、汉寿甲鱼、慈利杜仲、遂宁绞股蓝。

② 抖音平台的自营店与京东平台的自营店的概念存在差异。京东平台的自营店是由京东平台运营的店铺，而抖音平台的自营店是由个体商家运营的店铺。

产品的自营店有 121 家，比例是 92.37%；药材类农产品的自营店有 24 家，比例是 82.76%。

图 5-10 所反映的店铺类型分配结构依赖于抖音平台的自身定位，即抖音平台是面向全年龄用户的短视频社区娱乐平台，通过自营店实现网络店铺商家的直播业态，以提升农产品销售规模。与京东平台类似，蔬菜类农产品、茶叶类农产品和畜牧类农产品的店铺规模较高，其中，在抖音平台经营蔬菜类农产品的店铺规模最大，各类店铺总和为 678 家，畜牧类农产品的店铺总和为 290 家，茶叶类农产品的店铺总和为 248 家。与京东平台不同，第一，蔬菜类农产品的店铺规模最大；第二，果品类农产品的店铺规模次之，为 420 家；第三，畜牧类农产品的店铺规模高于茶叶类农产品。这背后的原因在于，第一，蔬菜类农产品和畜牧类农产品是消费者日常生活的必需品，相比于茶叶类农产品，消费者对蔬菜类农产品和畜牧类农产品的需求更高，蔬菜类农产品和畜牧类农产品的网络销售潜力较大；第二，正是由于抖音平台可以通过直播或短视频的方式向消费者展示农产品，消费者可以更便捷地感知蔬菜类农产品、果品类农产品和畜牧类农产品的品质，使其者在网络店铺购买蔬菜类农产品、果品类农产品和畜牧类农产品的动机提升。鉴于此，在抖音平台中，销售蔬菜类农产品、果品类农产品和畜牧类农产品的店铺规模较高。

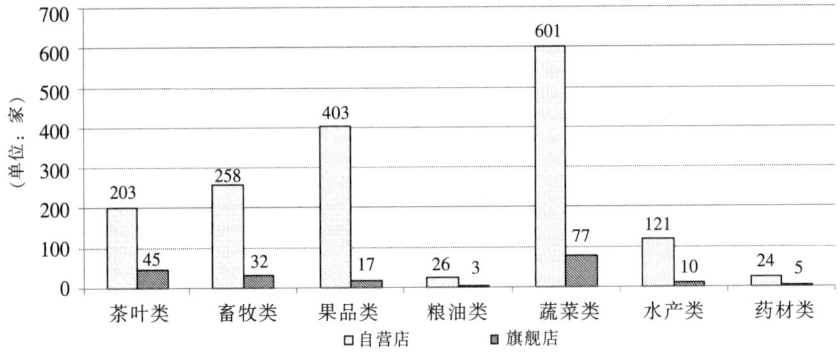

图 5-10　抖音平台的湖南省农产品区域公用品牌店铺类型差异

类似地，如图 5-11 所示，在抖音平台各类店铺超过 50 家店铺规模的农产品包括安化黑茶、常德酱板鸭、武冈卤豆腐、湘潭湘莲、东江鱼、江永香柚、永兴冰糖橙，店铺数量分别为 101 家（自营店比例 82.18%，旗舰店比例 17.82%）、133 家（自营店比例 91.73%，旗舰店比例 8.27%）、161 家（自营店比例 95.03%，旗舰店比例 4.97%）、184 家（自营店比例 85.33%，旗舰店比例 14.67%）、89 家（自营店比例 88.76%，旗舰店比例 11.24%）、81 家（自营店比例 100%，旗舰店比例 0.00%）、99

家（自营店比例 95.96%，旗舰店比例 4.04%）。

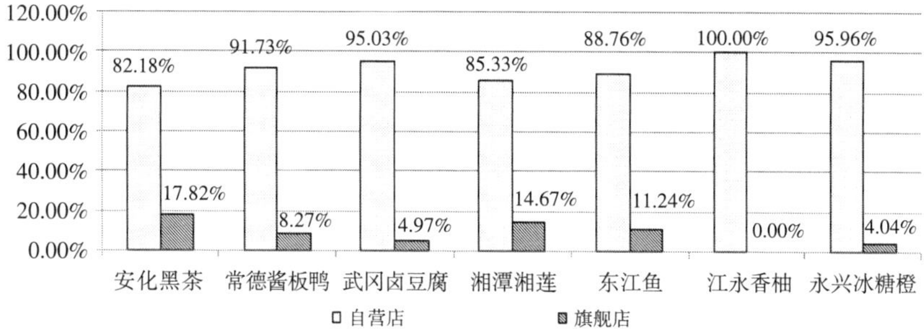

图 5-11　抖音平台超过 50 家店铺的农产品区域公用品牌

与京东平台一致，安化黑茶、常德酱板鸭、武冈卤豆腐、湘潭湘莲在抖音平台的店铺规模高于 50 家，表明上述 4 个湖南省农产品区域公用品牌已经成为消费者农产品购买的重要选择，且这 4 个湖南省农产品区域公用品牌已经开辟出了市场。但与京东平台有所差异的是：东江鱼在抖音平台的店铺规模超过 50 家，自营店有 79 家，旗舰店有 10 家；江永香柚店铺中的自营店有 81 家；永兴冰糖橙店铺中的自营店有 95 家，旗舰店有 4 家，这一结果也表明，抖音平台已经是湖南省农产品区域公用品牌突出重围，实现市场开发、网络口碑提升的重要平台，也将为实现乡村振兴贡献新的力量。

（二）抖音平台店铺类型差异与消费者评论

本报告收集了抖音平台 7 类湖南省农产品区域公用品牌的消费者评论数据，即旗舰店和自营店的评论数、好评数、中差评数。由于抖音平台是面向全年龄用户的短视频社区娱乐平台，其较高的自营店规模导致消费者在自营店的总评论数、好评数和中差评数均高于旗舰店。进一步分析自营店和旗舰店的好评率，得到图 5-12，很显然，茶叶类农产品、畜牧类农产品、果品类农产品、水产类农产品、药材类农产品在旗舰店的好评率高于在自营店的好评率，与之相反，粮油类农产品、蔬菜类农产品在自营店的好评率高于旗舰店。而且，各个湖南省农产品区域公用品牌的各店铺类型的好评率均大于 80.00%，而且茶叶类农产品的旗舰店和专营店、蔬菜类农产品的旗舰店和专营店、药材类农产品的旗舰店和专营店的好评率均高于 90.00%。基于此，由于不同店铺类型、不同产品品类的好评率不同，不同产品品类的不同类型店铺需要有不同的侧重以提升消费者好评率。

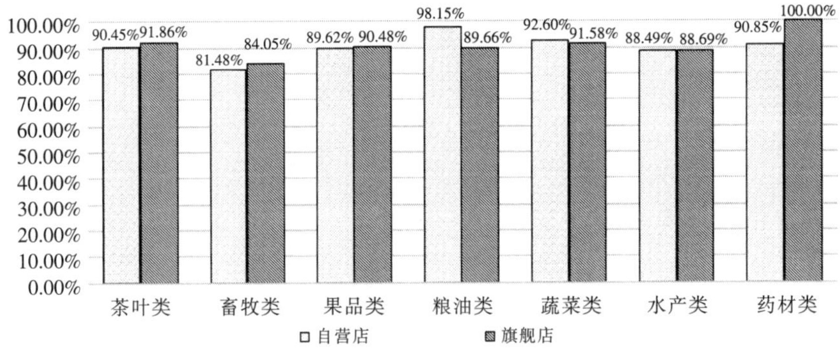

图 5-12　抖音平台中自营店和旗舰店的好评率

(三) 抖音平台店铺类型差异与店铺网络口碑

1. 抖音平台店铺类型与口碑数量

抖音平台是面向全年龄用户的短视频社区娱乐平台，并吸引个人商家在抖音平台开放店铺，使得自营店的规模远远高于旗舰店的规模，这一结论导致自营店的口碑数量高于旗舰店的口碑数量。与此同时，该结论也验证了京东平台中店铺规模和店铺口碑数量间的关系，即店铺规模越高，店铺的口碑数量也越高。

表 5-4　抖音平台不同店铺类型下湖南省农产品区域公用品牌口碑数量

	旗舰店	自营店
茶叶类	4689	11787
畜牧类	3836	11914
果品类	315	1504
粮油类	0	1
蔬菜类	5702	27048
水产类	69	3029
药材类	2	41

2. 抖音平台店铺类型与口碑效价

表 5-5 反映了抖音平台店铺类型与口碑效价之间的关系，很显然，第一，旗舰店和自营店的口碑效价均大于 4；第二，茶叶类农产品、畜牧类农产品、果品类农产品、蔬菜类农产品、药材类农产品在旗舰店的口碑效价高于在自营店的口碑效价，粮油类农产品和水产类农产品在旗舰店的口碑效价低于在自营店的口碑效价；第三，旗舰店

中药材类农产品和茶叶类农产品的口碑效价最高，自营店中水产类农产品的口碑效价最高。与表 5-2 对比可以发现，抖音平台口碑效价的店铺类型差异小于京东平台口碑效价的店铺类型差异，鉴于此，对于加入抖音平台的店铺而言，需要关注所销售的农产品类型，以确定加入旗舰店还是自营店。

表 5-5　抖音平台不同店铺类型下湖南省农产品区域公用品牌口碑效价

	旗舰店	自营店
茶叶类	4.61	4.47
畜牧类	4.51	4.42
果品类	4.53	4.35
粮油类	4.04	4.49
蔬菜类	4.44	4.43
水产类	4.29	4.54
药材类	4.61	4.45

3. 抖音平台店铺类型与口碑离散度

表 5-6 给出了抖音平台店铺类型和口碑离散度的关系，很显然，第一，旗舰店中果品类农产品的口碑离散度最大，自营店中畜牧类农产品的口碑离散度最大；第二，旗舰店和自营店的口碑离散度均小于 1；第三，除了果品类农产品、水产类农产品和药材类农产品，旗舰店的口碑离散度均低于自营店的口碑离散度。表 5-6 的结论间接验证了表 5-3 关于京东平台的相关结论，也就是，店铺的经营实力、商品品质和店铺资质越高，店铺的口碑离散度越低。

表 5-6　抖音平台不同店铺类型下湖南省农产品区域公用品牌口碑离散度

	旗舰店	自营店
茶叶类	0.30	0.37
畜牧类	0.46	0.86
果品类	0.68	0.39
粮油类	0.00	0.06
蔬菜类	0.35	0.43
水产类	0.59	0.57
药材类	0.63	0.51

4. 抖音平台店铺类型与口碑得分

利用熵值法可以得到抖音平台店铺的口碑得分，如图 5-13。显然，茶叶类农产品、畜牧类农产品、果品类农产品、药材类农产品在自营店的口碑得分低于在旗舰店的口碑得分；粮油类农产品、蔬菜类农产品、水产类农产品在自营店的口碑得分高于在旗舰店的口碑得分。需要特别指出的是，抖音平台中自营店和旗舰店的口碑得分均较低，在自营店销售蔬菜类农产品的店铺网络口碑得分最高，为 87.94 分，其余均低于 80 分。基于此，抖音平台的店铺需要做出更大的努力以提升网络口碑。

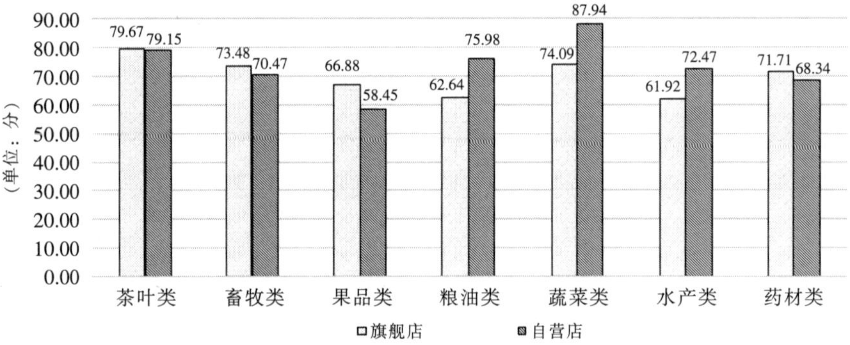

图 5-13　抖音平台中自营店和旗舰店的口碑得分

三、拼多多平台店铺类型差异下的网络口碑表现

（一）拼多多平台店铺类型差异

京东平台是开展电子商务的先锋，并通过自身发展形成很强的市场势力；抖音平台依托直播和短视频形式，打破了电商企业与消费者间的产品信息不确定性，市场规模不断扩张；与京东平台和抖音平台不同，拼多多平台是我国移动互联网的主流电子商务应用产品，并专注于 C2M 拼团购物的第三方社交电商平台，与此同时，拼多多平台率先提出“退款不退货”“砍一刀”等新概念，进一步吸引了消费者参与拼多多平台购买，逐渐成为我国电子商务的重要阵地。

如图 5-14 所示，拼多多平台的店铺类型主要划分为普通店、企业店、旗舰店、专营店和专卖店，普通店主要是拼多多平台提供给个人用户的一种店铺类型，企业店是企业或组织通过拼多多平台开设的店铺类型，专卖店是拼多多平台联合授权的专业经销商，拥有专业品牌和授权商品的店铺类型。显然，在所有的湖南省农产品区域公用品牌中，普通店的规模远远高于其他店铺类型的规模。蔬菜类农产品的普通店规模是 613 家，茶叶类农产品的普通店规模是 442 家，畜牧类农产品的普通店规模是 265 家，果品类农产品的普通店规模是 206 家，水产类农产品的普通店规模是82 家，粮油类农产品的普通店规模是 13 家，药材类农产品的普通店规模是 9 家。①

更重要的是，图 5-14 表明所有湖南省农产品区域公用品牌中普通店规模高于企业店、旗舰店、专营店和专卖店规模之和。这也体现出拼多多平台与京东平台、抖音平台间的差异，即拼多多平台通过拼团购的形式，形成了消费者市场细分，并基于此实现了自身对电子商务市场的获取。鉴于此，为实现湖南省农产品区域公用品牌网络口碑的提升，可以依托新出现的电子商务平台，诸如拼多多平台，尽可能地吸引消费者购买，以实现规模经济，进而提升产品品质、物流效率和售后服务等。

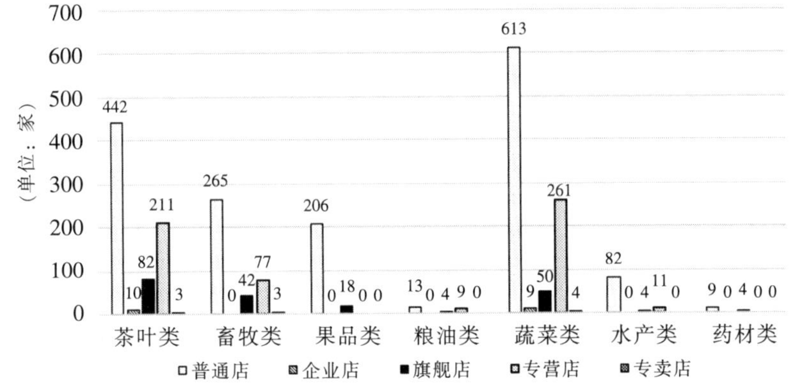

图 5-14　拼多多平台的湖南省农产品区域公用品牌店铺类型差异

类似地，如图 5-15 所示，在拼多多平台各类店铺超过 50 家店铺规模的湖南省农产品区域公用品牌包括安化黑茶（156 家）、保靖黄金茶（76 家）、碣滩茶（86 家）、永顺莓茶（191 家）、常德酱板鸭（256 家）、龙山百合（56 家）、隆回龙牙百合（54 家）、祁东黄花菜（51 家）、三樟黄贡椒（307 家）、武冈卤豆腐（55 家）、湘潭湘莲（177 家）、永丰辣酱（144 家）、东江鱼（79 家）、黔阳冰糖橙（60 家）、新宁脐橙（60 家）。与京东平台和抖音平台相比，在拼多多平台店铺规模超过 50 家的地理标志农产品品类数目多于京东平台和抖音平台，换句话说，为实现网络口碑提升，增强湖南省农产品区域公用品牌的影响力，可以通过不同平台进行产品销售。

① 由于拼多多平台的店铺类型只能由店铺通过后台获取，因此，本报告对拼多多平台店铺类型的划分主要依据于店铺名称。消费者购买产品时对店铺类型的认知也多通过店铺名称来判别。

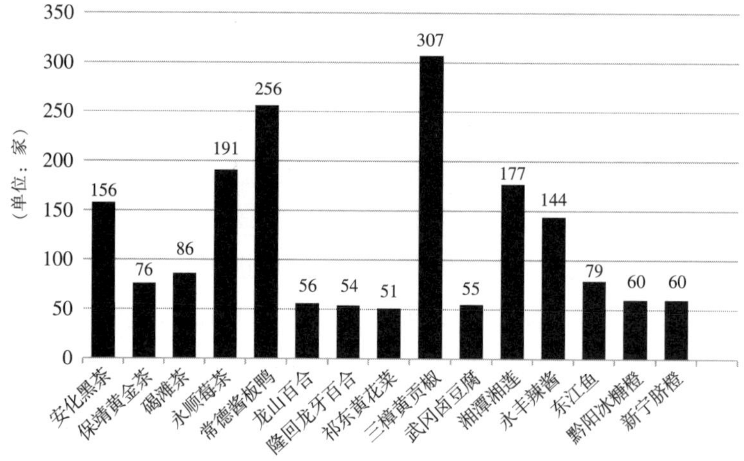

图 5-15　拼多多平台超过 50 家店铺的农产品区域公用品牌

（二）拼多多平台店铺类型差异与消费者评论

本报告收集了拼多多平台中普通店、企业店、旗舰店、专营店、专卖店在 7 类湖南省农产品区域公用品牌中的消费者评论数据，并以此分析店铺类型和消费者评论间的关系，明确提升店铺网络口碑的路径。

由图 5-16 可以知道，在拼多多平台购买茶叶类农产品的消费者普遍对湖南省农产品区域公用品牌的评价集中在“口感”“包装”“味道”“不错”“很好”。但与此同时也可以观察到消费者对不同店铺类型茶叶类农产品评价的侧重点有所不同，例如，在旗舰店和专卖店中，消费者会更关注产品“包装”。同时需要注意的是，由于不同店铺类型的消费者购买数量不同，也导致消费者对不同店铺的评价数量存在差异，普通店的消费者评论数量为 30685 条，企业店的消费者评论数量为 3111 条，旗舰店的消费者评论数量为 16661 条，专营店的消费者评论数量为 4166 条，专卖店的消费者评论数量为 108 条。

（a）普通店　（b）企业店　（c）旗舰店

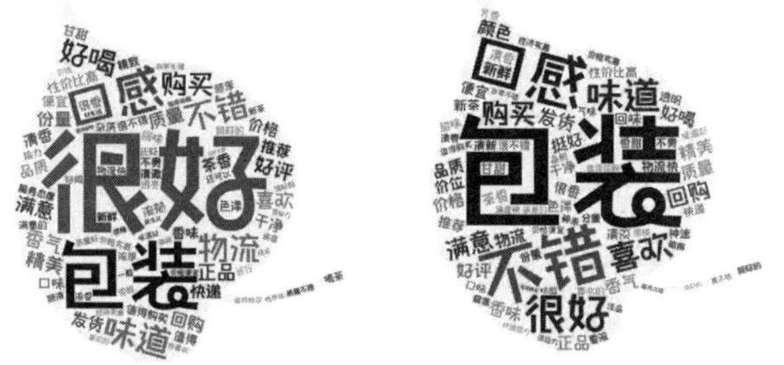

（d）专营店　　　　　　　　（e）专卖店

图 5-16　拼多多平台茶叶类农产品的词云图

由图 5-17 可知，消费者对畜牧类农产品的关注点集中在产品本身的“味道”层面，并在普通店、企业店、旗舰店、专营店和专卖店给出了基本一致的评论，即“好吃”。但是，需要注意的是，消费者对企业店的评论同时集中在产品“包装”，并有较多消费者表示将“购买”“回购”畜牧类农产品。类似地，由于不同店铺类型的消费者购买数量不同，也导致消费者对不同店铺的评价数量存在差异，普通店的消费者评论数量为 18679 条，企业店的消费者评论数量为 461 条，旗舰店的消费者评论数量为 11277 条，专营店的消费者评论数量为 6559 条，专卖店的消费者评论数量为 952 条。

（a）普通店　　　　　　（b）企业店　　　　　　（c）旗舰店

（d）专营店　　　　　　　　（e）专卖店

图 5-17　拼多多平台畜牧类农产品的词云图

与茶叶类农产品和畜牧类农产品不同，销售果品类农产品的店铺类型主要是普通店和旗舰店。“好吃”“新鲜”是消费者对湖南省农产品区域公用品牌中果品类农产品的普遍评价，这表明消费者更关注果品类农产品本身，且大多数消费者给出了正面的评价。此外，消费者还特别关注果品类农产品的“水分”“个头”。

(a) 普通店　　(b) 旗舰店

图 5-18　拼多多平台果品类农产品的词云图

如图 5-19 所示，销售粮油类农产品的店铺集中在普通店、旗舰店和专营店，且从普通店和专营店的词云图可以发现，消费者主要购买花生，且消费者对普通店和旗舰店的评论更为正面，表示“好吃”“很好”“不错”，且旗舰店的“快递”受到消费者的更多关注。需要注意的是，由于专营店的消费者评论只有 3 条，且全部为负面评论，“并不是小籽更不是红皮花生”“红皮花生寄来的是白皮花生”“我买的是红皮花生，寄过来的是白皮花生，骗人”，导致专营店词云图所显示的评论信息更为负面。相应地，消费者在拼多多平台购买粮油类农产品较少，此时，普通店的消费者评论数量仅为 9 条，旗舰店的消费者评论数量仅为 16 条。

(a) 普通店　　(b) 旗舰店　　(c) 专营店

图 5-19　拼多多平台粮油类农产品的词云图

由图 5-20 可知，普通店、企业店、旗舰店、专营店和专卖店都会销售蔬菜类农产品，且店铺普遍销售“百合”“莲子”“黄花菜”等产品。普通店对“百合”的评价集中在“新鲜”“味道”“很好”“不错”“好吃”；旗舰店对“百合”的评价集中在“很好”“新鲜”“好吃”；专营店对“百合”的评价集中在“味道”“很好”“好吃”“不错”。此外，需要特别提及的是，普通店的消费者评论数量为 49091 条，企业店的消费者评论数量为 45 条，旗舰店的消费者评论数量为 17315 条，专营店的消费者评论数量为 7828 条，专卖店的消费者评论数量为 1322 条。

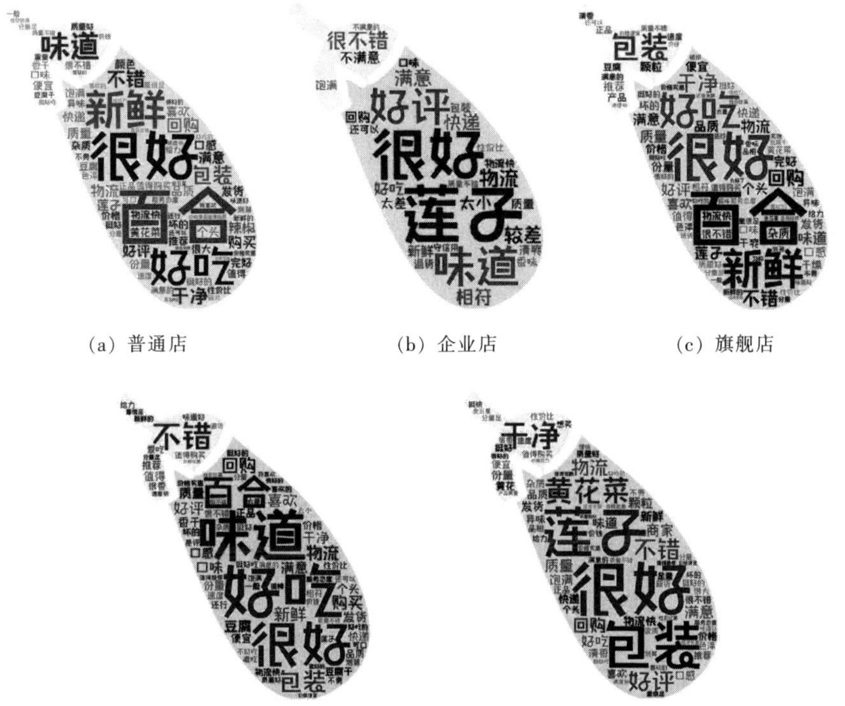

（a）普通店　（b）企业店　（c）旗舰店

（d）专营店　（e）专卖店

图 5-20　拼多多平台蔬菜类农产品的词云图

如图 5-21 所示，销售水产类农产品的店铺集中在普通店、旗舰店和专营店，且消费者的评价主要是“味道”“很好”“好吃”“不错”。普通店的消费者评论数量为 8030 条，旗舰店的消费者评论数量为 1058 条，专营店的消费者评论数量为 1252 条。

（a）普通店　（b）旗舰店　（c）专营店

图 5-21　拼多多平台水产类农产品的词云图

如图 5-22 所示，销售药材类农产品的店铺集中在普通店和旗舰店，消费者的评价主要是“很好”“不错”，且其对药材类农产品的“包装”较为关注。普通店的消费者评论数量为 1119 条，旗舰店的消费者评论数量为 153 条。

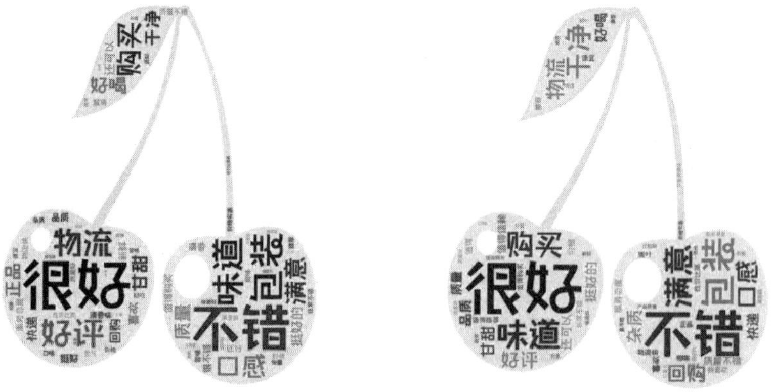

(a) 普通店　　(b) 旗舰店

图 5-22　拼多多平台药材类农产品的词云图

（三）拼多多平台店铺类型差异与网络口碑

本部分仅考虑茶叶类农产品、畜牧类农产品、粮油类农产品、蔬菜类农产品和水产类农产品在普通店、旗舰店和专营店的网络口碑情况，以深入剖析店铺类型和网络口碑之间的关系，并形成不同店铺类型间的对比。

1. 拼多多平台店铺类型与口碑数量

表 5-7 给出了拼多多平台不同店铺类型下湖南省农产品区域公用品牌口碑数量，可以看到，除了粮油类农产品，普通店口碑数量高于旗舰店口碑数量，高于专营店口碑数量，且普通店口碑数量远远超过了旗舰店口碑数量和专营店口碑数量，这源于拼多多平台典型的平台特征，即以我国移动互联网为契机，专注于 C2M 拼团购物的第三方社交电商平台。同时，从产品品类层面出发，茶叶类农产品普通店口碑数量是旗舰店口碑数量的 1.98 倍，是专营店口碑数量的 9.13 倍；畜牧类农产品普通店口碑数量是旗舰店口碑数量的 2.42 倍，是专营店口碑数量的 5.12 倍；蔬菜类农产品普通店口碑数量是旗舰店口碑数量的 3.43 倍，是专营店口碑数量的 5.57 倍；水产类农产品普通店口碑数量是旗舰店口碑数量的 7.62 倍，是专营店口碑数量的 6.44 倍。

表 5-7　拼多多平台不同店铺类型下湖南省农产品区域公用品牌口碑数量

	普通店	旗舰店	专营店
茶叶类	20924	10563	2292
畜牧类	16073	6652	3137
粮油类	9	16	3
蔬菜类	37820	11025	6784
水产类	8091	1062	1257

与京东平台不同，拼多多平台实现了店铺类型规模与网络口碑规模的一致性，这是因为在拼多多平台上的普通类型的规模较高。基于此，对于在拼多多平台销售农产品的店铺而言，需要提升自身的优势，实现店铺规模和销售规模的同步。

2. 拼多多平台店铺类型与口碑效价

表 5-8 给出了拼多多平台店铺类型与其口碑效价间的关系，很显然，第一，普通店、旗舰店和专营店的口碑效价均大于 4；第二，茶叶类农产品和畜牧类农产品在旗舰店的口碑效价高于在普通店和专营店的口碑效价；第三，蔬菜类农产品和水产类农产品在普通店的口碑效价高于在旗舰店和专营店的口碑效价；第四，普通店中水产类农产品的口碑效价最高，旗舰店中茶叶类农产品的口碑效价最高，专营店中粮油类农产品的口碑效价最高。与抖音平台所反映的结论一致，对于加入拼多多平台的店铺而言，需要关注所销售的农产品类型，以确定加入普通店、旗舰店还是专营店。

表 5-8　拼多多平台不同店铺类型下湖南省农产品区域公用品牌口碑效价

	普通店	旗舰店	专营店
茶叶类	4. 49	4. 74	4. 49
畜牧类	4. 57	4. 61	4. 52
粮油类	4. 42	4. 50	4. 55
蔬菜类	4. 59	4. 57	4. 52
水产类	4. 66	4. 63	4. 50

3. 拼多多平台店铺类型与口碑离散度

表 5-9 给出了拼多多平台店铺类型和口碑离散度的关系，很显然，第一，除水产类农产品外，旗舰店各个品类农产品的口碑离散度均较低；第二，普通店中茶叶类农

产品的口碑离散度最高，水产类农产品的口碑离散度最低；第三，旗舰店中水产类农产品的口碑离散度最高，粮油类农产品的口碑离散度最低；第四，专营店中茶叶类农产品的口碑离散度最高，粮油类农产品的口碑离散度最低。

表 5-9　拼多多平台不同店铺类型下湖南省农产品区域公用品牌口碑离散度

	普通店	旗舰店	专营店
茶叶类	0.14	0.04	0.14
畜牧类	0.11	0.02	0.06
粮油类	0.08	0.00	0.03
蔬菜类	0.08	0.04	0.09
水产类	0.05	0.07	0.05

4. 拼多多平台店铺类型与口碑得分

类似地，利用熵值法可以得到拼多多平台店铺的口碑得分，如图 5-23。显然，在茶叶类农产品、畜牧类农产品、粮油类农产品中，旗舰店口碑得分高于普通店口碑得分和专营店口碑得分；在蔬菜类农产品和水产类农产品中，普通店口碑得分高于旗舰店口碑得分和专营店口碑得分。鉴于此，对于湖南省农产品区域公用品牌而言，在专营店销售农产品的商家需要在提升网络口碑上做出努力。

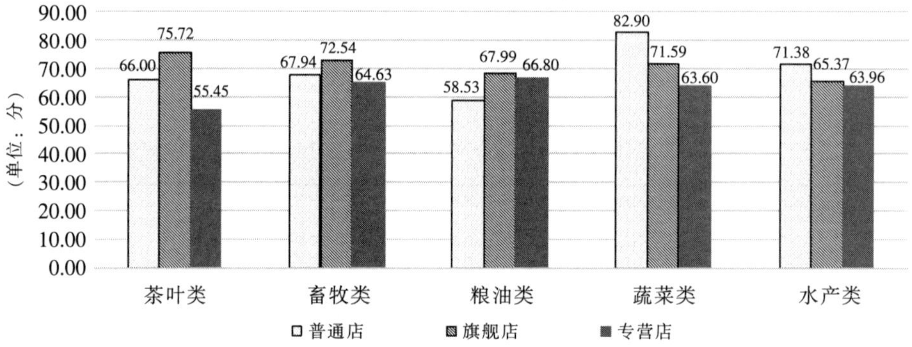

图 5-23　拼多多平台的店铺类型与口碑得分

第二节　店铺响应能力差异下的网络口碑表现

对于网络销售农产品这一特殊产品而言，网络店铺需要考虑农产品包装、农产品运输、农产品仓储，这要求店铺能够及时响应消费者需求，以构建更好的网络口碑。本报告借助店铺的商品评价、物流评价、服务评价来反映店铺事前响应能力、事中响应能力、事后响应能力，关注网络店铺响应能力下的网络口碑表现。①

一、京东平台店铺响应能力差异下的网络口碑表现

（一）京东平台店铺响应能力差异

根据所收集的京东平台数据，本报告计算了其中销售 7 类湖南省农产品区域公用品牌的共 1228 家店铺的商品评价评分、物流履约评分、售后服务评分，得到图 5-24 的基于京东平台的湖南省农产品区域公用品牌店铺响应能力。② 如图 5-24 所示，在 7 类湖南省农产品区域公用品牌中，售后服务评分普遍高于商品评价评分和物流履约评分，且售后服务评分普遍高于 4 分，这表明销售湖南省农产品区域公用品牌的网络店铺在农产品销售方面的事后响应能力较强。③

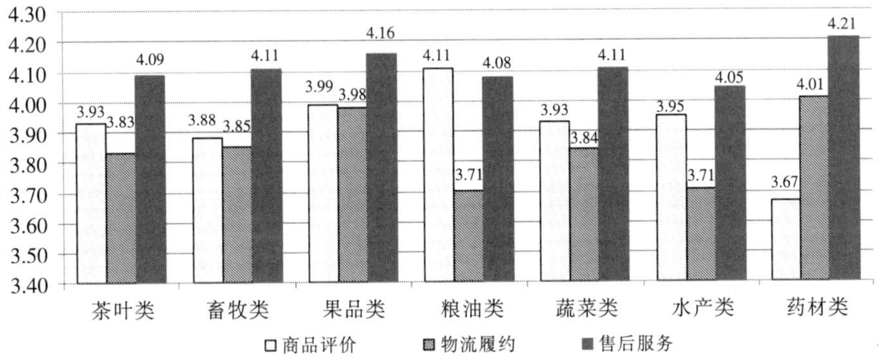

图 5-24　京东平台的湖南省农产品区域公用品牌店铺响应能力

① 京东平台、抖音平台对事前响应能力、事中响应能力、事后响应能力的指标名称有所差异，京东平台指标为商品评价、物流履约、售后服务；抖音平台指标为商品体验、物流体验和服务体验；拼多多平台并不存在相应的响应能力评价指标。因此，本部分只关注京东平台和抖音平台。

② 茶叶类农产品共 438 家店铺的商品评价评分均值、物流履约评分均值、售后服务评分均值；畜牧类农产品共 214 家店铺的商品评价评分均值、物流履约评分均值、售后服务评分均值；果品类农产品共 113 家店铺的商品评价评分均值、物流履约评分均值、售后服务评分均值；粮油类农产品共 20 家店铺的商品评价评分均值、物流履约评分均值、售后服务评分均值；蔬菜类农产品共 420 家店铺的商品评价评分均值、物流履约评分均值、售后服务评分均值；水产类农产品共 10 家店铺的商品评价评分均值、物流履约评分均值、售后服务评分均值；药材类农产品共 13 家店铺的商品评价评分均值、物流履约评分均值、售后服务评分均值。

③ 在以店铺响应能力为划分标准时，本报告剔除了不存在事前响应能力、事中响应能力和事后响应能力评分的店铺。

然而，茶叶类农产品、畜牧类农产品、果品类农产品、蔬菜类农产品、水产类农产品的商品评价评分均值和物流履约评分均值均低于4分，这表明销售上述5类湖南省农产品区域公用品牌的网络店铺需要进一步提高自身的事前响应能力和事中响应能力，如通过电视营销、网络营销、自媒体营销等形式增强消费者对湖南省农产品区域公用品牌的认识；积极提升自身产品质量、店铺经营能力等，加入中国特产馆或形成京东平台自营品牌；联合快递企业提升农产品的包装水平、运输能力、仓储能力等。而且，7类湖南省农产品区域公用品牌中，商品评价评分和物流履约评分在不同产品品类中存在差异，茶叶类农产品、畜牧类农产品、果品类农产品、粮油类农产品、蔬菜类农产品、水产类农产品的商品评价评分均值高于物流履约评分均值，药材类农产品的商品评分均值低于物流履约评分均值，表明湖南省农产品区域公用品牌的网络店铺需要根据自身销售产品品类在事前响应能力、事中响应能力和事后响应能力方面做出不同努力。

考虑1228家店铺中商品评价评分、物流履约评分和售后服务评分都超过4分的比例，得到图5-25。显然，仅在粮油类农产品中，存在50%的店铺能够在事前响应能力、事中响应能力和事后响应能力中有较为突出的表现；然而，对湖南省农产品区域公用品牌认知比较突出的茶叶类农产品（安化黑茶、保靖黄金茶、古丈毛尖、永顺莓茶、岳阳黄茶）、畜牧类农产品（常德酱板鸭）和蔬菜类农产品（龙山百合、武冈卤豆腐、湘潭湘莲），能够在事前响应能力、事中响应能力和事后响应能力超过中等水平（4分）的店铺比例仅为23%、17%和25%。鉴于此，京东平台上湖南省农产品区域公用品牌店铺的响应能力仍需要提升，这也是湖南省农产品区域公用品牌实现网络口碑提升的必要路径。

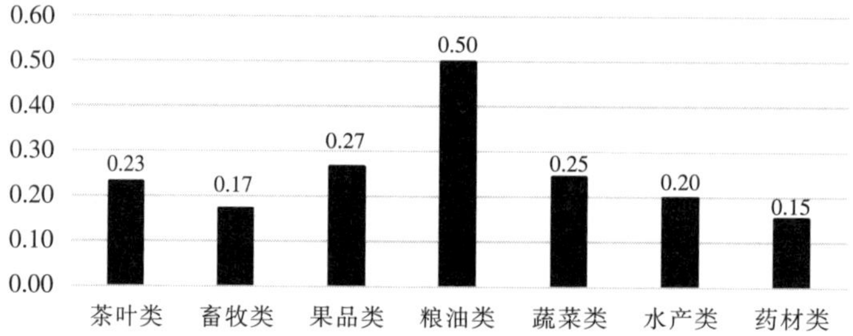

图5-25　京东平台事前响应能力、事中响应能力、事后响应能力超过4分的店铺比例

本报告同时分析了京东平台上事前响应能力评分、事中响应能力评分、事后响应能力评分低于和高于中等水平（4分）的7类湖南省农产品区域公用品牌的店铺

分布情况。显然，尽管图 5-24 表明，湖南省农产品区域公用品牌店铺在农产品销售方面的事后响应能力较快，其售后服务评分均超过 4 分，但是，售后服务评分店铺的规模差异较大，以药材类农产品为例，售后服务评分小于 4 分的店铺占比为 8%，高于 4 分的店铺占比为 92%，换句话说，大多数店铺在事后响应过程中较为突出。与此同时，图 5-26 也表明，在事前响应（商品评价）和事中响应（物流履约）中评分小于 4 分和评分大于 4 分的店铺规模差距较小，换句话说，在 7 类湖南省农产品区域公用品牌中，基于京东平台售卖的网络店铺需要提升自身的事前响应和事中响应能力，即在前端做好农产品的宣传以及质量控制，在中端做好农产品的包装、控温、控湿等。

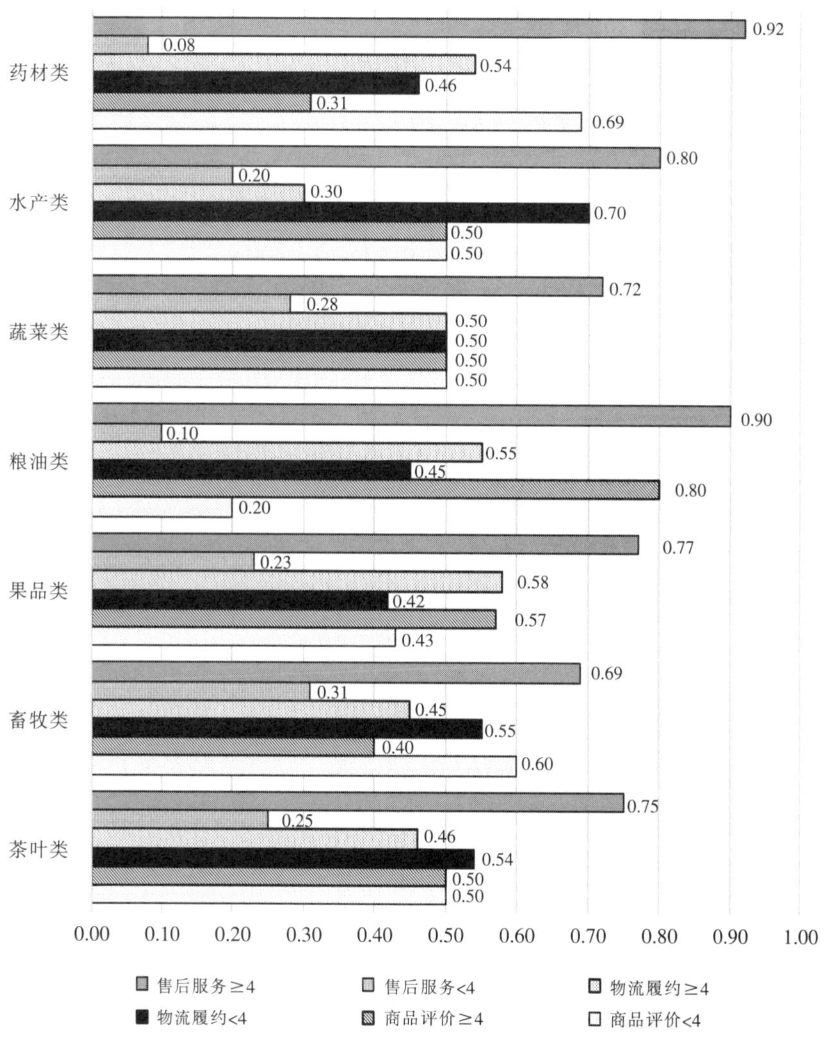

图 5-26 京东平台事前响应能力、事中响应能力、事后响应能力评分差异的店铺比例

（二）京东平台店铺响应能力差异与消费者评论

根据所收集的京东平台数据，本部分以茶叶类农产品为例，考虑商品评价≥4 分，物流履约≥4 分，售后服务≥4 分的消费者评论，得到图 5-27。显然，消费者对事前响应和事后响应的评价更为正面，即“茶叶”的“口感”“味道”不错、“服务态度”“很好”“不错”，但事中响应的“物流”并没有得到高频次的“不错”评价。基于此，对于茶叶类农产品，店铺需要进一步提高发货速度，保障物流效率。

（a）商品评价≥4　　（b）物流履约≥4　　（c）售后服务≥4

图 5-27　京东平台的店铺响应能力与消费者评论

（三）京东平台店铺响应能力差异与网络口碑

本部分通过口碑数量、口碑效价、口碑离散度和口碑得分来描述网络口碑，并关注店铺响应能力与网络口碑之间的关系。

1. 京东平台店铺响应能力与口碑数量

从响应维度出发，在茶叶类农产品、畜牧类农产品、果品类农产品和蔬菜类农产品中（湖南省农产品区域公用品牌中销量较高的农产品品类），普遍存在的规律是店铺响应能力越高，店铺口碑数量越高，即店铺响应能力越高，消费者对该店铺的认知更为正面，消费者也更倾向于在响应能力更高的店铺进行农产品购买，也就导致较高响应能力的店铺可以获取更多的口碑数量。但是，此种响应能力和口碑数量的单调关系并未延伸至水产类农产品和药材类农产品。实际上，从图 5-1 可以看出，与茶叶类农产品、畜牧类农产品、果品类农产品、蔬菜类农产品相比，销售水产类农产品和药材类农产品的店铺数量较少，这也就导致店铺的事前响应能力、事中响应能力和事后响应能力不能完全匹配，即较快的事前响应能力并不一定引致较高的事中响应能力和较高的事后响应能力，结果导致在果品类农产品中，事前响应能力和事后响应能力较低的店铺反而可以获得更多的口碑数量。基于表5-10所反映的特征事实，对于湖南省农产品区域公用品牌而言，为提升网络口碑，需要关注所售卖的农产品品类，也需要关注店铺的响应能力。

表5-10　京东平台不同店铺响应能力下湖南省农产品区域公用品牌口碑数量

	商品评价<4	商品评价≥4	物流履约<4	物流履约≥4	售后服务<4	售后服务≥4
茶叶类	2386	5783	162	8490	1263	7389
畜牧类	3295	6243	997	8541	5	9533
果品类	101	149	64	120	63	181
粮油类	0	0	0	0	0	0
蔬菜类	1129	3265	166	4228	211	4183
水产类	0	235	235	0	0	235
药材类	340	0	0	340	0	340

2. 京东平台店铺响应能力与口碑效价

与口碑数量的表现有所不同，无论是何种湖南省农产品区域公用品牌，总是存在店铺响应能力越快，店铺口碑效价越高的单调关系，换句话说，店铺响应速度和店铺口碑效价密切相关。因此，从口碑效价层面出发，店铺为提升自身的口碑效价，需要同时关注其自身的事前响应能力、事中响应能力和事后响应能力，即从产品源头把握质量、完善物流保障体系、提升服务水平实现响应能力的提升。

表5-11　京东平台不同店铺响应能力下湖南省农产品区域公用品牌口碑效价

	商品评价<4	商品评价≥4	物流履约<4	物流履约≥4	售后服务<4	售后服务≥4
茶叶类	3.74	4.17	3.72	4.19	3.67	4.10
畜牧类	3.75	4.22	3.73	4.23	3.77	4.10
果品类	3.83	4.26	3.84	4.19	4.00	4.04
粮油类	3.70	4.03	3.81	4.08	3.55	4.01
蔬菜类	3.71	4.17	3.72	4.22	3.72	4.04
水产类	3.88	4.08	3.88	4.10	3.67	3.97
药材类	4.00	4.03	3.86	4.14	3.43	4.05

3. 京东平台店铺响应能力与口碑离散度

与口碑效价的表现有所不同，很难直接找到店铺响应能力和口碑离散度间的单调关系。需要关注的是，在茶叶类农产品和畜牧类农产品中，店铺响应能力越高，口碑离散度越高；在蔬菜类农产品中，店铺响应能力越高，口碑离散度越低；在果品类农产品、粮油类农产品、水产类农产品和药材类农产品中，事前响应能力、事中响应能力、事后响应能力与口碑离散度的关系有不同的表现。换句话说，对于湖南省农产品区域公用品牌而言，降低口碑离散度需要：第一，关注产品品类；第二，关注店铺的事前响应能力、事中响应能力和事后响应能力。

表 5-12　京东平台不同店铺响应能力下湖南省农产品区域公用品牌口碑离散度

	商品评价<4	商品评价≥4	物流履约<4	物流履约≥4	售后服务<4	售后服务≥4
茶叶类	0.73	0.80	0.58	0.67	0.48	0.79
畜牧类	0.59	1.08	0.51	0.99	0.52	1.05
果品类	0.38	0.35	0.39	0.56	0.32	0.80
粮油类	0.60	0.42	0.73	0.18	0.13	0.42
蔬菜类	0.59	0.52	0.85	0.47	0.98	0.90
水产类	0.41	0.61	0.50	0.08	0.08	0.42
药材类	0.61	0.06	0.31	0.25	0.00	0.40

4. 京东平台店铺响应能力与口碑得分

对于茶叶类农产品、畜牧类农产品、果品类农产品和粮油类农产品而言，事前响应能力越高，口碑得分越高；对于茶叶类农产品、畜牧类农产品、蔬菜类农产品而言，事中响应能力越高，口碑得分越高；对于茶叶类农产品、畜牧类农产品、粮油类农产品、蔬菜类农产品和药材类农产品，事后响应能力越高，口碑得分越高。同时，图 5-28 也表明，事前响应能力、事中响应能力、事后响应能力对口碑得分的影响程度不同，对于茶叶类农产品而言，事后响应能力对口碑得分的影响更大；对于畜牧类农产品而言，事中响应能力对口碑得分的影响更大；对于蔬菜类农产品而言，当响应能力得分均低于 4 分时，事前响应能力对口碑得分的影响更大，反之，当响应能力得分均高于 4 分时，事中响应能力对口碑得分的影响更大。鉴于此，对于需要提升网络口碑的湖南省农产品区域公用品牌而言，店铺需要思考提升网络口碑的最优实施策略。

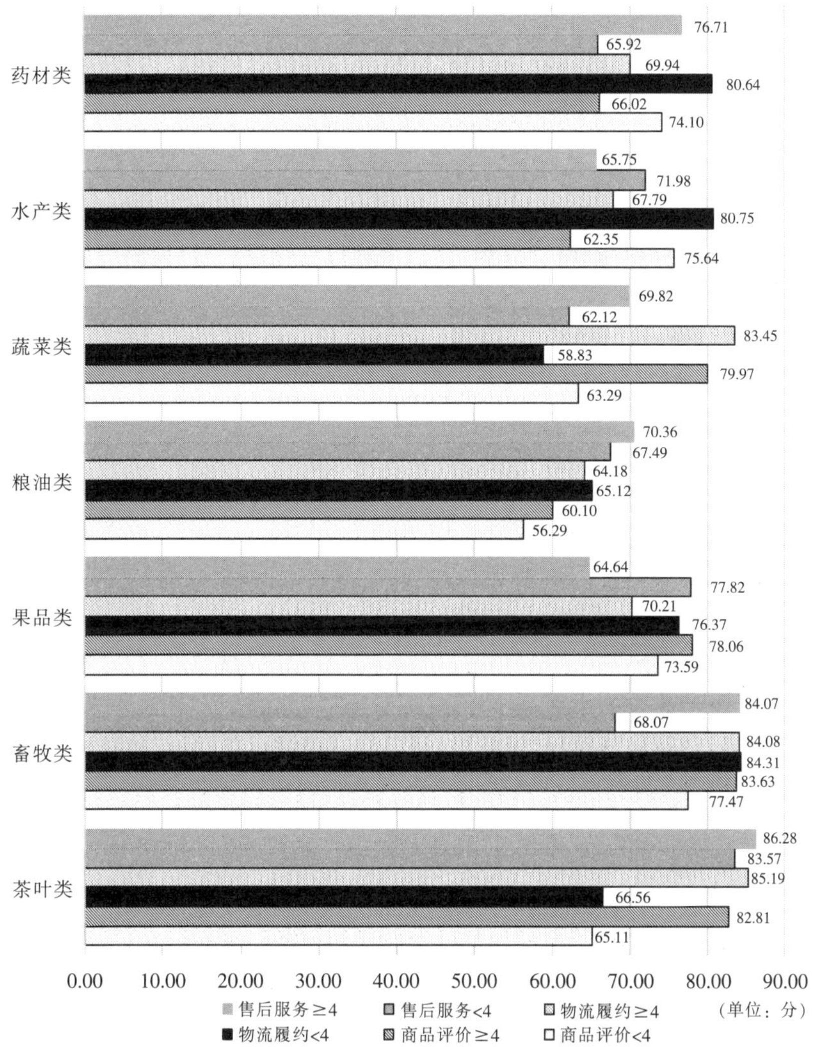

图 5-28 京东平台的店铺响应能力与口碑得分

二、抖音平台店铺响应能力差异下的网络口碑表现

（一）抖音平台店铺响应能力差异

与京东平台命名规则有所不同，抖音平台以商品体验、物流体验和服务体验来反映店铺事前响应能力、事中响应能力、事后响应能力。根据所收集的抖音平台数据，本报告计算了7类湖南省农产品区域公用品牌各类店铺的商品体验评分、物流体验评

分、服务体验评分，得到图 5-29 所示的抖音平台的湖南省农产品区域公用品牌店铺响应能力。①

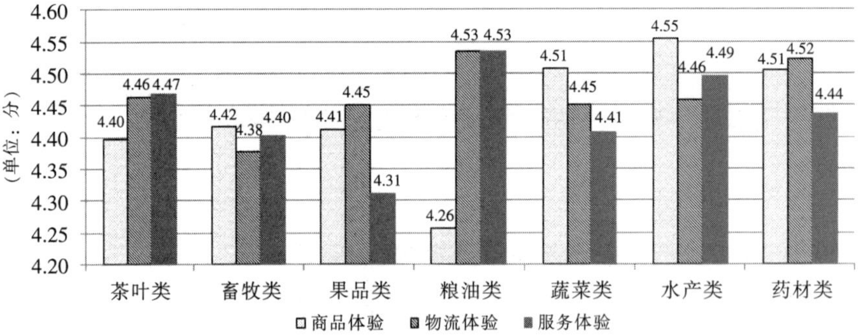

图 5-29 抖音平台的湖南省农产品区域公用品牌店铺响应能力

很显然，与京东平台不同，在抖音平台上购买农产品的消费者能获得较高的商品体验、物流体验和服务体验，也就反映了抖音平台店铺的事前响应能力、事中响应能力和事后响应能力较强。实际上，抖音平台店铺较高的评分主要是因为抖音平台店铺更多以直播和视频的形式吸引消费者购买农产品，降低了网络店铺和消费者之间的信息不对称，消费者更容易感知农产品的具体特征，使得网络购物的核心劣势下降，消费者的商品体验感知得到较大程度提升，这反映了店铺事前响应速度较快的特征。与此同时，抖音平台作为短视频的佼佼者，不仅吸引了巨大规模的网络店铺入驻，也吸引了巨大规模的消费者入驻平台分享个人趣事，形成了网络店铺和消费者基于抖音平台巨大的交叉网络外部性，这种交叉网络外部性进一步加深了抖音平台的市场势力，并吸引物流企业参与抖音平台的网络销售业务，提升了消费者的物流体验。需要注意的是，由于抖音平台以自营店为主（个体经营），尽管服务体验评分较高，但与京东平台不同，服务体验并不是抖音平台网络店铺的优势，在一些农产品品类中（果品类、蔬菜类和药材类），服务体验评分反而低于商品体验评分和物流体验评分。

本报告同样关注了抖音平台中网络店铺商品体验评分、物流体验评分和服务体验评分均大于 4 分的店铺比例，如图 5-30 所示。显然，粮油类农产品的店铺评价最高，药材类农产品的店铺评价最低，具有明显地理标志优势的茶叶类、畜牧类、果品类、蔬菜类农产品的店铺综合评价大于 4 的比例仅为 74.02%、71.12%、74.07%、

① 需要注意的是，在所获得的抖音平台店铺数据中，一些店铺的商品体验评分、物流体验评分和服务体验评分为 0，尤其是一些新加盟的店铺，为此，本报告剔除了评分为 0 的店铺。

70.89%，该结果表明一些店铺在事前响应、事中响应和事后响应方面的优势较弱，不利于湖南省农产品区域公用品牌网络口碑的传播。

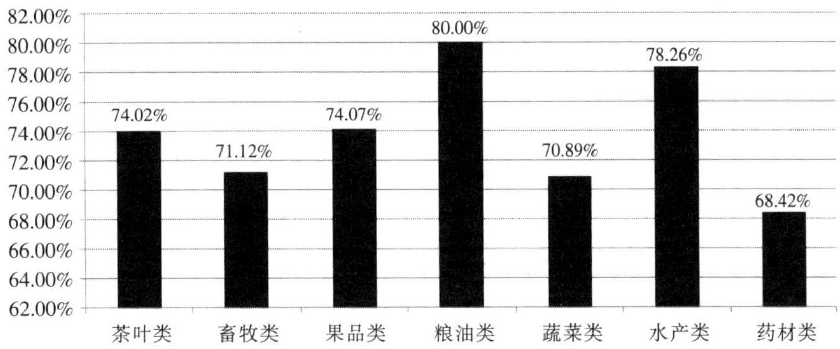

图5-30　抖音平台事前响应能力、事中响应能力、事后响应能力超过4分的店铺比例

再考虑抖音平台上各品类农产品事前响应能力、事中响应能力和事后响应能力的具体情况，得到图5-31。在7类湖南省农产品区域公用品牌中，商品体验≥4分的店铺中，水产类农产品店铺比例最高，达到93%；粮油类农产品店铺比例最低，达到80%。物流体验≥4分的店铺中，茶叶类农产品店铺比例最高，达到91%；畜牧类农产品店铺比例最低，达到86%。服务体验≥4分的店铺中，粮油类农产品店铺比例最高，达到100%；果品类农产品店铺比例最低，达到83%。与京东平台所反映的情况不同，也正如图5-29、图5-30反映的现实情况，即无论是何种品类农产品，绝大多数基于抖音平台的网络店铺在提升消费者商品体验、物流体验和服务体验层面具有较高的评分，提升了消费者网络购买农产品的满意度。

（二）抖音平台店铺响应能力差异与消费者评论

类似地，本部分以茶叶类农产品为例，探讨抖音平台店铺的响应能力和消费者评论之间的关系，得到图5-32。很显然，当店铺的商品体验≥4分时，对应的消费者好评数为43523条，好评率达到91.14%；当服务体验≥4分时，对应的消费者好评数为43985条，好评率达到90.97%，当物流体验≥4分时，对应的消费者好评数为44832条，好评率达到91.22%。这与一般直觉是一致的，当商品体验得分、物流体验得分、服务体验得分较高时，消费者对店铺的好评率也将提升；另外，当店铺的消费者好评率较高时，将反过来进一步提升店铺的商品体验得分、物流体验得分和服务体验得分。

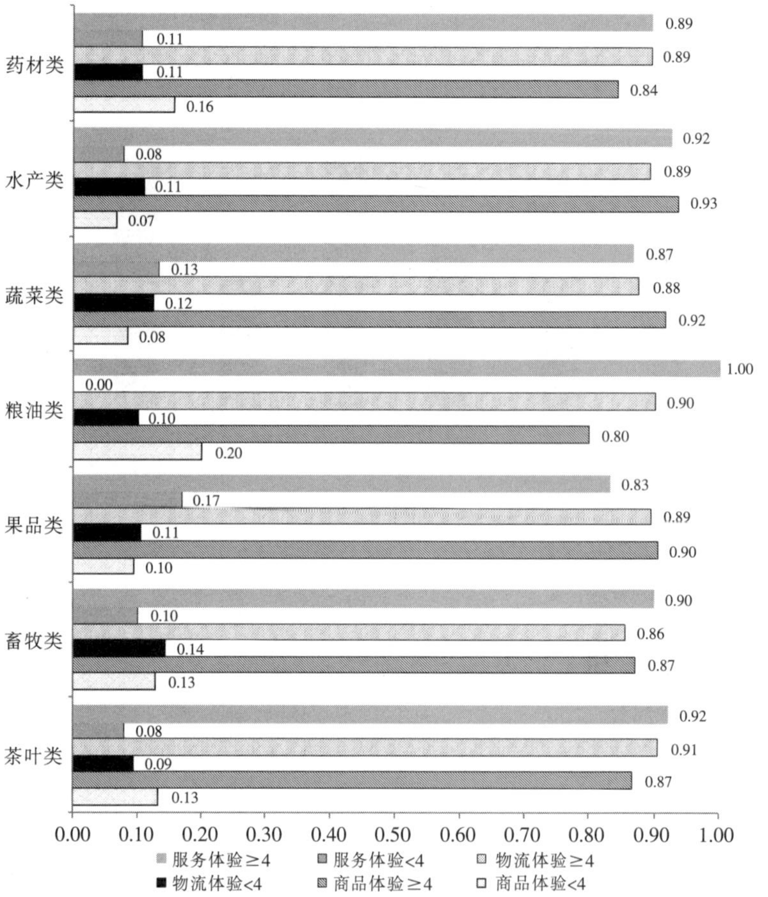

图 5-31 抖音平台事前响应能力、事中响应能力、事后响应能力评分差异的店铺比例

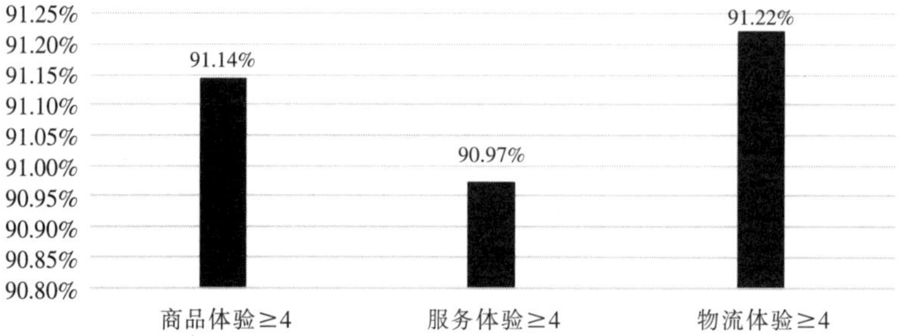

图 5-32 抖音平台事前响应能力、事中响应能力、事后响应能力与消费者好评率

（三）抖音平台店铺响应能力差异与网络口碑

与京东平台类似，本报告也关注了抖音平台的店铺响应能力差异和网络口碑间的关系，并从口碑数量、口碑效价、口碑离散度和口碑得分四个层面进行分析。

1. 抖音平台店铺响应能力与口碑数量

与京东平台的结论不同，在抖音平台中，店铺响应能力与口碑数量存在明显的单调关系，且事前响应能力（商品体验）、事中响应能力（物流体验）、事后响应能力（服务体验）并不表现出差异，同时在7类湖南省农产品区域公用品牌中并不表现出差异。显然，平台影响店铺响应能力和口碑数量间的关系。正如前述所提及的，抖音平台的店铺较多依赖于直播形式向消费者销售产品，此种形式降低了消费者对店铺的认知误差，使得消费者对商品体验、物流体验和服务体验有着更为真切的感受，鉴于此，事前响应能力越高、事中响应能力越高、事后响应能力越高，消费者越倾向于在抖音平台上的相关店铺购买产品，也就使得相关店铺获得更大的网络口碑规模。另外，与京东平台不同，在抖音平台销售湖南省农产品区域公用品牌的网络店铺多为个人店铺形式，即自营店，此时，消费者对自营店的事前响应能力、事中响应能力和事后响应能力赋予极大的关注，也就构成了响应能力和口碑数量间的单调关系。此前提下，在抖音平台销售湖南省农产品区域公用品牌的相关店铺，为实现店铺网络口碑的提升，需要尽可能提升自身对消费者商品体验、物流体验和服务体验的得分。与此同时，表5-13也表明不同农产品品类的口碑数量存在显著不同，茶叶类农产品、畜牧类农产品和蔬菜类农产品的口碑数量最高，这也验证了图5-10相应的结论，即店铺规模越大，对应的店铺口碑数量也越高。

表5-13　抖音平台不同店铺响应能力下湖南省农产品区域公用品牌口碑数量

	商品体验<4	商品体验≥4	物流体验<4	物流体验≥4	服务体验<4	服务体验≥4
茶叶类	4486	11794	6720	8451	7095	9176
畜牧类	6063	8932	5316	9679	732	14263
果品类	76	2197	52	2212	437	2202
粮油类	0	8	0	8	0	8
蔬菜类	610	32070	245	32435	28	32652
水产类	19	2983	285	2702	0	3002
药材类	2	16	15	18	0	18

2. 抖音平台店铺响应能力与口碑效价

表5-14表明，抖音平台中店铺的口碑效价均较高，且基本均大于4（畜牧类农产品在店铺事前响应能力低于4分时的口碑效价为3.96；果品类农产品在店铺事前响应能力低于4分时的口碑效价为3.96，在事中响应能力低于4分时的口碑效价为3.96；

药材类农产品在店铺事后响应能力低于4分时的口碑效价为3.90)，这一结论反映出消费者对抖音平台湖南省农产品区域公用品牌的评价较高。与口碑数量类似，店铺响应能力与口碑效价存在正向单调关系，即店铺响应能力越高，口碑效价越高，且事前响应能力（商品体验)、事中响应能力（物流体验)、事后响应能力（服务体验）并不表现出差异。鉴于此，店铺在提高湖南省农产品区域公用品牌网络口碑时，需要从商品体验、物流体验和服务体验来改善用户体验。

表5-14　抖音平台不同店铺响应能力下湖南省农产品区域公用品牌口碑效价

	商品体验<4	商品体验≥4	物流体验<4	物流体验≥4	服务体验<4	服务体验≥4
茶叶类	4.09	4.52	4.08	4.53	4.18	4.52
畜牧类	3.96	4.51	4.05	4.49	4.06	4.47
果品类	3.96	4.50	3.96	4.50	4.10	4.56
粮油类	4.12	4.50	4.04	4.49	4.04	4.49
蔬菜类	4.14	4.45	4.16	4.49	4.10	4.48
水产类	4.03	4.55	4.19	4.56	4.03	4.55
药材类	4.21	4.60	4.17	4.54	3.90	4.55

3. 抖音平台店铺响应能力与口碑离散度

表5-15表明，抖音平台中店铺的口碑离散度在面对不同产品品类、不同响应能力类型和不同响应能力程度时的表现存在差异。而且，在一些农产品品类中，既有口碑数量、口碑效价和店铺响应能力间的正向单调性在口碑离散度这一维度不复存在。例如，在茶叶类农产品中，消费者对店铺商品体验、物流体验、服务体验的评价越高，口碑离散度越小；相反地，在粮油类农产品中，消费者对店铺商品体验、物流体验、服务体验的评价越高，口碑离散度越大。

表5-15　抖音平台不同店铺响应能力下湖南省农产品区域公用品牌口碑离散度

	商品体验<4	商品体验≥4	物流体验<4	物流体验≥4	服务体验<4	服务体验≥4
茶叶类	0.84	0.39	0.45	0.38	0.11	0.43
畜牧类	0.33	0.30	0.50	0.38	0.58	0.59
果品类	0.48	0.46	0.21	0.43	0.50	0.31
粮油类	0.00	0.01	0.00	0.06	0.00	0.06
蔬菜类	0.27	0.41	0.16	0.34	0.33	0.35
水产类	0.71	0.49	0.48	0.52	0.25	0.49
药材类	0.03	0.80	0.49	0.76	0.08	0.66

4. 抖音平台店铺响应能力与口碑得分

图 5-33 绘制了不同产品品类、不同响应能力与抖音平台店铺口碑得分之间的关系，显然，茶叶类农产品的口碑得分高于 70 分，而畜牧类农产品、果品类农产品、粮油类农产品、蔬菜类农产品、水产类农产品和药材类农产品的口碑得分在某些响应能力维度上小于 70 分。从提升抖音平台店铺网络口碑的维度出发，商家需要关注口碑得分，并从事前响应能力、事中响应能力和事后响应能力层面做出努力。

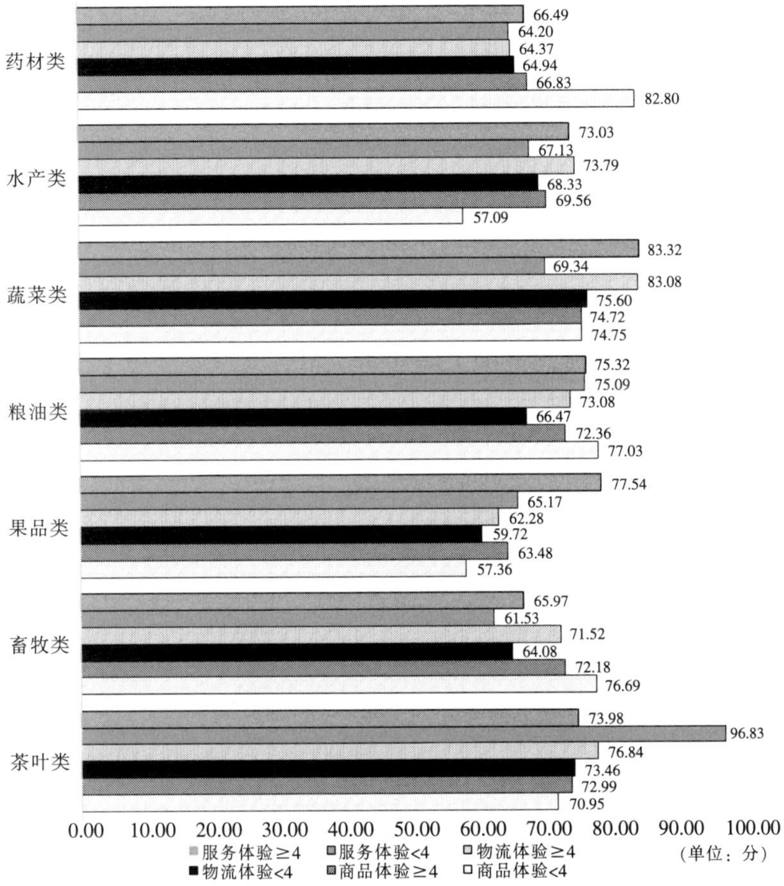

图 5-33　抖音平台的店铺响应能力与口碑得分

第三节　店铺信誉等级差异下的网络口碑表现

对于在京东平台、抖音平台、拼多多平台等电商平台购买农产品的消费者而言，识别优质店铺是消费者提升网络购买效用的重要途径。就当前电子商务的应用现实来说，消费者主要通过店铺信誉等级来评判产品质量。因此，本部分主要考虑店铺信誉等级与湖南省农产品区域公用品牌网络口碑间的内在关系，并探索可行的网络口碑提升路径。

一、京东平台店铺信誉等级差异下的网络口碑表现

（一）京东平台店铺信誉等级差异

本报告收集了京东平台 1127 家店铺的信誉等级，如图 5-34 所示。① 图 5-34 表明，在茶叶类农产品、果品类农产品、蔬菜类农产品、药材类农产品中，具备四星半信誉等级的网络店铺较多，茶叶类农产品四星半店铺所占比例为 41.56%，果品类四星半店铺所占比例为 60.19%，蔬菜类四星半店铺占比为 44.62%，药材类农产品四星半店铺所占比例为 54.55%。但同时也需要注意的是，一方面，无论是茶叶类农产品还是蔬菜类农产品，三星及三星半店铺仍占据一定的比例，表明湖南省农产品区域公用品牌网络店铺的信誉等级仍需要提升；另一方面，畜牧类农产品、果品类农产品、粮油类农产品、水产类农产品和药材类农产品的相关店铺较少，且信誉等级普遍偏低，需要增强销售能力。

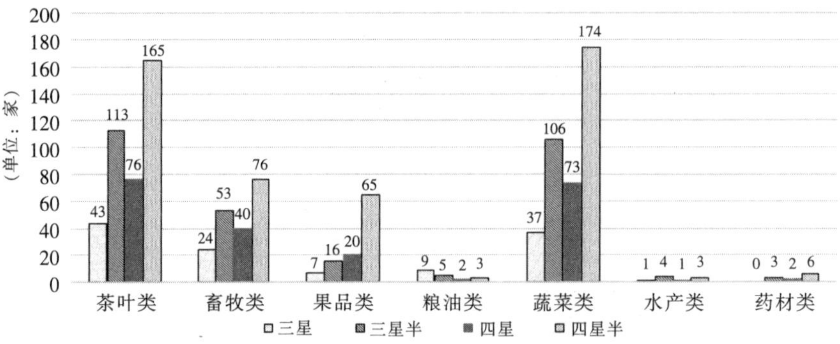

图 5-34　京东平台 7 类湖南省农产品区域公用品牌店铺信誉等级情况

（二）京东平台店铺信誉等级差异与消费者评论

以茶叶类农产品为例，消费者的评论集中在四星和四星半的店铺，其中三星店铺的消费者评论数为 14 条，三星半店铺的消费者评论数为 72 条，四星店铺的消费者评论数为 684 条，四星半店铺的消费者评论数为 6277 条。进一步，通过图 5-35 的词云图

---

① 需要注意的是，在考虑店铺信誉时，网络店铺数量为 1127 家，小于以店铺类型划分时的 1279 家，是因为剔除了没有信誉等级的相关店铺，例如京东平台并没有给京东平台自营店划分信誉评分。

可以发现，四星和四星半的店铺所得到的消费者正面评论较多，即四星店铺和四星半店铺的茶叶类农产品消费者会同时关注茶叶的口感和味道，且“不错”出现的频次较高。同时也可以从图 5-35 观察到，三星店铺的消费者评论出现了“发霉”“假的”等负面词汇，四星半店铺的消费者评论更多出现“推荐”“满意”“回购”等正面词汇。

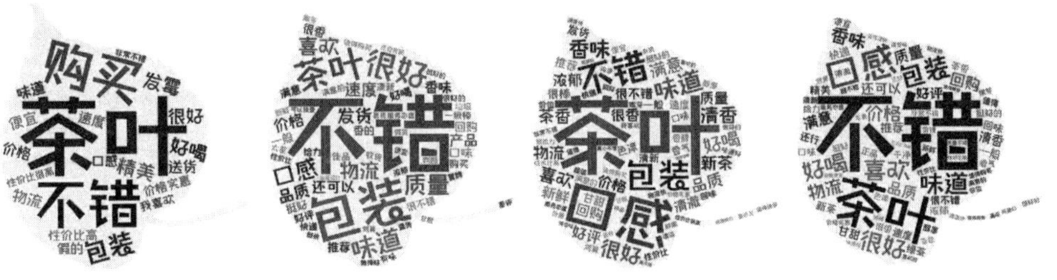

(a) 三星　(b) 三星半　(c) 四星　(d) 四星半

图 5-35　京东平台店铺信誉等级与消费者评论

（三）京东平台店铺信誉等级差异与网络口碑

依据所收集的数据，京东平台店铺的信誉等级可以划分为三星、三星半、四星、四星半，基于此，本部分关注不同信誉等级店铺的网络口碑。本部分只考虑茶叶类农产品、畜牧类农产品、果品类农产品、粮油类农产品和蔬菜类农产品的店铺信誉等级差异和网络口碑的关系。

1. 京东平台店铺信誉与口碑数量

表 5-16 表明除粮油类农产品外，茶叶类农产品、畜牧类农产品、果品类农产品和蔬菜类农产品中店铺信誉等级为四星半店铺的口碑数量较高，其中，茶叶类农产品中四星半店铺口碑数量是三星店铺口碑数量的 384 倍。由于消费者会根据店铺信誉等级决定是否在相应店铺购买，店铺信誉等级越高，消费者越倾向于购买农产品，因此会产生更多的口碑数量。

表 5-16　京东平台不同店铺信誉下湖南省农产品区域公用品牌口碑数量

	三星	三星半	四星	四星半
茶叶类	14	75	49	5382
畜牧类	323	477	93	1621
果品类	0	10	19	89
粮油类	0	0	0	0
蔬菜类	2	30	173	426

2. 京东平台店铺信誉与口碑效价

从口碑效价角度出发，茶叶类农产品、畜牧类农产品和果品类农产品的店铺信誉和口碑效价具有一定的正单调性关系，即店铺信誉越高，口碑效价也越高。但表 5-17 同样也表明，在粮油类农产品中店铺信誉和网络口碑的关系为“倒 U 型”，从图 5-34 所反映的结果是由于四星和四星半店铺数量较为一致，此种“倒 U 型”可能是假性关系，并需要进一步验证。对于蔬菜类农产品，店铺信誉和口碑效价的关系较为复杂，对于湖南省区域公用农产品而言，提升网络口碑的前提是明确店铺信誉等级。

表 5-17　京东平台不同店铺信誉下湖南省农产品区域公用品牌口碑效价

	三星	三星半	四星	四星半
茶叶类	3.60	3.67	3.94	4.14
畜牧类	3.61	3.69	3.90	4.22
果品类	3.76	3.95	3.95	4.09
粮油类	3.89	4.00	4.33	3.97
蔬菜类	3.48	3.79	3.79	4.14

3. 京东平台店铺信誉与口碑离散度

从口碑离散度来看，三星店铺信誉下，畜牧类农产品的口碑离散度最大；三星半店铺信誉下，蔬菜类农产品的口碑离散度最大；四星店铺信誉下，果品类农产品的口碑离散度最大；四星半店铺信誉下，粮油类农产品的口碑离散度最大。鉴于此，为提升店铺网络口碑，需要缩小口碑离散度，此时，需要特别关注店铺信誉等级差异的影响。

表 5-18　京东平台不同店铺信誉下湖南省农产品区域公用品牌口碑离散度

	三星	三星半	四星	四星半
茶叶类	0.79	0.44	0.44	0.39
畜牧类	0.91	0.48	0.07	1.13
果品类	0.19	0.12	1.61	0.43
粮油类	0.41	0.05	0.00	1.89
蔬菜类	0.48	0.74	0.48	0.51

4. 京东平台店铺信誉与口碑得分

图 5-25 表明，除果品类农产品和粮油类农产品外，四星半店铺信誉的口碑得分最高，这表明对于湖南省农产品区域公用品牌而言，提升网络口碑的前提是提升店铺信誉等级，通过信誉等级提升消费者购买认知，进而实现消费者购买，以此提升口碑数量、口碑效价，降低口碑离散度。但是，对于三星店铺、三星半店铺和四星店铺而言，由于店铺信誉等级较低，较难吸引消费者购买，对应基于口碑数量、口碑效价和口碑离散度所得到的口碑得分可能有所局限，但也同时可以知道，为提升店铺网络口碑，提升店铺信誉等级是湖南省农产品区域公用品牌的必要路径，更需要政府、企业、组织等各层级协调和政策倾斜，通过提升店铺信誉实现口碑得分的提高，进而赋予乡村振兴新的动能。

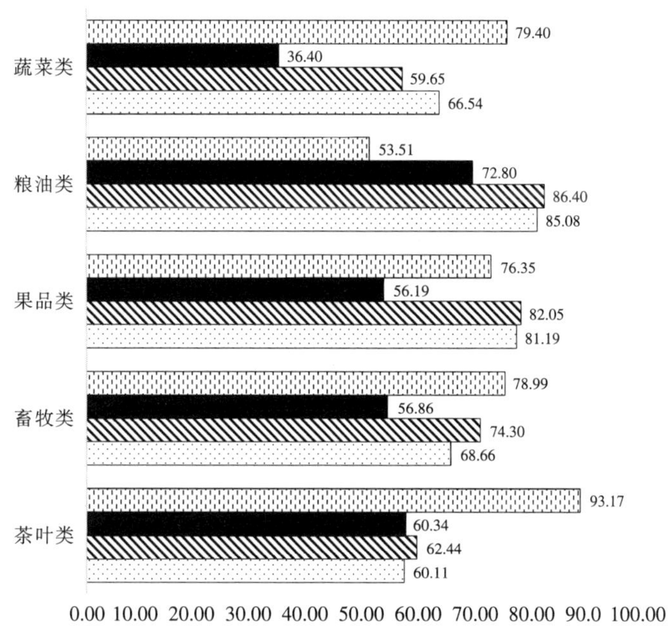

图 5-36　京东平台店铺信誉等级与口碑得分

二、抖音平台店铺信誉等级差异下的网络口碑表现

（一）抖音平台店铺信誉等级差异

与京东平台不同，抖音平台对店铺信誉的划分更为细致，分别为青铜 1、青铜 2、青铜 3、青铜 4、青铜 5、白银 1、白银 2、白银 3、白银 4、白银 5、黄金 1、黄金 2、

黄金 3、黄金 4、黄金 5、抖钻 1、抖钻 2、抖钻 3、抖钻 4、抖钻 5，共 20 个等级，本报告对抖音平台的 7 类农产品、20 个店铺信誉等级分布情况进行了归纳，如 5-26 所示。

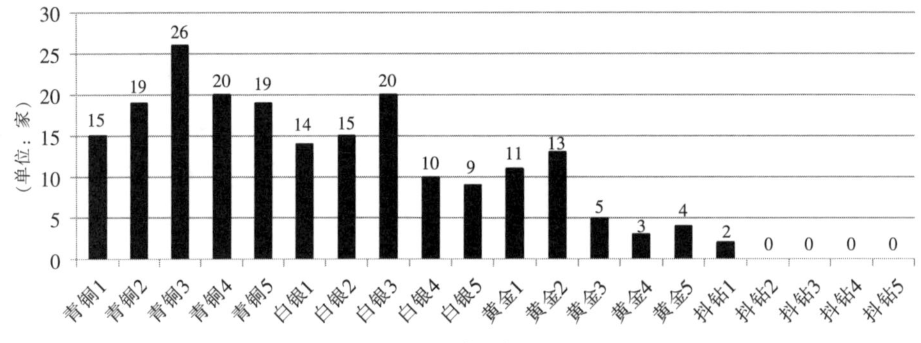

(a) 茶叶类

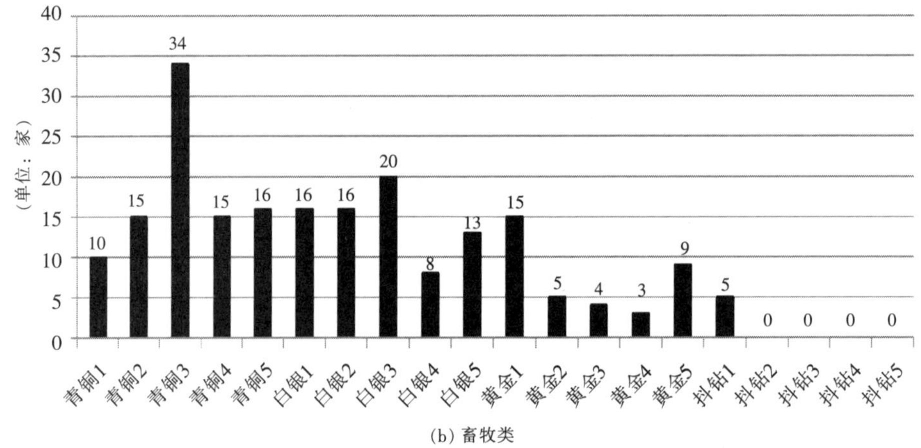

(b) 畜牧类

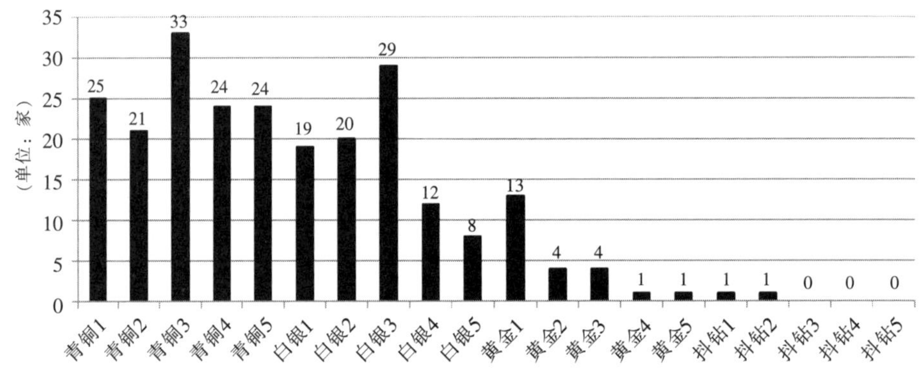

(c) 果品类

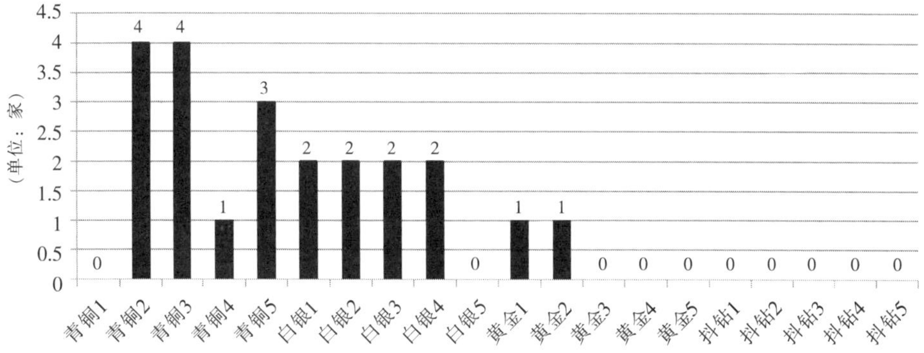

（d）粮油类

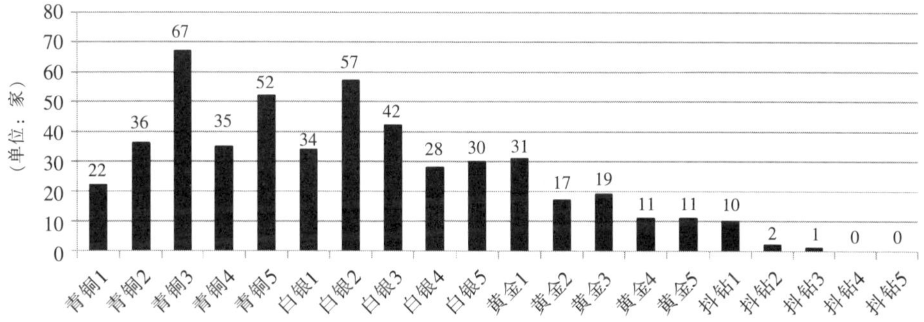

（e）蔬菜类

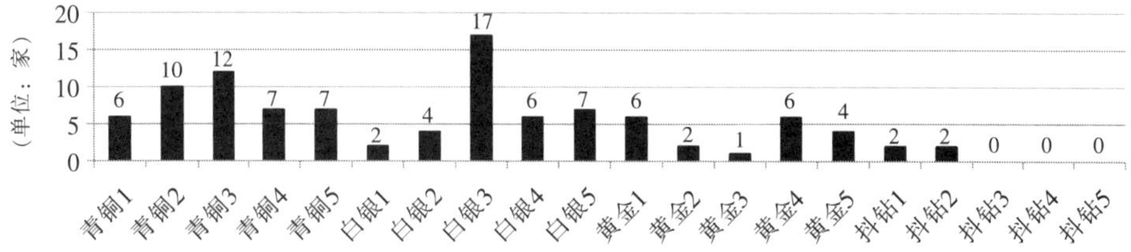

（f）水产类

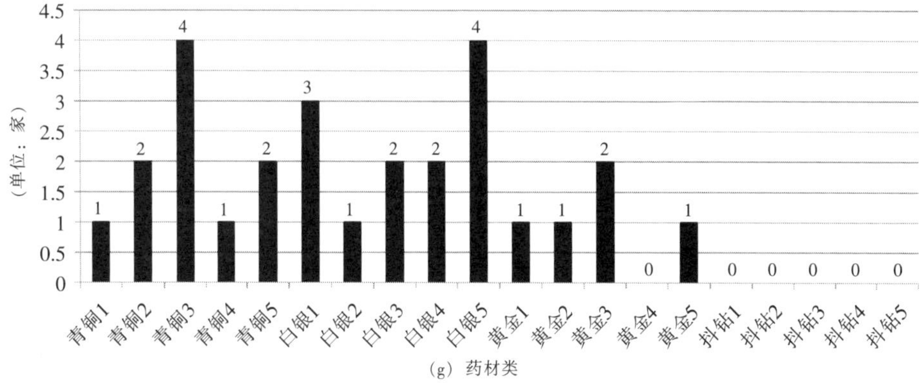

（g）药材类

图 5-37 抖音平台 7 类湖南省农产品区域公用品牌店铺信誉等级分布情况

从图 5-26 反映的信誉等级情况看，抖音平台网络店铺的信誉等级集中在青铜和白银区间，其中，茶叶类农产品黄金 1—抖钻 5 的店铺规模占比为 18. 54%，畜牧类农产品黄金 1—抖钻 5 的店铺规模占比为 20. 09%，果品类农产品黄金 1—抖钻 5 的店铺规模占比为 10. 42%，粮油类农产品黄金 1—抖钻 5 的店铺规模占比为 9. 09%，蔬菜类农产品黄金 1—抖钻 5 的店铺规模占比为 20. 20%，水产类农产品黄金 1—抖钻 5 的店铺规模占比为 22. 77%，药材类农产品黄金 1—抖钻 5 的店铺规模占比为 18. 52%，表明抖音平台网络店铺的信誉等级普遍较低。7 类湖南省农产品区域公用品牌的网络店铺信誉分布呈现一定程度的正态分布特征，尤其体现在茶叶类农产品、畜牧类农产品、果品类农产品、粮油类农产品和蔬菜类农产品。

（二）抖音平台店铺信誉等级差异与消费者评论

由于抖音平台店铺的信誉等级存在 20 类，因此，本部分重点考虑 7 类湖南省农产品区域公用品牌的店铺信誉等级和消费者评论的关系。

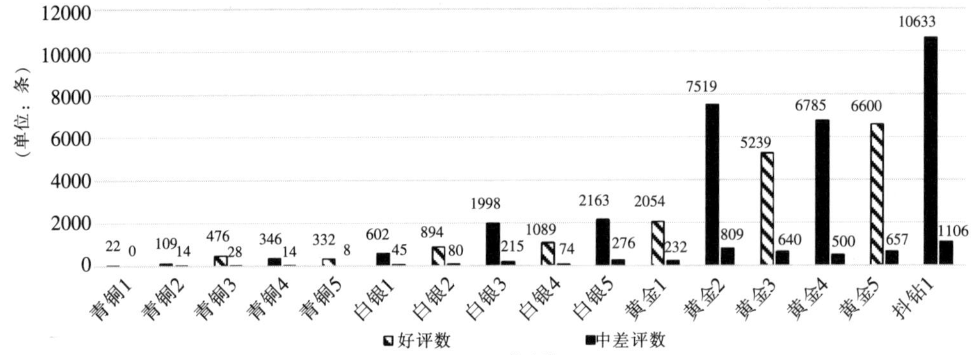

(a) 茶叶类

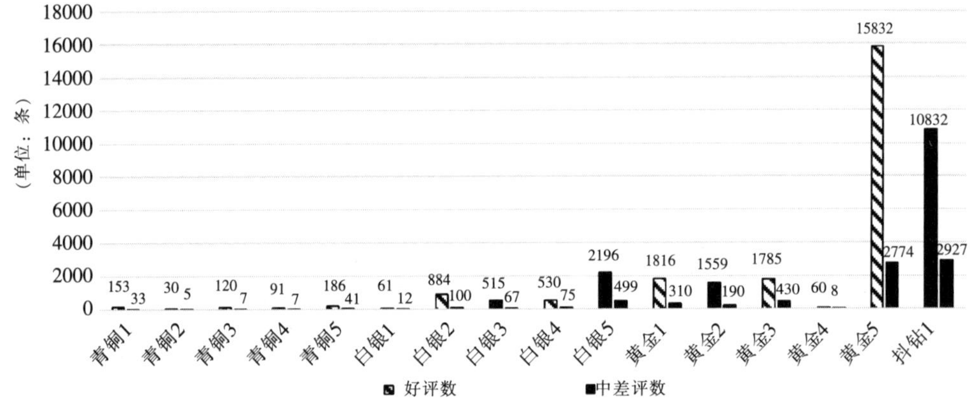

(b) 畜牧类

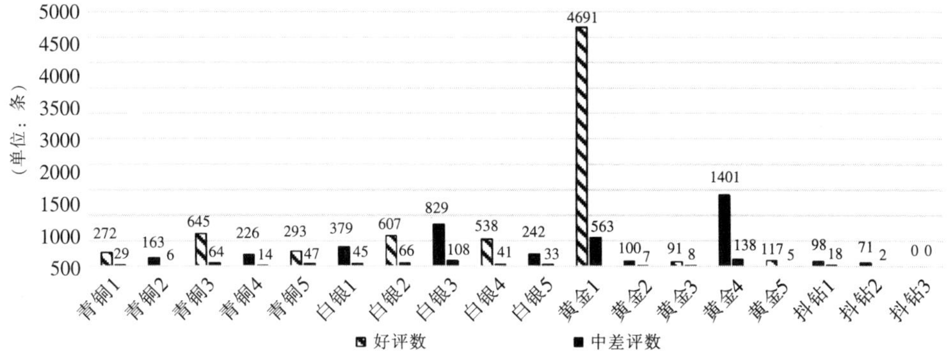

(c) 果品类

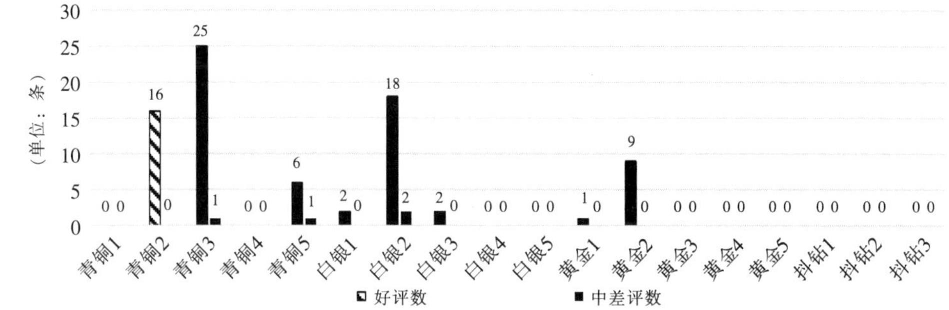

(d) 粮油类

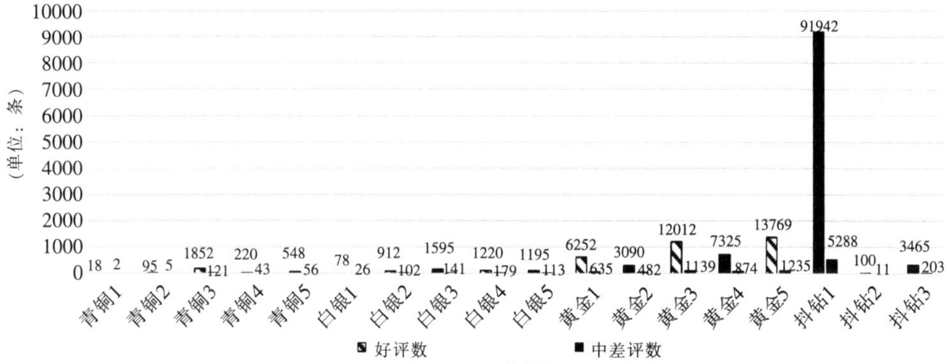

(e) 蔬菜类

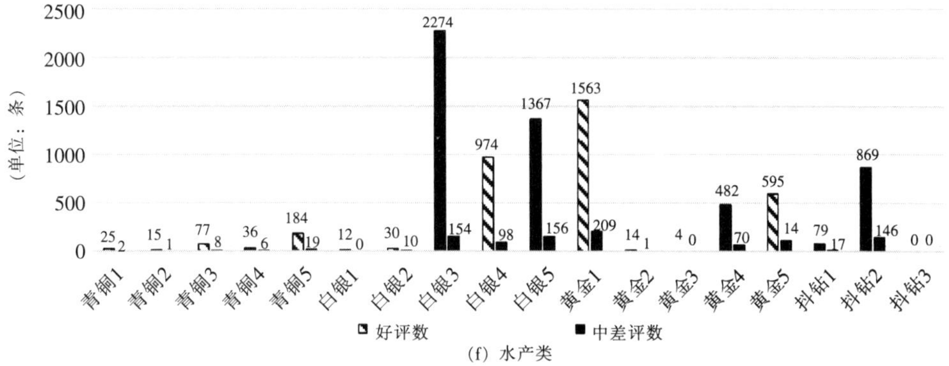

(f) 水产类

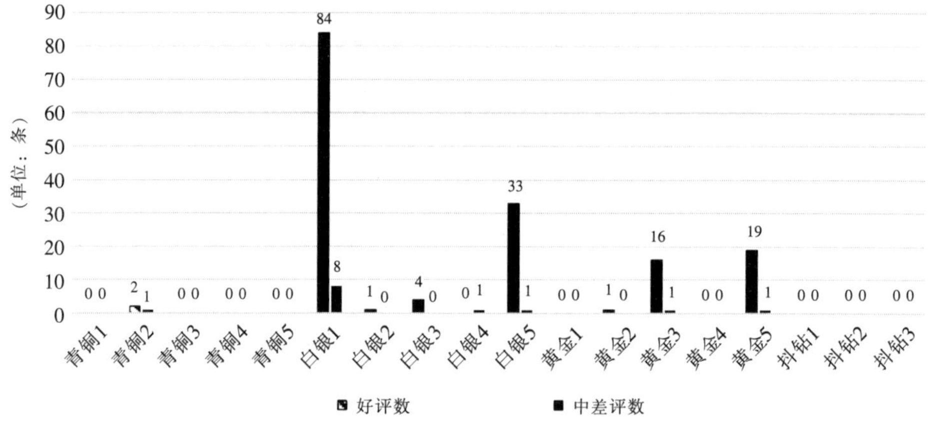

(g) 药材类

图 5-38　抖音平台 7 类湖南省农产品区域公用品牌店铺信誉等级与消费者评论

由图 5-38 可以发现，不同湖南省农产品区域公用品牌在不同信誉等级店铺上的消费者评论数据存在相似性和相异性。从相似性维度出发：第一，消费者对各个品类、各个信誉等级店铺的好评数要大于中评和差评数；第二，在销售规模较大的产品品类中（茶叶类农产品、畜牧类农产品和蔬菜类农产品）存在随着店铺信誉等级增加，消费者评论增加的趋势；第三，在一些店铺信誉等级下，消费者评论数可以为 0。从相异性维度出发：第一，不同品类农产品下店铺信誉等级和消费者评论的分散趋势和集聚趋势存在不同；第二，蔬菜类农产品的消费者评论规模最大，粮油类农产品的消费者评论规模最小。

（三）抖音平台店铺信誉等级差异与网络口碑

1. 抖音平台店铺信誉与口碑数量

由于抖音平台店铺的信誉等级划分更为细致，本部分以青铜、白银、黄金和抖钻为大类，分析店铺信誉和网络口碑的关系。表 5-19 刻画了抖音平台店铺信誉和口碑数量的关系。显然，除蔬菜类农产品、水产类农产品和药材类农产品外，其余湖南省农产品区域公用品牌中黄金等级店铺的口碑数量最高，鉴于此，从口碑数量维度出发提升湖南省农产品区域公用品牌网络口碑的策略是关注黄金信誉等级的抖音平台店铺。但是，对于蔬菜类农产品而言，抖钻等级店铺的口碑数量最高，此时，需要关注抖钻店铺的口碑数量对湖南省农产品区域公用品牌网络口碑的影响。

表 5-19　抖音平台不同店铺信誉下湖南省农产品区域公用品牌口碑数量

	青铜	白银	黄金	抖钻
茶叶类	617	1535	6935	2133
畜牧类	244	1550	8020	4971
果品类	66	190	1503	0
粮油类	0	1	1	—
蔬菜类	327	1002	12218	17970
水产类	86	1404	930	324
药材类	0	9	7	—

2. 抖音平台店铺信誉与口碑效价

在考虑抖音平台店铺信誉和口碑效价的关系时，表 5-20 表明，除果品类农产品、蔬菜类农产品、水产类农产品和药材类农产品外，其余湖南省农产品区域公用品牌中黄金等级店铺的口碑效价最高，鉴于此，从口碑效价维度出发提升湖南省农产品区域公用品牌网络口碑的策略是关注黄金信誉等级的抖音平台店铺。但是，果品类农产品、蔬菜类农产品和水产类农产品中抖钻等级店铺的口碑效价最高，即形成了店铺信誉等级和口碑效价的正向单调关系，此时，对于亟须保鲜技术的生鲜产品而言，抖钻等级店铺的口碑效价对于提升网络口碑具有更大的影响力。

表 5-20　抖音平台不同店铺信誉下湖南省农产品区域公用品牌口碑效价

	青铜	白银	黄金	抖钻
茶叶类	4.41	4.50	4.65	4.60
畜牧类	4.33	4.43	4.57	4.46
果品类	4.33	4.37	4.61	4.85
粮油类	4.53	4.44	4.55	—
蔬菜类	4.38	4.40	4.28	4.82
水产类	4.46	4.53	4.68	4.86
药材类	4.53	4.42	4.42	—

3. 抖音平台店铺信誉与口碑离散度

表 5-21 给出了抖音平台店铺信誉和口碑离散度的关系，对于茶叶类农产品和水产类农产品而言，抖钻等级店铺的口碑离散度最低；对于畜牧类农产品和药材类农产品而言，青铜等级店铺的口碑离散度最低；对于果品类农产品而言，黄金等级店铺的口

碑离散度最高；对于蔬菜类农产品而言，白银等级店铺的口碑离散度最低。鉴于此，为降低口碑离散度，需要关注产品品类和店铺信誉间的关系。

表 5-21　抖音平台不同店铺信誉下湖南省农产品区域公用品牌口碑离散度

	青铜	白银	黄金	抖钻
茶叶类	0.15	0.48	0.29	0.00
畜牧类	0.29	0.78	0.38	0.77
果品类	0.24	0.29	0.51	0.00
粮油类	0.00	0.48	0.00	——
蔬菜类	0.35	0.29	0.88	0.69
水产类	0.32	4.50	0.31	0.06
药材类	0.06	1.39	0.58	——

4. 抖音平台店铺信誉与口碑得分

本部分考虑了茶叶类农产品、果品类农产品、畜牧类农产品、蔬菜类农产品和水产类农产品在口碑得分下的差异。对于水产类农产品而言，抖钻等级店铺的口碑得分最高；对于茶叶类农产品、畜牧类农产品和蔬菜类农产品而言，白银等级店铺的口碑得分最高。口碑得分是衡量店铺网络口碑的重要指标，鉴于此，为提升湖南省农产品区域公用品牌网络口碑，需要重点关注白银等级店铺。

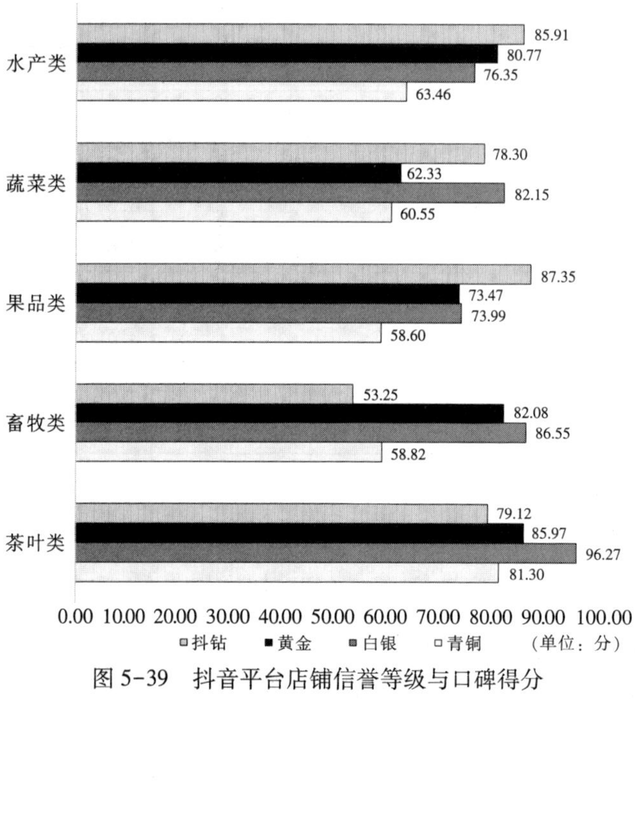

图 5-39　抖音平台店铺信誉等级与口碑得分

三、拼多多平台店铺信誉等级差异下的网络口碑表现

与京东平台和抖音平台类似，本部分分析拼多多平台店铺信誉等级与其网络口碑间的关系，首先关注拼多多平台店铺的信誉等级差异；其次，关注拼多多平台店铺信誉的等级差异和消费者评论的关系（以茶叶类农产品为例）；最后，关注拼多多平台店铺信誉和网络口碑的关系，并以此形成提升湖南省农产品区域公用品牌网络口碑的策略。

（一）拼多多平台店铺信誉等级差异

图 5-40 给出了在拼多多平台上所收集到 7 类湖南省农产品区域公用品牌的店铺信誉差异，显然，第一，对于 7 类湖南省农产品区域公用品牌而言，店铺信誉等级与店铺数量基本存在正态分布趋势；第二，除药材类农产品外，其他 6 类湖南省农产品区域公用品牌的四星半店铺规模最大，其中茶叶类农产品的四星半等级店铺数量为 238 家，畜牧类农产品的四星半店铺数量为 191 家，蔬菜类农产品四星半等级的店铺数量为 482 家；第三，药材类农产品的五星店铺比例最高，为 54.55%，粮油类农产品的五星店铺比例最低，为 15%。鉴于此，在考虑提升湖南省农产品区域公用品牌网络口碑时，需要重点关注四星半店铺。

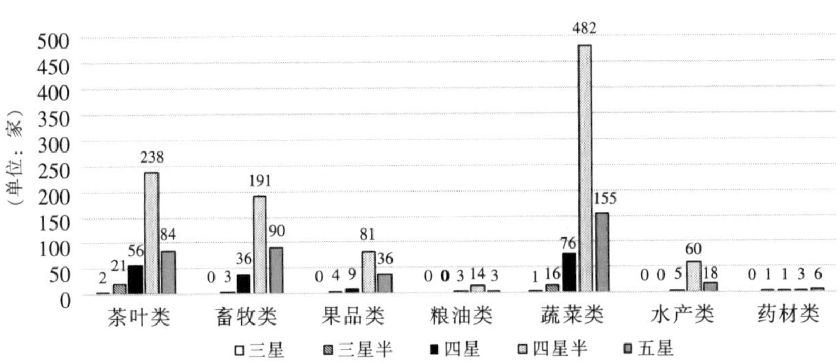

图 5-40　拼多多平台 7 类湖南省农产品区域公用品牌店铺信誉等级分布情况

（二）拼多多平台店铺信誉等级差异与消费者评论

类似地，本报告以茶叶类农产品为例，关注店铺信誉等级差异和消费者评论间的关系。首先经过数据匹配，三星等级店铺的消费者评论数量为 119 条，三星半等级店铺的消费者评论数量为 1245 条，四星等级店铺的消费者评论数量为 4045 条，四星半等

级店铺的消费者评论数量为 15705 条，五星等级店铺的消费者评论数量为 27247 条。图 5-41给出了不同店铺信誉等级下的消费者评论词云图。

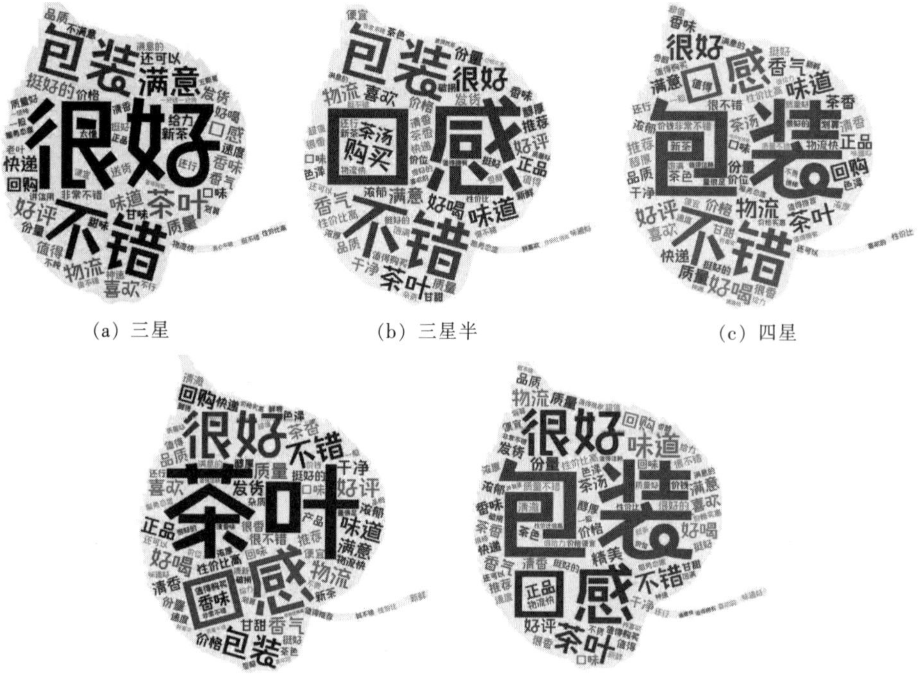

(a) 三星　　(b) 三星半　　(c) 四星

(d) 四星半　　(e) 五星

图 5-41　拼多多平台店铺信誉等级与消费者评论

显然，从图 5-41 可以发现消费者对茶叶类农产品的评价都较为正面，但是消费者对不同信誉等级店铺的评论侧重点有所差异，三星等级店铺的消费者更关注产品本身，并给出“很好”的评价，三星半等级及以上的店铺，消费者除关注产品本身的“口感”“味道”外，同时还关注茶叶类农产品的“包装”。因此，从提升茶叶类农产品的网络口碑的角度出发，提升产品质量是第一要点。

（三）拼多多平台店铺信誉等级差异与网络口碑

本部分将拼多多平台的店铺信誉等级划分为四星及以上，四星以下两种类型；同时，为了比较四星及以上店铺和四星以下店铺信誉等级和网络口碑间的差异，本报告只考虑所收集到的茶叶类农产品、畜牧类农产品、蔬菜类农产品和药材类农产品的数据信息。

1. 拼多多平台店铺信誉与口碑数量

由图 5-40 可以明显看出，四星半信誉等级的店铺数量最大，尤其是蔬菜类农产品，四星半等级的店铺数量为 482 家，鉴于此，也就很容易能从表 5-22 中得到四星及以上店铺的口碑数量明显高于四星以下店铺的口碑数量。因此，从口碑数量维度出发，需要关注信誉等级较高的店铺。

表 5-22　拼多多平台不同店铺信誉下湖南省农产品区域公用品牌口碑数量

	店铺信誉<4	店铺信誉≥4
茶叶类	590	31572
畜牧类	16	21791
蔬菜类	434	54122
药材类	11	1290

2. 拼多多平台店铺信誉与口碑效价

实际上，店铺信誉和口碑效价有直接的关系，因此，从表 5-23 可以很明确地得到信誉等级较高的店铺口碑效价显著高于信誉等级较低的店铺口碑效价的结论，且低于四星的店铺口碑效价低于 4 分。

表 5-23　拼多多平台不同店铺信誉下湖南省农产品区域公用品牌口碑效价

	店铺信誉<4	店铺信誉≥4
茶叶类	3.48	4.54
畜牧类	3.50	4.59
蔬菜类	3.47	4.59
药材类	3.50	4.76

3. 拼多多平台店铺信誉与口碑离散度

一般情况下，我们认为信誉较高的店铺口碑离散度较低，但表 5-24 却显示信誉等级较高的店铺反而口碑离散度较高。这是因为四星及以上信誉店铺数量较多，也形成了较高的口碑离散度。

表 5-24　拼多多平台不同店铺信誉下湖南省农产品区域公用品牌口碑离散度

	店铺信誉<4	店铺信誉≥4
茶叶类	0.00	0.25
畜牧类	0.00	0.09
蔬菜类	0.02	0.07
药材类	0.00	0.12

4. 拼多多平台店铺信誉与口碑得分

一般直觉认为信誉等级较高的店铺，其口碑得分也较高。但是，由图 5-42 可以发现茶叶类农产品、畜牧类农产品和药材类农产品在四星以下信誉店铺的口碑得分反而较高。换句话说，在提升拼多多平台店铺网络口碑时，需要特别注意农产品类别。

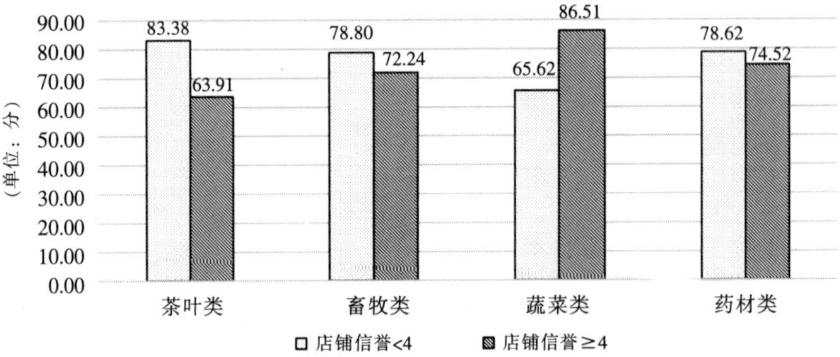

图 5-42　拼多多平台店铺信誉等级与口碑得分

第四节　店铺特征与网络口碑提升路径

前节分别从店铺类型、店铺响应能力、店铺信誉三个层面刻画了京东平台、抖音平台和拼多多平台的店铺特征，并依托收集到的店铺数据，对三个平台的店铺特征与店铺网络口碑表现进行了分析，并得到了一些有趣的特征事实，明确了湖南省农产品区域公用品牌当前在网络口碑上面临的困境，为形成从店铺特征层面实现湖南省农产品区域公用品牌网络口碑提升的策略奠定了基础。

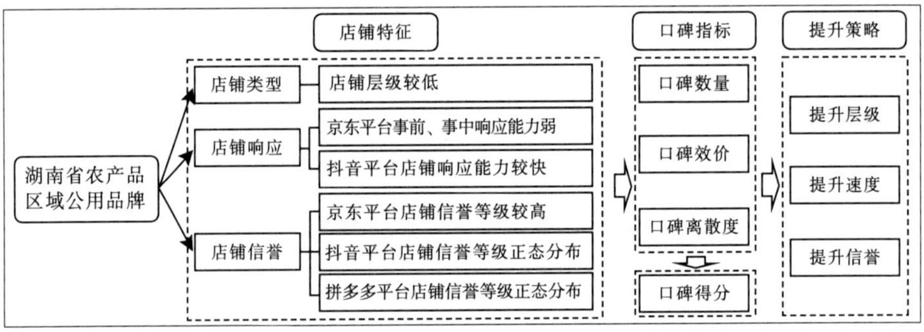

图 5-43　湖南省农产品区域公用品牌网络口碑提升路径

图 5-43 给出了湖南省农产品区域公用品牌网络口碑的提升路径。第一，从店铺类型角度看，无论是京东平台、抖音平台还是拼多多平台，湖南省农产品区域公用品牌的店铺层级较低，例如京东平台中平台自营的店铺只有 33 家，占比仅为 2.73%；加入京东平台中国特产馆的店铺只有 23 家，比例仅为 1.9%。第二，从店铺响应能力看，京东平台和抖音平台下的店铺响应能力存在差异，京东平台的店铺的事前响应能力和事中响应能力较为滞后。第三，抖音平台和拼多多平台中的店铺仍需要致力于提升店铺信誉等级。鉴于此，为提升湖南省农产品区域公用品牌的网络口碑，必须提升店铺层级、店铺响应能力和店铺信誉。当然，需要注意的是，在不同产品品类中，店铺类型、店铺响应能力和店铺信誉与口碑数量、口碑效价、口碑离散度和口碑得分的关系存在差异，鉴于此，在提升湖南省农产品区域公用品牌的网络口碑时，需要明确所销售的产品品类，形成最优的网络口碑提升路径。

第五节　本章小结

与一般产品不同，农产品潜在的极易受损、腐败和变质的特性增加了网络销售的困难性，也降低了消费者通过电子商务渠道购买农产品的欲望，鉴于此，消费者将通过店铺的网络口碑决定是否进行农产品网络购买。本章关注网络店铺特征和店铺网络口碑之间的关系，以期挖掘影响网络口碑的店铺特征层面影响因素，为提升湖南省农产品区域公用品牌的网络口碑提供政策依据。

本章通过店铺类型、店铺响应能力和店铺信誉等级反映店铺特征，通过口碑数量、口碑效价、口碑离散度、口碑得分反映网络口碑。结果表明：第一，无论是京东平台、抖音平台还是拼多多平台，湖南省农产品区域公用品牌的店铺类型层次较低，导致较多的店铺规模不能实现较高的网络口碑；第二，京东平台上湖南省农产品区域公用品牌的店铺响应能力较低，尤其是事前响应和事中响应；抖音平台上湖南省农产品区域公用品牌的店铺响应能力较强；第三，京东平台上湖南省农产品区域公用品牌的店铺信誉较高，但抖音平台和拼多多平台上湖南省农产品区域公用品牌的店铺信誉呈现正态分布；第四，不同平台上、不同农产品品类在不同店铺特征下的网络口碑表现存在差异。因此，为实现湖南省农产品区域公用品牌网络口碑的提升，须采用一定措施。第一，农产品供应企业、组织和个人需要考虑提升店铺层级，即在更高层次的店铺类型上销售湖南省农产品区域公用品牌。例如，京东平台上的中国特产馆、抖音平台上的旗舰店、拼多多平台上的旗舰店；第二，农产品供应企业、组织和个人需要考虑提升店铺响应能力，涉及事前响应能力、事中响应能力和事后响应能力。例如，源头上加强对农产品的品质控制、运输中加强冷链管理和保湿保鲜、售后时提升服务效率；第三，农产品供应企业、组织和个人需要致力于提升信誉等级。

第六章　湖南省农产品区域公用品牌网络口碑发展趋势

前文从不同平台、产品品类和品牌产地，以静态的视角研究了湖南省农产品区域公用品牌的网络口碑，本章将着重从动态视角出发分析上述品牌网络口碑的发展趋势。

第一节　湖南省农产品区域公用品牌网络口碑的整体发展趋势

一、基于评价总数的分析

图 6-1 展示了湖南省农产品区域公用品牌的年度发展趋势。总体而言，大部分品类（例如茶叶类、畜牧类、果品类、蔬菜类和水产类）的评价总数呈现逐年上升的趋势，这在一定程度上说明了消费者对农产品的关注度在逐年提升。但就药材类而言，评价总数呈现逐年下降的趋势（从 2019 年的 48 下降至 2023 年的 6），但课题组进一步地观察了药材类的评价等级并发现消费者均给出了 5 星好评，这说明消费者并非因为产品质量原因而不在平台购买。就品类而言，2021 年 7 月至 2023 年 6 月，茶叶类、畜牧类和蔬菜类的评论总数增长（增长数分别为 3282、2779 和 1663）最为明显。

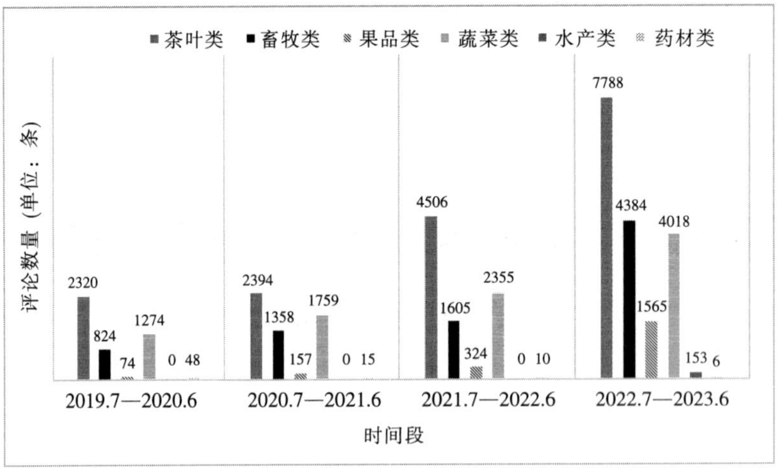

图 6-1　基于评价总数的湖南省农产品区域公用品牌的整体发展趋势

二、基于不同等级评价数量的分析

基于对不同等级评价数量的汇总，本报告进一步探索了不同品类下消费者对湖南省农产品区域公用品牌的满意程度。特别说明：在京东平台中，消费者对某产品的消费评级有 5 个级别，分别对应 1 星、2 星、3 星、4 星和 5 星。根据本报告获取的数据集，我们发现评级为 4 星或 5 星时，消费者评论的内容较为正面；而评级为 1—3 星时，其评论内容较为负面。因此，本报告将评级为 4—5 星的评论归结为好评，而评级为 1—3 星的评论归纳为差评，并以此为标准，划分现有评论。

（一）茶叶类农产品

图 6-2 整理了茶叶类农产品区域公用品牌在京东平台的表现，结果显示：（1）2021 年 7 月至 2023 年 6 月，茶叶类农产品的总评价数有较为明显的上涨趋势，这主要得益于安化黑茶和永顺莓茶在平台上销量的迅猛增长；（2）随着时间的推移，茶叶类农产品的好评率（包括 4 星和 5 星评价）逐年上升（四年的好评率分别为 89.4%、90.8%、92.0%和 94.0%），且 1 星差评率呈现逐年下降的趋势（四年的 1 星差评率分别为 5.3%、4.6%、3.9%和 3.1%）。在总评价数逐年上升的前提下，1 星差评率却逐年下降，这说明湖南省农产品区域公用品牌的茶叶类企业针对消费者的差评展开了一系列的改进措施，并得到了众多消费者的认可。

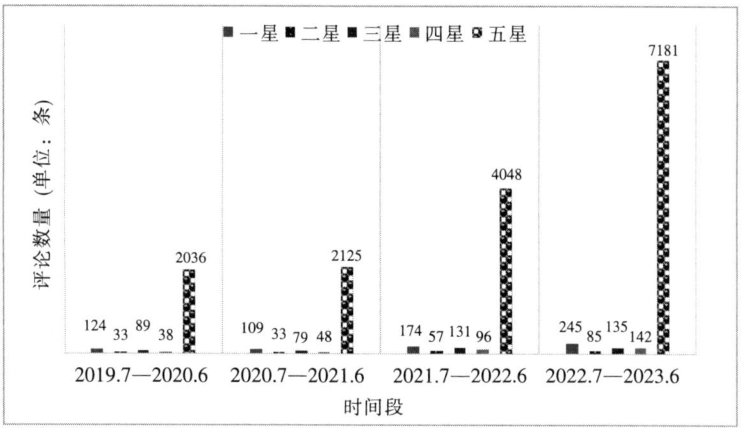

图 6-2　茶叶类农产品区域公用品牌的整体发展趋势

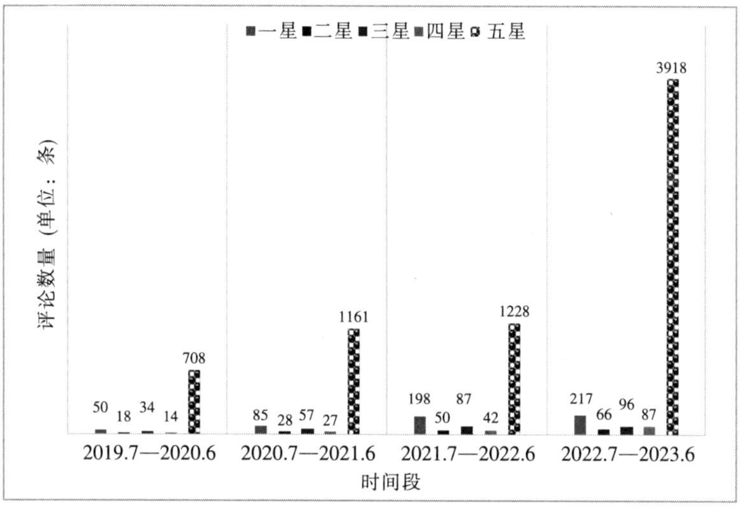

图 6-3　畜牧类农产品区域公用品牌的整体发展趋势

（二）畜牧类农产品

图 6-3 整理了畜牧类农产品区域公用品牌在京东平台的表现，结果显示：（1）相较于其他年份，畜牧类农产品在 2022 年 7 月至 2023 年 6 月期间的评价总数有一个明显的增长态势（较 2021 年 7 月至 2022 年 6 月增长了 2779 条），这主要得益于常德酱板鸭的持续增长（贡献了 1696 条）和临武鸭（贡献了 688 条）以及东安鸡（贡献了 324 条）的强势入驻，而其他诸如宁乡猪、石门土鸡和武冈铜鹅等农产品则并未明显增长；（2）意外的是，在 2019 年 7 月到 2022 年 6 月这段时间内，畜牧类农产品在京东平台的

好评率（包括 4 星和 5 星好评）呈现逐年下降的趋势（三年的好评率分别为 87.6%、87.4%、79.2%），且 1 星差评率在逐年上升，并在 2021 年 7 月到 2022 年 6 月期间达到 12.3%的峰值。这说明畜牧类企业在这段时间可能没有重点关注消费者的诉求，使得这类品牌的网络口碑在不断下滑。幸运的是，在 2022 年 7 月至 2023 年 6 月这段时间，好评率上升至 91.4%，而 1 星差评率降低到 5%。然而，相较于茶叶类农产品的高好评率和低差评率，畜牧类农产品仍有较大的提升空间。

（三）果品类农产品

图 6-4 整理了果品类农产品区域公用品牌在京东平台的表现，结果显示：（1）2022 年 7 月至 2023 年 6 月期间，评论数量明显上涨，这主要得益于新宁（崀山）脐橙[①]的突出贡献（共 1001 条评论，且五星好评率为 97.4%）。值得注意的是，新宁（崀山）脐橙在 2021 年 7 月至 2022 年 6 月间，仅有 113 条评论，且差评率（1—3 星）为 13.28%。然而，在后一年度，新宁（崀山）脐橙取得了极好的销售成果，他们的营销经验值得其他农产品区域公用品牌学习借鉴。（2）靖州杨梅是湖南省农产品区域公用品牌的典型代表，但该产品在京东平台的表现不够亮眼，且因为颗粒小、坏果和包装简陋等问题受到较多差评。（3）在前三个阶段，低星（1—3 星）评价率呈现逐年上涨的趋势，但这种趋势在第四个阶段有了明显的改善（从第三阶段的 9.96%下降至第四阶段的 4.07%），这说明商家在第四阶段从产品包装、物流运输和果品保鲜等方面做了较大的改进，降低了消费者的不满意度。

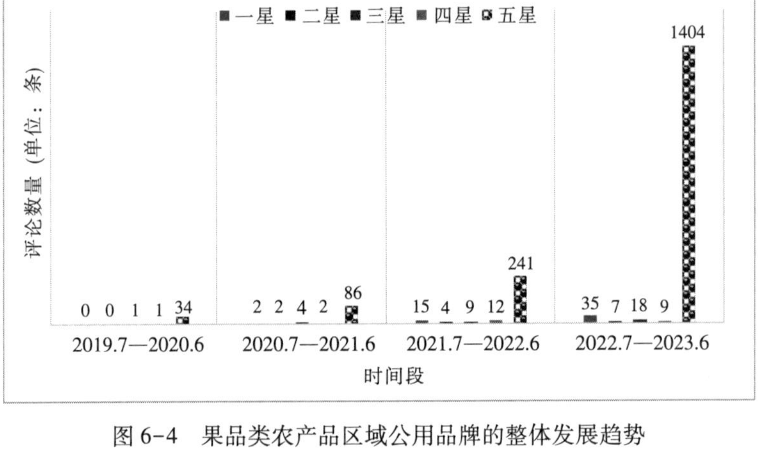

图 6-4　果品类农产品区域公用品牌的整体发展趋势

① 崀山属于邵阳市新宁县的一个镇，此处将崀山脐橙和新宁脐橙的评论数据做了合并处理。

（四）蔬菜类农产品

图 6-5 整理了蔬菜类农产品区域公用品牌在京东平台的表现，结果显示：（1）在 2019 年 7 月至 2022 年 6 月期间，蔬菜类农产品的评价总数保持每年 500 左右的增长量。在这些蔬菜类农产品中，樟树港辣椒是最为著名，且拥有最多评论数的农产品。在 2022 年 7 月至 2023 年 6 月期间，评论的增长数值达到了 1663 条（相较于 2021 年 7 月至 2022 年 6 月），这主要得益于龙山百合的评论数（1678 条），这说明龙山百合和樟树港辣椒成了湖南省蔬菜类农产品区域公用品牌的代表性产物。（2）整体来看，蔬菜类农产品的好评率均低于 90%（分别为 85.2%、87.7%、86.2% 和 89.4%），1 星差评率分别为 8.1%、6.8%、6.8% 和 5.2%。尽管蔬菜类农产品也获得了一定的好评率，但相较于茶叶类农产品和畜牧类农产品，蔬菜类企业仍需要持续提升品质和服务。

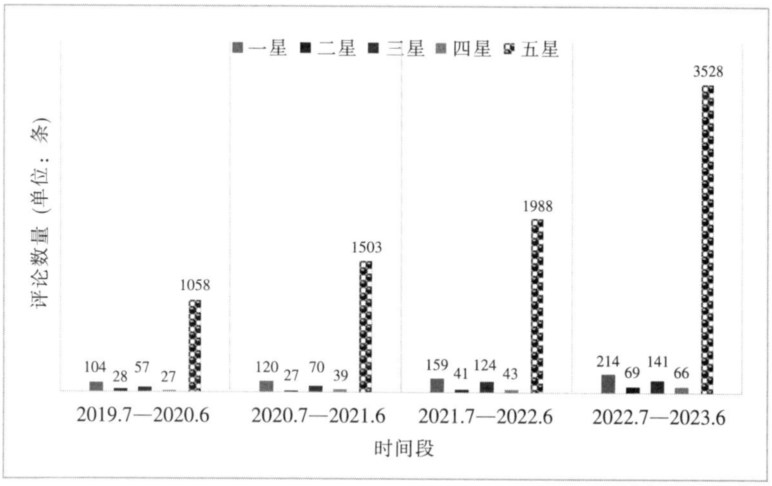

图 6-5　蔬菜类农产品区域公用品牌的整体发展趋势

（五）水产类农产品

汉寿甲鱼是湖南省水产类农产品区域公用品牌的代表，该产品首次入驻京东平台的时间为 2022 年 7 月。因此，这里仅统计 2022 年 7 月至 2023 年 6 月的数据。结果显示：汉寿甲鱼的好评率为 96.7%，这给汉寿甲鱼在京东平台的发展奠定了良好的基础。

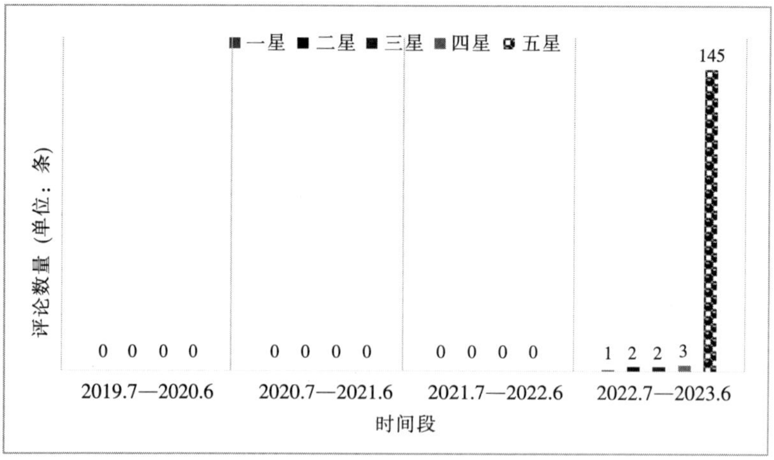

图 6-6　水产类农产品区域公用品牌的整体发展趋势

（六）药材类农产品

通过查找，课题组发现仅有两种药材（绥宁绞股蓝和慈利杜仲）在京东平台上售卖。图 6-7 整理了蔬菜类农产品区域公用品牌在京东平台的表现，结果显示：（1）药材类农产品在京东平台的评价数量呈现逐年下降的趋势。（2）但这些评价中，并不存在 1 星差评，且好评率极高，甚至在 2021 年 7 月至 2023 年 6 月这段时间为 100%好评。上述现象可能和消费者的购买习惯有关，了解这些药材的人都是本地人，而这些本地人可能更习惯于线下购买，且线下购买能得到更好的药材选用咨询。

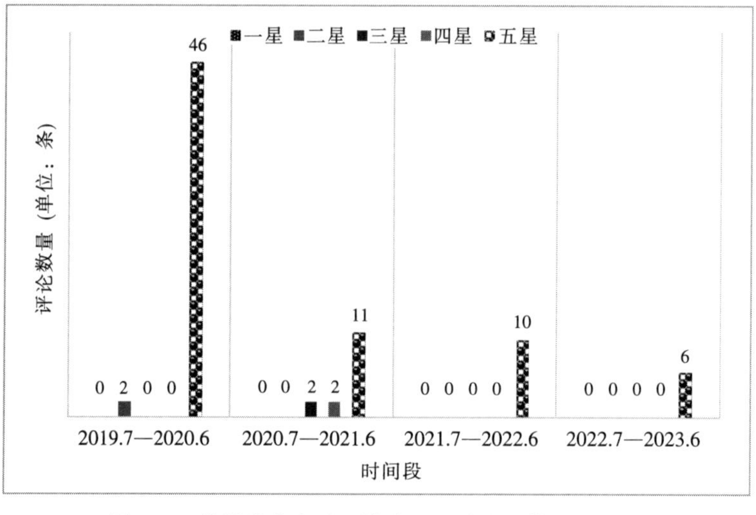

图 6-7　药材类农产品区域公用品牌的整体发展趋势

第二节　湖南省典型农产品区域公用品牌网络口碑的发展趋势

前文从品类的视角讨论了湖南省农产品区域公用品牌网络口碑发展的整体趋势。然而，课题组发现，在某一品类中，不同产品的网络口碑和消费者评价内容存在较大差异，例如：安化黑茶和永顺莓茶的外观、口感和药用价值存在差异。因此，有必要针对某个产品进行独立研究。在综合考虑农产品高品牌价值（参考本研究给出的湖南省农产品区域公用品牌口碑排行榜）和数据分析需求（其一是采集的数据包含时间标签；其二是具有足够大数据规模可以进行分析，在本研究中，设定数据规模大于 200 的产品可以进行分析）两个因素后，本研究选取了茶叶类、畜牧类、蔬菜类和水产类 4 个门类中的 4 种农产品（安化黑茶、常德酱板鸭、樟树港辣椒、湘潭湘莲）作为湖南省典型农产品区域公用品牌展开讨论。

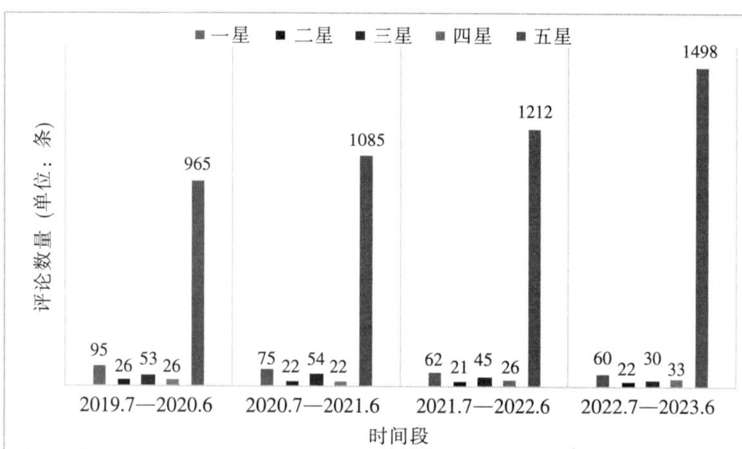

图 6-8　安化黑茶口碑在京东平台的发展趋势

一、安化黑茶

安化黑茶是六大基本茶类之一，属于后发酵茶，主要产品以茯砖、黑砖、花砖、青砖、湘尖等产品为主。安化黑茶是中国黑茶的始祖，在唐代的史料中被记载为“渠江薄片”，曾被列为朝廷贡品，明嘉靖三年（1524 年）就正式创制出了安化黑茶。至 16 世纪末期，安化黑茶已位居中国领先地位，万历年间被定为官茶，远销西北。2010 年 4 月 6 日，原国家质检总局批准对“安化黑茶”实施地理标志产品保护。图 6-8 展示了安化黑茶在京东平台的评价情况。可以发现：①总评价数和好评数在逐年上升，且好评率也呈现上涨的趋势（好评率分别为85.1%、88.0%、90.6%和93.2%），这说明安化黑茶基于客户评论，对商品、服务和物流等问题做出了改进，从而提高了消费者的满意度；②安化黑茶的销售量不断上升，与此同时，给1星差评的用户在逐年减少，这也从侧面说明了消费者对该产品的满意度在逐年提升，该地理标志产品的品牌价值也在逐步提升。

经过数据清洗和筛选，安化黑茶的好评数为4867。在删减无实际意义关键词（例如：黑茶和茶叶等常用名词，了、吧和啊等语气助词）后，绘制了词云图（图6-9）。

（a）全部时间：2019.7—2023.6

（b）时间段一：2019.7—2020.6

（c）时间段二：2020.7—2021.6

（d）时间段三：2021.7—2022.6

（e）时间段四：2022.7—2023.6

图6-9　安化黑茶在京东平台好评内容的词云图

观察图6-9可以发现，消费者对安化黑茶的评价是不错，且好评的原因较为一致，均从味道、口感、香味、金花和物流等方面肯定了安化黑茶的价值。表6-1统计了安化黑茶（2019年7月至2023年6月）好评评论中排名前5的关键词（名词或形容词）。

表 6-1　安化黑茶（京东平台）好评排名前 5 的关键词（名词或形容词）

关键词（名词）	口感	味道	香味	金花	物流
词频	787	587	350	327	309
关键词（形容词）	不错	很好	精美	品牌价值高	浓郁
词频	1628	761	181	108	107

结果显示，消费者对安化黑茶的印象不错，这些不错的印象大多来自其口感醇厚、味道浓郁和香味清新。作为安化黑茶的重点卖点，金花数量较多（一种能分泌淀粉酶和氧化酶，可催化茶叶中的蛋白质、淀粉转化为单糖，催化多酚类化合物氧化，转化成对人体有益物质的酵素类菌）也提升了消费者购买商品的满意度，而京东平台高效、快速且稳定的物流配送也起到了类似的作用。另外，包装精美和大品牌也给用户带来了较好的消费体验。

然而，在购买安化黑茶后，也有不少负面评价（812 条），图 6-10 的结果显示：①味道一般，具体表现为：茶味偏淡，茶梗过多，像碎茶，茶汤浑浊，口感较苦涩和不是很耐泡等；②香味一般，具体表现在：有发霉的味道，几乎没有香味等；③金花很少，甚至没有金花的存在。且给出这些评论的用户均是以前购买过安化黑茶的客户，他们认为京东平台线上售卖的产品体验不如他们以前在线下喝黑茶的体验；④就时间维度来看，消费者关注的角度没有明显的变化，基本都是围绕味道、用户、金花和口感给出差评，但总体的差评率有所下降。这个结果说明有不少店铺已经针对消费者的建议对产品、物流或包装等方面进行了调整，但仍有不少商家不重视消费者建议，这在一定程度上也降低了消费者对安化黑茶的品牌忠诚度。

（a）全部时间：2019.7—2023.6

（b）时间段一：2019.7—2020.6

（c）时间段二：2020.7—2021.6

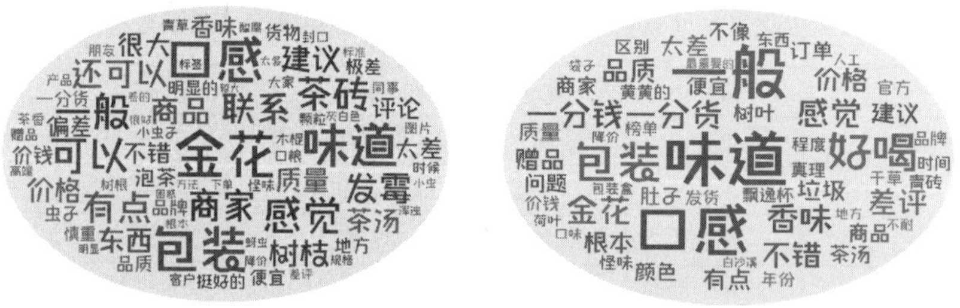

（d）时间段三：2021.7—2022.6　　（e）时间段四：2022.7—2023.6

图 6-10　安化黑茶在京东平台差评内容的词云图

针对上述问题，安化黑茶可以在如下方面进行产品调整：

（1）针对茶梗较多的现象给出合理解释。例如：黑茶本身就是茶梗比较多的茶叶，且茶梗的食用价值更高等。当然，如果是因为价格原因导致黑茶茶梗较多，那就需要在商品详情页中给出说明（价格便宜的产品要注明茶梗较多），帮助消费者选择到更加适合的产品。否则，对于首次喝黑茶的客户，其给出的差评会严重影响消费者的购买意愿。例如：

“买的时候没注意是重量，以为是 200g，收到货了才发现是 2kg，这个价这样的量自己掂量吧。茶梗很大，甚至有小木棍，没错就是小木棍！”

“香气差，茶梗多，叶片碎，便宜没好货啊！”

“一点金花都没有，茶叶相当普通，碎茶叶茶梗居多，不太愉快的购物体验，收到就开了喝，瞬间不开心。”

（2）加强安化黑茶的品控，并提高对零售商的售卖资质把控。不能将带有霉味或者已经发霉的茶叶售卖给消费者。下面截取了几条相关评论：

“茶叶有霉味，掰开后明显有发霉迹象，茶叶块不掰开根本看不出发霉。喝了几次才发现，不敢喝了。”

“量足便宜，赠品不错，可是里面很多像发霉的点点是什么东西，难道便宜就是这样？”

（3）提高金花外在表现的科普力度，在成本可控的条件下增加金花的数量。针对初次购买的消费者，应加大科普力度。这个建议来源于消费者对茶叶发霉和金花的外观表现存在疑问的评论，例如：

“被说明书感动，第一次买了一块黑茶，劈开后可见所谓的金花散布，初看以为发霉了，后经询问是金花，才放心了。煮后感觉味道还可以，主要是冲着它的功能买的。”

二、常德酱板鸭

常德酱板鸭是常德富有浓郁地方特色的风味美食，以其独特口味“香、辣、鲜、醇”，观之红光油亮、闻之酱香浓郁、尝之香辣爽口，且脂肪含量低，蛋白质含量高，享有“常德一绝”的美誉。2013 年 7 月 12 日，原国家质检总局批准对“常德酱板鸭”实施地理标志产品保护。图 6-11 展示了常德酱板鸭口碑在京东平台的发展趋势，结果显示：相较于其他产品，常德酱板鸭的口碑一直低于或等于 90%（其数据结果分别为 87%、87%、78%和 90%），这说明售卖常德酱板鸭的企业对消费者评论重视不足（尤其是差评）。除此之外，在 2021 年 7 月至 2022 年 6 月这段时间内，产品的口碑下降到 80%以下，表明常德酱板鸭在产品、物流和服务等方面的质量都有较为明显的下滑，一定程度上也影响了常德酱板鸭的销量。

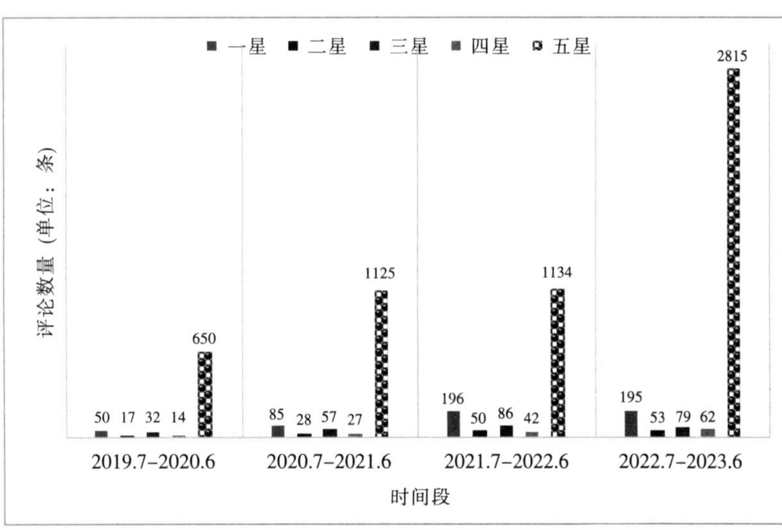

图 6-11　常德酱板鸭口碑在京东平台的发展趋势

常德酱板鸭在京东平台共获得 2877 条好评，在剔除无效评论和分词后，得到了好评的词云图（图 6-12）。

(a) 全部时间：2019.7—2023.6

(b) 时间段一：2019.7—2020.6

(c) 时间段二：2020.7—2021.6

(d) 时间段三：2021.7—2022.6

(e) 时间段四：2022.7—2023.6

图 6-12　常德酱板鸭在京东平台好评内容的词云图

结果显示：① 味道不错，具体表现在：老少皆宜，回购次数特别多，品控较稳定，辣得很过瘾；② 香味扑鼻，且色香味俱全；③ 价格优惠，性价比高；④ 尽管有不少评论说太辣，但都承认鸭子是好吃的，只是个人问题不能吃太辣；⑤ 就时间维度来看，消费者的评论都是聚焦在味道上，但在 2022 年 7 月至 2023 年 6 月期间，不少消费者提到了京东平台物流的高效性，并给出了好评。

然而，也有 10.2%的用户给了差评，根据词云图（图 6-13），其差评原因可以总结为以下几个方面：① 从时间维度来看，消费者对常德酱板鸭的差评主要集中在味道太咸或太辣，且在 2021 年 7 月至 2022 年 6 月期间，不少消费者针对客服的服务态度提出了质疑，但这种现象在后续年份有所改善；② 味道不好吃，鸭腥味过重，味道咸和苦等；③ 商品和商品描述不一致，且商家态度恶劣。特别地，不少消费者反映商家存在虚假活动宣传，例如宣传买一送一，但最后只发一件货。另外，商品详情页说的是湖南酱板鸭直发，但发货地却是北京等。另外，还出现了中辣和微辣的产品混装，导致微辣比中辣还辣的问题；④ 消费者认为味道太辣了，所以给了差评。但是，从消费者的评论来看，酱板鸭味道不差，但就是太辣了，例如：

“主要是太辣了。我平常也喜欢有一点辣味的东西，但是这个辣已经辣到吃不出来肉感了。不过味道也还可以。”

“这个只能说太辣了，不是特别特别能吃辣的人，千万不能买，因为辣得你怀疑人生。我吃了微辣的，喉咙也疼了，嗓子也不舒服，所以说一般要特别能吃辣的才买，不能吃辣的千万不能买，这个太辣了！”

(a) 全部时间：2019.7—2023.6

(b) 时间段一：2019.7—2020.6

(c) 时间段二：2020.7—2021.6

(d) 时间段三：2021.7—2022.6

(e) 时间段四：2022.7—2023.6

图 6-13　常德酱板鸭在京东平台差评内容的词云图

针对上述问题，湖南酱板鸭企业可以做出如下调整：

① 改进产品辣度，并在商品详情或购买选项中注明辣度提醒。尽管有不少消费者

因太辣给出了差评，但他们并没有否定酱板鸭的好味道，这说明这些消费者可以接受酱板鸭的味道，但需要对辣度进行调整。

② 保证活动宣传的有效性，提高零售商的服务水平及能力。以宣传活动为例，要准确、及时地更新活动宣传页面，保证消费者在产品购买时参加到相应的优惠活动，提高用户购物的满意度。除此之外，在消费者对产品或产品活动提出质疑时，要积极、耐心地应对，而不是以恶劣的态度针对消费者。

三、樟树港辣椒

樟树港辣椒植株矮小、分枝密集，株高30—40 厘米，开展度约 35—40 厘米，属有限分枝辣椒。樟树港辣椒内在品质指标：钾≥200 毫克/100 克、辣椒素 0.060 克—0.200 克/千克，二氢辣椒素 0.020 克—0.080 克/千克、辣椒素类物质总量 0.090 克—0.290 克/千克、膳食纤维≥3.0 克/100 克、抗坏血酸≥110 毫克/100 克，这些化学成分和微量元素使得樟树港辣椒烹饪后软嫩香脆，皮肉不分离，口感极佳。图 6-14 展示了樟树港辣椒口碑在京东平台的发展趋势（特别注明：樟树港辣椒在 2021 年 5 月正式进入京东平台售卖），结果显示：2021 年 7 月至 2022 年 6 月期间，用户的好评率为 95.8%，但在 2022 年 7 月至 2023 年 6 月这段时间，用户的好评率下降至 87.0%，且 1—2 星的差评由前者的 1 个变为 9 个，这说明樟树港辣椒在这段时间内可能未注重消费者满意度的提升。而这种忽视消费者满意度的做法也使得樟树港辣椒在销量上并没有明显的提升（相较于其他产品，樟树港辣椒的评论数仅从 71 条增加到 92 条）。

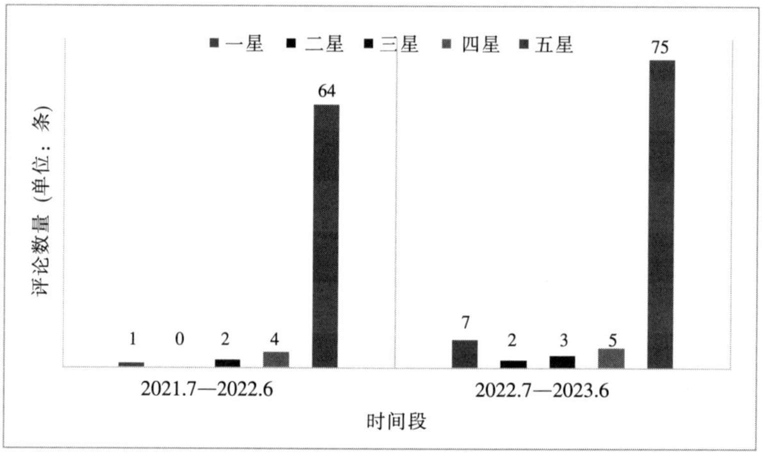

图 6-14　樟树港辣椒口碑在京东平台的发展趋势

经过数据清洗和筛选，我们发现樟树港辣椒共获得 81 条好评，好评的词云图和关键词排行如下所示：

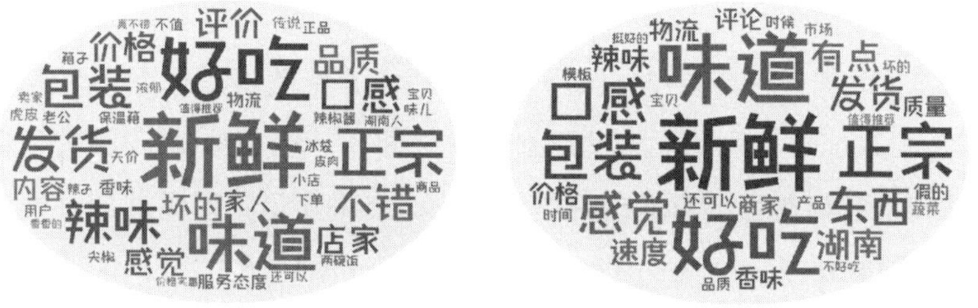

（a）时间段一：2021.7—2022.6　　（b）时间段二：2022.7—2023.6

图 6-15　樟树港辣椒在京东平台好评内容的词云图

消费者对樟树港辣椒给出好评的原因如下：① 味道上，辣椒味很重，炒出来的味道优于市面上辣椒的味道。然而也有不少消费者反映，尽管比一般的辣椒味道好，但感觉不像是正宗的樟树港辣椒。截取的评论如是："味道比市场普通的辣椒好很多……但觉得还不是最正宗的樟树港辣椒，价格这样，有点不能接受"和"被称为辣椒中的茅台，只是炒了吃之后，感觉味道一般般"；② 口感软嫩，辣椒也很新鲜；③ 发货快，物流迅速；④ 从时间维度来看，消费者都肯定了辣椒的新鲜度。在 2022 年 7 月至 2023 年 6 月期间，不少消费者对商家较快的发货速度给出了好评。

当然，樟树港辣椒也收到了少量差评，具体表现在：① 包装太差；② 图文不符，图片看上去很嫩，但实际上却已经很老了；③ 怀疑产品是假的，或者认为辣椒并没有达到高价格所对应的口感或品质。针对上述问题，樟树港辣椒可以从以下方面改进：

① 加强产品真伪性的辨识。200—300 元/斤的辣椒远超普通辣椒的价格，在消费者无法有效辨识味道或口感的前提下，很难甄别产品的真伪。在不能辨别真伪的情况下，消费者可能会给出"性价比低、名不副实"的差评。针对这一问题，相关企业或政府可以借助区块链等技术，构建樟树港辣椒实时追溯防伪工程，一方面可有效击退市面上的虚假产品，另一方面也可以提升消费者对产品以及品牌的认知和认可，进一步提升产品的独有价值。

② 设计精美包装，讲述特殊的辣椒文化以提升产品的附加值。就评论来看，不论是好评还是差评，较多的消费者都反映和普通辣椒的口感没有区别，或者是仅有很小的区别，而这种区别并不能成为樟树港辣椒价格高昂的主要原因。除此之外，樟树港辣椒以其口味独特而不注重包装的行为被部分消费者吐槽，这也在一定程度上降低了消费者满意度。由此可见，仅靠独特味道而获取大量订单的行为并不可取，樟树港辣椒还要在产品包装和产品文化等方面努力，以期提高产品附加值。

四、湘潭湘莲

湘潭湘莲，因其具有高蛋白、低脂肪、口感好等特色，被称为“中国第一莲子”。在 2010 年 5 月 24 日，原国家质检总局批准对“湘莲”实施地理标志产品保护。图 6-16 展示了湘潭湘莲口碑在京东平台的发展趋势，结果显示：湘潭湘莲一直保持极高的好评率（四年的好评率分别为：100%、100%、98.4%和 98.0%），这说明湘潭湘莲一直以极高的品质来满足和服务京东平台的消费者。然而，湘潭湘莲的销售量一直没有明显的增长，尽管在 2021 年 7 月至 2023 年 6 月这段时间，增加了上百份订单，但这个订单增长数和其他地理标志农产品的订单增长数相比略显不足。这类现象可能与湘潭湘莲缺乏宣传有关。

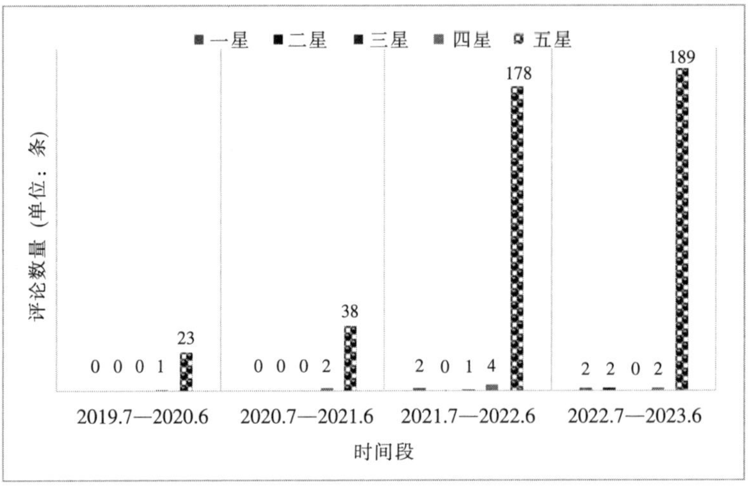

图 6-16　湘潭湘莲口碑在京东平台的发展趋势

经过数据清洗和筛选，课题组共挑选出 196 条有效评论进行分析。湘潭湘莲的好评率高达 98.98%，且均为 5 星好评。相关的词云图如下所示。

（a）全部时间：2019.7—2023.6

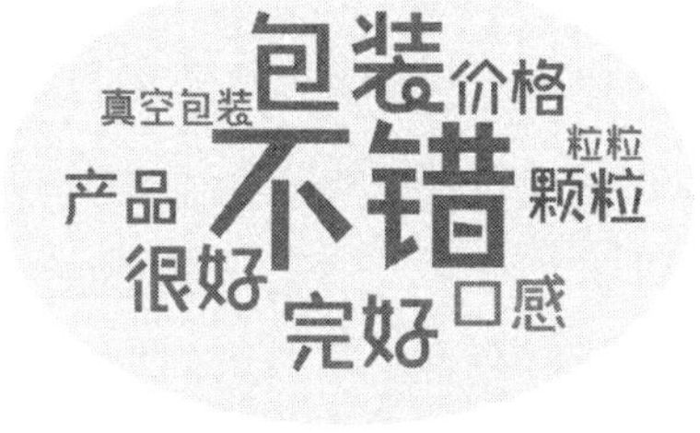

(b) 时间段一：2019.7—2020.6

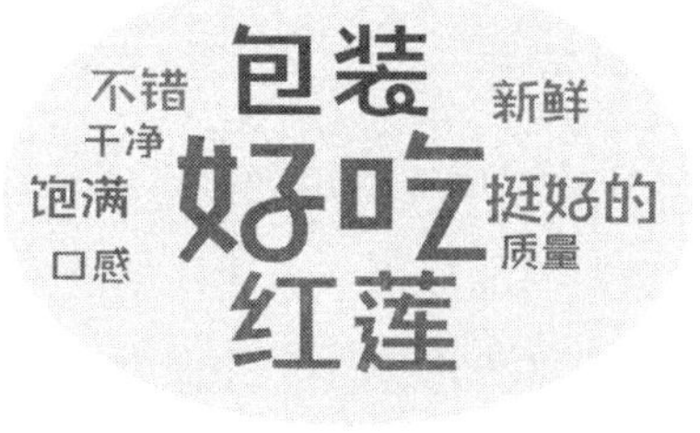

(c) 时间段二：2020.7—2021.6

(d) 时间段三：2021.7—2022.6

(e) 时间段四：2022.7—2023.6

图 6-17　湘潭湘莲在京东平台好评内容的词云图

消费者对湘潭湘莲给出好评的原因总结如下：① 外观上，肉厚、干净、新鲜、颗粒大且均匀以及分量足。此外，不少消费者钟爱带芯莲子；② 味道清新和淡雅；③ 口感上煮熟后依旧硬挺，细腻；④ 质量或品质优良；⑤ 从时间维度看，消费者每年的关注焦点存在一定的差异，例如：在时间段一中，消费者更注重价格和包装，而在后面的三个时间段，消费者更看重产品本身质量（例如新鲜、颗粒大），并针对较好质量的产品给出了好评。

比较典型的差评例如：

“购买需谨慎，买了后发现与宣传不符，包装不透明看不见里面商品，又不能拆包，退货很费劲，目前还没有退掉。已经求助京东平台。”

“个头太小了，还没指甲盖大，怀疑是次品。”

第三节　湖南省农产品区域公用品牌发展环境的趋势研究

本小节着重从国家政策和技术发展两个方面梳理湖南省农产品区域公用品牌的发展环境。

一、政策环境

自2018年来，中央和地方各级政府都针对加快农产品区域公用品牌建设颁布了多项措施。随着时间的推移，上述措施的发展呈现如下特征：（1）大致地确定了品牌建设的数量，以市场为主导，允许地方根据市场需求推荐有竞争力的产品进入区域公用品牌建设范畴；（2）在第一批区域公用品牌初步孵化后，基于孵化经验，开始探索分类别和分梯次的区域公用品牌建设体系；（3）在上述两个成果的基础上，逐步地探索了区域公用品牌审批的多层多级指标，构建了区域公用品牌评价的标准化流程。具体的政策如下：

自党的十九大报告提出实施乡村振兴战略后，2018年6月26日，农业农村部正式发布了《关于加快推进品牌强农的意见》。该意见从经济高质量发展的迫切要求、推进农业供给侧结构性改革、提升农业竞争力和促进农牧民增收四个方面肯定了新时期加快推进品牌强农的重要意义，并计划基于坚持品质与效益相结合、特色与标准相结合、传承与创新相结合、市场主导与政府推动相结合的基本原则，在3—5年内打造300个国家级农产品区域公用品牌，500个国家级农业企业品牌，1000个农产品品牌。

2019年1月21日，农业农村部在《关于做好2019年农业农村工作的实施意见》中提到了要深入推进品牌强农策略，具体表现在：加强农业品牌创建、培育和保护。实施中国农业品牌目录制度，建立分类别多层级的中国农业品牌目录体系，建立健全支持农业品牌的政策体系和管理制度。制定中国农业品牌评价标准，建立区域公用品牌、企业品牌和产品品牌评价标准体系。创新品牌营销推介，塑强一批国家级农业品牌，创响一批“土字号”“乡字号”特色产品品牌。强化农业品牌监管，重点抓好质量安全、诚信建设等关键环节，加强对国家级农业品牌的动态管理。加快中国农业品牌“走出去”步伐。

同年11月15日，在第十七届中国国际农产品交易会上，农业农村部发布了中国农业品牌目录300个具有代表性的特色农产品区域公用品牌、100个农产品区域公用品牌价值评估榜单和影响力指数评价榜单，充分彰显了中国农业品牌建设的丰硕成果。

为了响应农业农村部的号召，2020年11月，湖南省农业农村厅公布了一项关于“湖南地方特色农产品公用品牌情况”的研究报告，并得出了如下重要结论：（1）消费者更信赖农产品区域公用品牌生产和推广的产品；（2）在线下和线上平台中，消费者曾在超市（81.61%）、特产店（56.45%）、水果店（52.01%）或淘宝等网络平台（47.15%）购买过湖南省农产品区域公用品牌；（3）高达98.1%的用户认为购买到的湖南省农产品区域公用品牌符合自己预期需求；（4）45.88%的消费者认为湖南省农产品区域公用品牌的推广很棒，但有52.01%的消费者认为其推广仍有较强的提升空间。

2022年6月，农业农村部发布了《关于开展2022年农业品牌精品培育工作的通知》，明确了从2022年开始，要根据产业规模、品牌基础、市场消费和国内外影响力等要素，分品类、分梯次、分年度培育一批产业优势领先、市场空间潜力大、文化底蕴深厚的农业品牌，促进其在品牌基础、营销推广、管理服务、市场消费等方面全面提升。重点培育的品类有23个，具体品类包括：粮食（大米、鲜食玉米、马铃薯）、果品（苹果、柑橘、草莓、荔枝、桃、樱桃）、蔬菜（蒜、姜、番茄、辣椒、食用菌）、茶叶（绿茶、红茶、白茶）、畜禽（猪、牛、鸡）、水产（鱼、甲壳、贝），及其他在国内外市场具有较强竞争优势的品类。

2023年4月18日，农业农村部制定了《支持脱贫地区打造区域公用品牌实施方案（2023—2025年）》的报告，报告进一步细化了2018年提出的发展规划指标，提出到2025年，脱贫地区品牌打造能力明显提升，品牌产品市场占有率、溢价能力明显提高，品牌引领提升产业质量效益和竞争力作用明显加强，塑强50个质量过硬、特色鲜明、带动力强的精品区域公用品牌，打造200个具有一定知名度和影响力的地域性区域公用品牌，带动培育300个具有市场竞争力的核心授权企业品牌和600个特色优质农产品品牌，推动建设一批质量水平高、供给能力强的农产品原料基地品牌，并给出了未来3年的重点任务，具体包括：壮大主导产业，推动全产业链升级；提升供给质量，夯实品牌发展根基；强化市场跟踪，做好品牌战略布局；壮大品牌主体，提高品牌建设运营能力；开展品牌帮扶，强化样板示范带动。

同年5月，由农业农村部市场与信息化司指导，农业农村部信息中心与中国农业大学在2023中国农业品牌创新发展大会上联合发布了《农产品区域公用品牌互联网传播影响力指数研究报告（2023）》。报告遵循关键绩效指标理念，构建了评价农产品区域公用品牌互联网传播影响力指数的指标体系，从互联网推广活跃度、关注度、美誉度、忠诚度和市场竞争力等5个维度，对纳入农业品牌精品培育计划、中国农业品牌目录和网络销售额排名靠前的500个农产品区域公用品牌进行了互联网传播影响力指数监测评估。

二、技术环境

（一）农业全产业链的数字化转型

农业全产业链是农业研发、生产、加工、储运、销售、品牌、体验、消费、服务等环节和主体紧密关联、有效衔接、耦合配套、协同发展的有机整体。近年来，我国加快农业全产业链数字化转型步伐，主要成绩包括：① 在人才培养方面，各级政府充分发挥了区域涉农高校、科研院所和职业学校等资源优势，以地方数字农业发展需求为出发点，开展数字农业相关研究和项目建设，建立数字农业领域的人才培养和实训基地，培养既懂理论又懂实践的复合型人才。② 智能机械助力了农产品生产效率的提升，例如：物联网技术实现了对农产品生长环境（如温度或湿度）和过程的实时监控；无人机播种拓宽了作物种植的地域范围，也提高了播种的效率；智能大棚的推广降低了农产品对特殊生产环境的要求，极大地提高了农产品的存活率等。③ 数字化设施加强了标准化原料基地的搭建。具体来看，以产品为主线、全程质量控制为核心，加快构建了现代农业全产业链标准体系及相关标准综合体，提升了按标生产水平。建设了标准化原料和生产基地，按照“专种专收专储专加专用、优产优购优储优加优价”的要求，建设了标准化、规模化、机械化、优质化的原料基地。全面试行了食用农产品达标合格证制度，建设了一批现代农业全产业链标准化基地、果菜菌茶标准园、畜禽养殖标准化示范场、国家级水产健康养殖和生态养殖示范区以及国家海洋渔业基地建设，打造标准化“第一车间”“原料车间”。

（二）各类平台赋能农产品上行

平台是一种虚拟或真实的交易场所，平台本身不生产产品，但可以促成双方或多方供求之间的交易，其商业模式特征在于通过收取恰当的费用或赚取差价而获得收益。近年来，短视频平台、社交平台和电商平台等都提高了农产品上行效率和效果，具体而言：

① 依靠短视频平台开发乡村文化创意产品，打造乡村文化品牌，提高了村民的文化生活质量，保护和传承乡村各类非物质文化遗产和民间工艺，提高了农产品在城市居民消费的曝光度，拓宽了农产品销售渠道。

② 村委会利用社交平台打造专属微信群和公众号，便于村民及时、充分地了解农产品销售政策、渠道、价格和供需关系等信息，为提高农民收入和建立透明化的农产品收购政策提供了技术支撑。

③ 电商平台进一步拓宽了农产品的销售渠道。现如今，“销农货，找电商”已经成为许多农民的共识，而众多农民也纷纷加入了直播和开网店的队伍。除此之外，因为减少了中间商的介入，农产品到消费者手中的价格能够进一步降低，使得消费者购买意愿增强，而农户的收入也因为销量的提升而得到提升。

④ 体系化物流网络为农产品上行提供运输保障。具体而言，鼓励龙头企业、新型经营主体和农户建设通风贮藏库、机械冷库、超低温贮运、气调贮藏库等设施，提高农产品商品化处理和错峰销售能力。建设了农产品产地市场、骨干冷链物流基地、区域物流中心、直销配送中心、电商交易中心，提升了农产品产地集散分销能力。创新发展了农商直供、预制菜肴、餐饮外卖、冷链配送、自营门店、商超专柜、团餐服务、在线销售、场景销售等业态，开发推广了“原料基地+中央厨房+物流配送”“中央厨房+餐饮门店”等模式。

（三）人工智能与大数据助力品牌建设

积极高效的客户服务（包括售前、售中和售后）被认为是品牌建设的重要环节。现如今，基于人工智能的客服大大提高了商家的响应效率，例如，在学习了大量客服与消费者的对话后，训练后的机器客服可以精准地回答消费者提出的基础性问题。

除此之外，区块链等技术在品牌建设中也大有可为。对区域公用品牌来说，最大的伤害就是品牌假冒、仿冒行为。各地政府、企业花费重金打造的品牌，经常由于假冒品牌的侵害而遭遇商誉和经济上的重大损失。区块链技术的优势在于，回溯时间不受空间限制，成本相对更低，而且不可篡改，公信力会更强。通过基于区块链技术的区域公用品牌管理平台，可以降低管理成本；系统快速上链核验，能够使农产品检测信息实现安全防篡改；而且，品牌安全信息能够链上共享给市场监管部门；相关信息还可以直通当地微法院，助力快速裁决。

第四节　本章小结

基于上述分析，给出如下总结：

（1）自 2021 年 7 月开始，湖南省农产品区域公用品牌在京东平台获取的评价数量有明显提升，这说明湖南省农产品区域公用品牌在京东平台商城的影响力逐年提升。其中，茶叶类、畜牧类和蔬菜类农产品受到消费者的青睐，但药材类和水产类农产品的销量或评价数量并没有明显的提升。

（2）从评价等级看，茶叶类、水产类和药材类农产品的好评率是逐年提升的，且上述农产品的年均好评率均超过 90%。尽管蔬菜类农产品的好评率也是逐年上升的，但好评率均低于 90%。除此之外，畜牧类农产品的好评率较低，且呈现逐年递减的趋势，这说明消费者对畜牧类农产品的好感度在逐年降低。

（3）就湖南省典型农产品看，消费者对安顺黑茶、常德酱板鸭、樟树港辣椒、湘潭湘莲和汉寿甲鱼都给出了较高的食用评价，尤其是湘潭湘莲，不论口感、包装还是颗粒等，都获得了消费者百分百的好评。然而，消费者也对上述农产品有如下不满意的地方，例如茶梗太多、金花太少、茶叶发霉、不是正宗樟树港辣椒、酱板鸭太辣和甲鱼不新鲜等。

（4）就外部发展环境看，国家和湖南省政府等都高度重视农村的发展，而农村的发展依赖于产业发展，产业发展则依赖于当地特色农产品（旅游）等品牌的建设和发展。为此，自 2019 年以来，多项关于农产品区域公用品牌建设的文件和比赛等为拓宽农产品上行销售渠道提供了强有力的政策支撑。在技术方面，数字技术，尤其是平台经济、人工智能和大数据推动的农业全产业链的数字化转型，为区域品牌建设带来了新的机遇。

第七章 湖南省农产品区域公用品牌发展建议

通过上述章节的分析，将本研究报告获得的初步结论总结如下：

（1）以口碑数量、口碑效价和口碑离散度三个指标加权平均来衡量湖南省 183 个农产品区域公用品牌的网络口碑，共有 100 个品牌上榜，其口碑得分大部分处于 70—80 这个区间内，但各品牌或多或少都存在着“偏科”现象。

（2）不同地区（地市州）之间的农产品区域公用品牌平均网络口碑差异较小，三项指标中，口碑数量在不同地区之间差异较大，口碑效价和口碑离散度在不同地区之间差异较小。各个地区内部的农产品区域公用品牌中都存在表现优异的高网络口碑品牌和表现欠佳的低网络口碑品牌。

（3）本次网络口碑报告采集的评论数据中大部分是表达正面积极的情感态度的评论。评论的大部分用户关注点在于商品的口味，包装的好坏，物流的快慢，商品的新鲜程度，商家的服务质量，商品的干净程度，价格是否合理，商品的整体质量如何，回购的意愿是否强烈等方面。

（4）无论是京东平台、抖音平台还是拼多多平台，各品牌的店铺类型层次普遍较低，也就导致较多的店铺规模不能实现较高的网络口碑。

（5）无论是京东平台、抖音平台还是拼多多平台，各品牌的店铺响应能力还有待提高。

（6）京东平台上湖南省农产品区域公用品牌的店铺信誉较高，但抖音平台上各品牌的店铺信誉较低。

基于上述认识，本报告从产品及服务、店铺运营和品牌建设三个方面提出湖南省农产品区域公用品牌网络口碑发展建议。

第一节　产品及服务

一、坚持“产品为王”的理念，提升农产品标准化和品牌化水平

一方面，电商平台为农产品区域公用品牌带来了更大的市场机会，而另一方面，各地的农产品区域公用品牌“同台竞技”，品牌竞争日趋激烈，两极分化现象更加明显。因此，湖南省农产品区域公用品牌的打造与发展既需上规模，又要提质量和显特色。要将品牌声誉和产业集群、规模化发展联系起来，借助国家地理标志保护、农产品标准体系建设、龙头企业扶持和政府辅助营销推广等方式，把本地具有比较优势的产品打造成有影响力的区域公用品牌。

电商平台对湖南省农产品区域公用品牌的负面评论主要在商品品质方面。生态种植与养殖、品质控制和市场保护等是提高产品质量的必要措施。在负面评论中，不少消费者提出了商品是否为正品的质疑。针对该问题，建议有品牌授权的商家在农产品包装或者商品详情页面信息展示权威凭证供消费者判断，比如政府颁发的农产品企业荣誉证书、农产品检测报告、质检认证证书等。有条件的品牌应及时建立数字化溯源系统。而针对没有被授权的店铺和商家，政府和品牌持有企业要加以严厉打击，切实保护好湖南省农产品区域公用品牌；针对七个类别农产品均存在的虚假宣传和欺骗消费者的问题，企业可以利用平台监管，重新审核店铺准入资质，减少平台流量分配，保护消费者的合法权益；针对果品类、蔬菜类、水产类和药材类农产品中存在的商品分量太少而不值得购买的问题，可以将净含量数值放在产品介绍中比较醒目的地方，可以用图片对比来让消费者感受数量多少。此外，精美的包装和赠品可以增加农产品的附加值，消费者对农产品不仅要求味道好，还要求上档次，能够作为礼品赠送给朋友家人，这就需要商家在包装上下功夫。同时，赠品有可能会使得顾客印象超出期望值，也有可能造成不满，比如购买茶叶类农产品时，商家赠送杯子，运输中遭到损坏，对消费者反而是麻烦，可以替换成茶包小样，引导消费者对其他茶叶类品牌产生兴趣。当然，价格也是网络口碑中最重要的影响因素之一，尤其是价格敏感性消费者，其越来越重视农产品性价比，要求农产品既好吃又实惠。

二、围绕“降本增效”的目标，加快生鲜物流体系建设

快递物流市场的蓬勃发展、冷链物流技术的进步及基础设施的完善是农产品上行

的基本保障。但是由于农村地区农户分散、道路条件等各种问题，农村物流的“最初一公里”并没有完全打通，基础设施也不够完善。与此同时，生鲜类农产品需要的冷链物流运输在农村覆盖并不全面，温控难以确保始终在合适的温度，使得生鲜类农产品流通存在一定困难并且损耗率较高。七个类别农产品的负面评论中，针对物流的问题普遍表现为“速度慢”“包装破损”“商品坏掉”以及快递员和物流公司为“不负责任”等，说明物流速度、包装技术、快递员服务仍需改进。例如果品类和蔬菜类农产品，它们在天气及温度的影响下容易腐烂变质，运输中会有部分坏掉，这就需要完善高品质生鲜消费品上下行通道。总之，第一是要加快发展冷链物流，推动冷链物流服务向农村地区下沉，引导企业加强供应链管理，缩短农产品供应链，全面提升冷链物流服务品质，促进农产品流通和增强保鲜效果；第二是要积极培育城区市场，在连锁超市、农贸市场建立零售网点，实现消费者线上下单，线下就近配送，提高中转效率；第三是商家合理利用物流企业资源，选择适合消费者需求的快递配送，避免消费者因物流问题退货；第四是在现有条件下创新物流包装技术，以较低的成本实现更低的损耗率，比如保温材料、包装工艺等方面的创新。

三、践行“客户至上”的精神，优化客户消费体验

在稳定的高品质和有效的服务管理基础上，湖南省农产品区域公用品牌要进一步优化消费场景，提高售前、售中和售后服务质量，以此增强消费者归属感和品牌信任度，优化消费体验。在网络购物整个过程中，商家或客服、主播、快递小哥需要有耐心、用心和真心来服务消费者。比如：直播带货时，网红主播借助自己的粉丝优势扩大农产品传播范围，通过详细介绍农产品的基本信息、与直播间的观众认真互动和解答疑惑等方式，让消费者产生参与感和空间临场感，而党员干部等政府力量的支持会使得直播带货更具有说服力，让消费者真正觉得政府在做实事，为乡村振兴贡献力量。此外，为了及时解答消费者的疑问，客服应采用轮班制或引入智能机器人客服，保持24小时在线解答。在售后服务时，商家和客服应该秉持为消费者负责的态度，及时解决消费者的问题，并且对网络口碑相关的互动信息进行积极有效的管理，建立持久稳固的客户关系，塑造良好的口碑。

第二节 店铺运营

一、加强高层次店铺建设，提高品牌价值定位

为更好地服务商家和消费者，各大电商平台都推出了多种店铺类型，如京东平台存在旗舰店、专营店、中国特产馆、自营店等，抖音平台存在旗舰店和自营店等，拼多多平台存在普通店、企业店、旗舰店、专营店、专卖店等。然而，前述报告分析显示，湖南省农产品区域公用品牌在各大平台的高层次店铺（例如中国特产馆、拼多多平台旗舰店和抖音平台旗舰店铺）布局过少，尤其是京东平台的店铺比例相对较少。尽管上述店铺类型对农产品品质、商家经营实力、商家资质等都有非常严格的要求，门槛较高，但因为其可以获取更多的流量曝光和高层次消费市场，这对提高湖南省农产品区域公用品牌的品牌影响力和品牌档次具有重要意义。鉴于此，从提升湖南省农产品区域公用品牌价值维度出发，需要推动更多的农产品店铺入驻京东、天猫等平台，提升专营店、自营店、特产馆等高层次店铺的比例。店铺自身也应加强店铺运营，提升店铺服务水平：第一，店铺需要以“产品为王”为理念，促进上游提升农产品标准化、品牌化、绿色化水平；通过农产品的可追踪、可溯源保障消费者的食品安全需求，真正实现农产品品质可控；积极利用地理标志农产品的标签，推动政府支持和背书，提升农产品信誉。第二，店铺需要以“服务保障”为基调，提升店铺界面吸引力和专业度、产品检索便捷性、产品包装精美度等，提高消费者体验感知；提升人员服务意识，不仅是售前的产品推荐、答疑等，更包括售后的产品退换货等；依托于湖南省地理标志农产品的标签，联合电子商务平台、知名主播等举办湖南省农产品区域公用品牌推荐会，实现地理文化、人文景致、农副产品的全联名，以实现店铺经营资质的提升。

二、加大数字技术应用，提升店铺响应能力及店铺运营效率

数据分析、AI 技术、物联网等数字技术已经成为推动经济高质量发展的重要驱动力，也是提升农产品网店运营的事前、事中和事后响应能力，提升运营效率的重要手段。第一，事前响应。依托于大数据技术、数据挖掘技术、数据分析技术等，明确消费者对湖南省农产品区域公用品牌的偏好特征，比如口味、包装等方面，有针对性地

进行农产品改良和优化。比如安化黑茶，为了消除消费者对茶梗过多过大的批评，应在生产工艺上进行改良，并在产品说明中进行解释；向前实现对农作物的田间管理，实时监控农产品的温度和湿度等条件，真正实现绿色化、有机化；向后基于消费者搜索记录、购买记录、评论记录等，构建用户画像，实现对消费者的精准定向推荐；基于消费者的地址数据，实现对农产品销售区域的综合管理，有针对性地形成不同区域的农产品营销策略。第二，事中响应，依托于数字技术、物联网技术等，加强冷链管理技术、保湿保鲜技术在物流运输中的应用，降低农产品损耗率；加强店铺与物流企业的数据互通，提升店铺发货的及时性，以及店铺对农产品全运输链条动态的知悉。第三，事后响应，提高店铺对消费者差评的认知和管理，及时响应消费者的投诉与建议，尽可能降低消费者差评的负面影响；依托于数据分析和数据挖掘技术，明确消费者差评、好评与店铺销售量、店铺销售金额、店铺销售区域、店铺销售产品品类等的关系，以更好地实现服务效率提升；依托数字技术建立消费者通讯录，通过长期消费者维护，获取消费者对店铺在事前响应、事中响应和事后响应的意见和建议，并实现针对性的改进。

三、全面评价不同电子商务平台的平台特征和消费者群体特征，调整店铺在单平台销售或多平台销售的策略选择

京东平台、抖音平台和拼多多平台是湖南省农产品区域公用品牌销售的重要阵地。然而，若店铺选择在单平台销售，由于单平台的交叉网络外部性低于多平台的交叉网络外部性，最终会影响店铺的农产品销量，也会影响店铺的网络口碑；若店铺选择在多平台销售，一方面意味着更高的销售成本、管理成本、服务成本、人工成本等；另一方面，京东平台、抖音平台和拼多多平台间构成了竞争关系，也可能通过价格竞争影响店铺的总销售收入。鉴于此，店铺需要深入分析京东平台、抖音平台和拼多多平台的平台特征，如平台运营模式、平台数字利用能力、平台交叉网络外部性、平台匹配率等；深入分析不同平台的消费者群体特征，如消费者地址、消费者购物习惯、消费者收入水平、消费者评论特征等；深入分析不同平台的收费策略，如平台服务费、平台广告投放费、支付渠道手续费、保证金费用、软件工具费用、店铺运营费用等，选择适合店铺的最优单平台或多平台销售策略。总体来说，京东平台的产品定位相对较高，客户群体比较优质，但客户对品牌的要求更高，因而其口碑分歧也较大；抖音平台互动性更好，客户反馈也更为积极，但退货率较高；拼多多平台销量大，农产品价格更低，但产品附加值和利润相对更低一些。

第三节　品牌建设

一、明确品牌特色与差异化定位，多渠道多媒体讲好品牌故事

中国农业品牌研究中心在2023年3月发布的“2022中国地理标志农产品品牌声誉前100榜单”中，湖南省有安化黑茶（第37名）、靖州杨梅（第68名）、碣滩茶（第73名）和黔阳冰糖橙（第98名）进入榜单。但在我们的研究中，有不少品牌（例如永顺莓茶和湘潭湘莲等）的网络口碑均优于上述4个品牌。课题组翻阅了上述4个品牌的发展历程发现，这些品牌均在某一方面形成了显著性的差异化定位及专一特色，且能够以全方位多渠道多媒体方式讲好品牌故事，扩大品牌知名度，比如：安化黑茶着重强调其生长环境（位于冰渍岩核心分布区。冰碛岩是6亿年前全球冰期的遗址，是世界最稀有的石种之一，富含锌和硒等微量元素）和制作工艺（“金花”是国家二级保密菌种，是在原料的加工中通过发花这样一道特殊的程序，专门在黑茶的砖块中培养一种叫做“冠突散囊菌”的冠突曲霉物质），以养生、促进新陈代谢和降糖为卖点获取消费者（从评论内容可以看出很多消费者是冲着这一卖点而购买黑茶）。除此之外，安化黑茶还在私域流量盛行的时期，邀请众多自媒体工作者以“刮油去脂”为亮点进行宣传，这在一定程度上提高了年轻消费群体对安化黑茶品牌的认知；黔阳冰糖橙的快速出圈，很大程度上依赖其在CCTV（“家乡的味道”）等主流媒体的报道，以及袁隆平院士等名人的大力推荐。（3）靖州杨梅销售的节节攀升则和当地政府和企业围绕“互联网+”政策联合打造的“标准生产+电商助力销售+航空冷链运输”销售模式息息相关。由此可见，要想提高湖南省农产品区域公用品牌在全国范围内的知名度，明确并打造农产品的专一特色是必要措施，这种专一特色不局限于产品本身，也可以从代言人、销售渠道和地理特色等方面进行深度挖掘，形成专一性、差异化的农产品文化内涵，从“卖产品”到“卖文化”转变，打造出具有差异化专一属性的区域特色文化名片。

二、加强地理标志农产品的统一化建设，提高同区域同类产品的品牌认知度

受营销效果、村镇利益、供应渠道和产品定位等因素的影响，“多地一品多名”的

现象使得消费者认知存在混淆。以莓茶为例，永顺莓茶和张家界莓茶因生长环境不同，导致两种莓茶在外观、口感和茶色上存在一定的差异。然而，在实际销售的过程中，同一店铺会出现“张家界莓茶”和“永顺莓茶”两个关键词同时存在的现象（同样的问题还出现在“汉寿甲鱼”和“常德甲鱼”的销售活动中），这会导致如下问题：第一，具有高鉴别能力的消费者买到“货不对板”的产品，从而在平台上给出差评；第二，在无法区分两种品牌莓茶的条件下，普通消费者会根据自身的体验而给出差异化的评价，而这种差异化评价会误导其他消费者的购买行为。在这样的背景下，加强地理标志农产品的统一化建设势在必行，可以从如下两个方面进行：第一，坚持“一地一品一名”的宗旨，根据自身产品特性，打造出更具标志性特征的区域品牌。第二，借鉴法国红酒的品牌布局策略，将省、市、县不同级别的品牌进行融合，建议一般以县为品牌申报命名为基本级别，最高以市为级别，其下以产区区分下级品牌，比如将张家界莓茶设为市级品牌，其下分为永顺产区、花垣产区等。这样既有利于增强整个张家界莓茶的品牌影响力，也有利于消费者甄别不同区域的品牌。

（三）细化商品描述，减少因认知偏差导致的差评

地理标志农产品往往具有浓烈的地方特色，外地消费者可能因消费习惯不同，缺乏对该产品的消费经历和产品认知，使得他们难以接受其某方面的特性。例如，常德酱板鸭的咸和辣，安化黑茶的金花成分（部分消费者以为产品上的白点是茶叶发霉），汉寿甲鱼肚子里面肥厚的白油。非湖南地区的消费者会根据当地的饮食习惯来评判这些产品的好坏，甚至会给出太辣、发霉和太油等差评。然而，这些差评可以通过优化商品详情页或增加商品购买选项等避免。就常德酱板鸭而言，针对消费者提出的产品太辣的问题，商家可以标明辣度范围，并选择广为人知的产品作为参考物，方便消费者在不接触商品的情况下判断产品的辣度。就安化黑茶来看，建议在商品详情页或产品包装上增加对金花成分的外观描述，减少消费者因不熟悉金花成分而给出茶叶发霉的差评。就汉寿甲鱼而言，提示“白油”的构成成分，并在商品购买选项中提示消费者购买体型较小的甲鱼（如果不喜欢或厌恶油脂类产品）。

参考文献

[1] Stephen X. He, Samuel D. Bond. Why is the crowd divided? ttribution for dispersion in online word of mouth [J]. Journal of Consumer Research, 2015, 41 (6): 1509-1527.

[2] López M, Sicilia M. Determinants of e-wom influence: the role of consumers' internet experience [J]. Journal of Theoretical and Applied Electronic Commerce Research, 2014, 9 (1): 28-43.

[3] Park D H, Lee J, Han I. The effect of on-line consumer reviews on consumer purchasing intention: the moderating role of involvement [J]. International Journal of Electronic Commerce, 2007, 11 (4): 125-148.

[4] 常永佳. 农产品直播对消费者购买意愿的影响研究——基于感知价值与感知风险的传导作用分析 [J]. 价格理论与实践, 2022 (7): 130-133.

[5] 陈文胜. 论中国农业供给侧结构性改革的着力点——以区域地标品牌为战略调整农业结构 [J]. 农村经济, 2016 (11): 3-7.

[6] 陈晓东. 基于情感词典的中文微博情感倾向分析研究 [D]. 华中科技大学硕士学位论文, 2012.

[7] 戴国良. 不同促销方式对网络口碑传播意愿的影响 [J]. 中国流通经济, 2019, 33 (10): 43-50.

[8] 董银果, 钱薇雯. 农产品区域公用品牌建设中的“搭便车”问题——基于数字化追溯、透明和保证体系的治理研究 [J]. 中国农村观察, 2022 (6): 142-162.

[9] 董银果, 钱薇雯. 新发展格局下农产品品牌发展路径研究——基于农产品质量投入的视角 [J]. 中国软科学, 2022 (8): 31-44.

[10] 董英娟. 我国农产品包装设计创意表达及实现路径 [J]. 中国农业资源与区划, 2023, 44 (1): 65+118.

[11] 龚诗阳等. 数字化时代的营销沟通: 网络广告、网络口碑与手机游戏销量 [J]. 南开管理评论, 2018, 21 (2): 28-42.

[12] 贺曦鸣等. 平台服务和物流服务对网络商家信心的影响——商家信誉的调节作用 [J]. 中国管理科学, 2015, 23 (6): 83-90.

[13] 雷兵, 王巧霞, 刘小. 地方特色、网络口碑与农产品上行 [J]. 中国软科学, 2021 (2): 34-45.

[14] 李佛关, 叶琴, 张燚. 农产品区域公用品牌建设的政府与市场双驱动机制及效应——基于扎根理论的探索性研究 [J]. 西南大学学报 (社会科学版), 2022, 48 (2): 82-94.

[15] 李维安, 吴德胜, 徐皓. 网上交易中的声誉机制——来自淘宝网的证据 [J]. 南开管理评论, 2007 (5): 36-46.

[16] 李耀东. 农产品区域品牌助推乡村振兴的作用机理和实施路径研究 [J]. 经济问题, 2021 (9): 97-103.

[17] 刘诗羽, 陈江华, 李道和. 农产品区域公用品牌价值对农民增收的影响——基于茶叶区域公用品牌视角 [J]. 农业经济与管理, 2023 (1): 108-120.

[18] 王克喜, 崔准. 网络口碑对网络销售农产品的作用机理——基于“天猫”某品牌茶叶销售的实证研究 [J]. 农林经济管理学报, 2014, 13 (2): 186-191.

[19] 王文隆, 任越, 张涑贤. 直播带货对农产品供应链商域流量投入和渠道选择的影响 [J]. 管理学报, 2023, 20 (8): 1216-1224.

[20] 王小璟, 万怡, 邱欢. 我国区域公用品牌基本状况分析 [J]. 宏观质量研究, 2023, 11 (2): 12-23.

[21] 魏瑾瑞, 王金伟. 在线评论回报的动态声誉机制研究 [J]. 中国管理科学, 2022, 30 (1): 252-262.

[22] 肖雪锋. 农产品区域品牌该如何建设、维护和发展 [J]. 人民论坛, 2017 (18): 86-87.

[23] 谢光明, 金大祥, 胡培. 基于产品销量的网络口碑离散对消费者购买行为的影响分析 [J]. 南开管理评论, 2018, 21 (6): 53-66.

[24] 徐旭初, 杨威. 社交电商农产品规模化上行能力构建逻辑——基于扎根理论的案例研究 [J]. 中国流通经济, 2022, 36 (11): 38-48.

［25］闫科伟等．直播体验对品牌传播的影响机制研究——网络口碑和消费者参与的中介效应［J］．管理现代化，2022，42（2）：72-80.

［26］姚卿，宋晓康．负面网络口碑补救行为对消费者满意度的影响——基于感知公平视域的分析［J］．商业研究，2018（6）：20-24.

［27］余传明，张小青，陈雷．基于 LDA 模型的评论热点挖掘：原理与实现［J］．情报理论与实践，2010，33（5）：103-106.

［28］袁海霞，陈俊，白琳．电商平台商品标题优化的有效性及其杠杆机制［J］．北京理工大学学报（社会科学版），2019，21（2）：116-126.

［29］张振华，许柏鸣．基于网络口碑数据挖掘的电子商务物流服务质量问题［J］．中国流通经济，2019，33（1）：43-55.

［30］赵野等．基于 SWOT 分析的永顺莓茶区域公用品牌发展策略［J］．茶叶通讯，2022，49（4）：551-555.

［31］赵占波，孙鲁平，苏萌．C2C 中产品浏览量和销量影响因素的对比研究［J］．管理科学，2013，26（1）：58-67.

［32］赵祖远，周佩萱．农产品区域品牌发展中的小农户参与样态及其富民效应——基于多案例比较分析［J］．湖湘论坛，2024，37（1）：64-77.

［33］钟晓燕，范露华．京东平台商城物流配送模式的演进评析［J］．对外经贸实务，2014（9）：84-87.

［34］周黎安等．信誉的价值：以网上拍卖交易为例［J］．经济研究，2006（12）：81-91+124.

［35］周梦佳，程春．网络口碑对化妆品消费者购买意愿的影响分析［J］．北方经贸，2020（4）：45-48.

图书在版编目（CIP）数据

湖南省农产品区域公用品牌网络口碑分析报告 / 刘亚军，雷丽彩主编 ；张帆顺，侯泽敏，侯新烁副主编. -- 湘潭 ：湘潭大学出版社，2024.1
ISBN 978-7-5687-1406-8

Ⅰ. ①湖… Ⅱ. ①刘… ②雷… ③张… ④侯… ⑤侯… Ⅲ. ①农产品－品牌战略－研究报告－湖南－2022 Ⅳ. ①F327.64

中国国家版本馆CIP数据核字（2024）第051718号

湖南省农产品区域公用品牌网络口碑分析报告

HUNANSHENG NONGCHANPIN QUYU GONGYONG PINPAI WANGLUO KOUBEI FENXI BAOGAO

刘亚军 雷丽彩 主编

张帆顺 侯泽敏 侯新烁 副主编

责任编辑：牛敬丹
封面设计：文字舰
出版发行：湘潭大学出版社
社　　址：湖南省湘潭大学工程训练大楼
电　　话：0731-58298960 0731-58298966（传真）
邮　　编：411105
网　　址：http://press.xtu.edu.cn/
印　　刷：长沙超峰印刷有限公司
经　　销：湖南省新华书店
开　　本：787 mm×1092 mm 1/16
印　　张：12.25
字　　数：236千字
版　　次：2024年1月第1版
印　　次：2024年1月第1次印刷
书　　号：ISBN 978-7-5687-1406-8
定　　价：88.00元